Johann Franz Pietsch

•

Es war einmal in Rumänien

Sunt lacrimae rerum

Vergilius, Äneis

Johann Franz Pietsch

Es war einmal in Rumänien

Biographie

Bibliografische Information der Deutschen Nationalbibliothek
Die Deutsche Nationalbibliothek verzeichnet diese Publikation in der Deutschen Nationalbibliografie; detaillierte bibliografische Daten sind im Internet über http://dnb.d-nb.de abrufbar.
Buchwerkstatt Berlin
Eine Marke der Frieling & Huffmann GmbH & Co. KG
Tel. + 49 - 30 - 766 999 - 0
E-Mail: info@buchwerkstatt-berlin.de

Umschlaggestaltung: Michael Beautemps
1. Auflage 2018
Edition AVRA
ISBN 978-3-946467-56-4
Printed in Germany

Inhalt

Zweiter Teil

Erster Teil

Arad

Arad! Nacht für Nacht durchstreife ich deine Straßen und laufe am Fluß entlang, in tiefen Träumen, weit entfernt von meiner Gegenwart. Die Straßenzüge mit ihren Ecken und Häusern erscheinen mir so greifbar nahe, daß ich den rauhen Putz der Wände an jeder Stelle abtasten kann. Gibt es hinter diesen Mauern noch irgendwelche Geheimnisse, die ich erfahren müßte?

Was suche ich hier nach vierzig Jahren, wo ich kaum noch jemanden kenne, was habe ich hier verloren, an diesem einst kaiserlich und königlich angehauchten, nun aber längst angestaubten Verwaltungssitz am Ostrand der Pannonischen Ebene, wo ich immer von den fernen Karpaten träumte? Jawohl, von den Bergen, die wir enteignet und vertrieben verlassen mußten, als ich kaum ein Jahr alt war. Von dort stammten die vielen bunten Kieselsteine, die ich an unserem Fluß Marosch sammelte und wie gebannt untersuchte. Hier fühlte ich mich am glücklichsten, an der Marosch, die sich gemächlich vor der Stadt dahinschlängelte, mit ihrem Wasser meine trüben Gedanken mitnahm und an ihre Stelle die frische Botschaft der Karpaten brachte.

Was sind das für Geister, die mich nachts in meine Mutterstadt zurückrufen, in eine Zeit der unendlichen Muße, als ich für alles Zeit hatte und tagsüber verträumt durch das Labyrinth der stillen Straßen schlenderte? Bilder der Vergangenheit ziehen an mir vorüber: die majestätische Hauptstraße, die frühere Andrassy-Allee, mit ihren klassizistischen Häusern, der Flußbogen mit der im Sommer so quirligen Badeanstalt, die unendlichen Stadtrandsiedlungen, wie stille Dörfer, und schließlich die kleine, mit Akazien gesäumte Straße, wo wir in einem der niedrigen Häuser wohnten.

Es war eine Zeit der langsam kriechenden Stunden voller Träume von Bergen, Höhlen und Abenteuer. In den Sommernächten, unter dem Zauberschleier der Dunkelheit, unter dem unaufhörlich pulsierenden Gezirpe der Grillen wuchsen die Tagträume in den Himmel. Die ersten Regungen der Liebessehnsucht trauten sich meist nur um diese Stunde auf die Bühne meines Bewußtseins. Liebliche Gestalten aus den tiefsten Geheimnissen des Herzens traten hervor und woben sich in bunt ausgemalte Heldengeschichten ein, in denen sie durch meine kühne Opferbereitschaft aus einer Gefahr gerettet wurden.

Ja, das waren die Anfänge, die Frühlingsmonate meines Lebens, wo in der scheinbar langsam dahinfließenden Zeit so vieles geschah, daß ich es heute kaum fassen kann. Wie ich zur Zeit so kränklich dahinlebe, tagelang das Zimmer hüte, Wochen und Monate verstreichen, und ich lasse sie verstreichen, ohne etwas Nennenswertes zu erleben, frage ich mich manchmal, ob ich das wirklich erlebt oder eher in einem Film in mehreren Folgen gesehen habe. Als ich mit meiner Ausbildung fertig wurde und anschließend in die große, weite Welt segelte, trat diese Welt der Kindheit und Jugend zurück. Aber jetzt, vierzig Jahre später, ist sie mir wieder sehr nahe, und ihre Leuchtkraft gewinnt Jahr für Jahr an Intensität. Mit fotographischer Genauigkeit sehe ich tagsüber und nachts in den Träumen vor mir die üppigen Gärten mit ihren Büschen, Bäumen und Verstecken, den Fluß mit seinen von uns so oft aufgesuchten steilen und sandigen Uferstellen; ich sehe vor mir die Nachbarhäuser unserer Straße und höre die Stimmen der Menschen, die in ihnen wohnten. In dieser Stadt fing mein Weg in das bewußte Dasein an, und die Eindrücke dieser Zeit sollten mich ein Leben lang begleiten.

Unsere Nachbarn waren ehemalige Kleinhändler, Anwälte, Handwerker und Beamte: das vom roten Stern zerschlagene Bürgertum; Ungarn, Juden und Rumänen, die der Sozialismus um ihre Lebensgrundlage gebracht hatte, und die nun alle als Proletarier ihr kärgliches Dasein fristeten. Sie verdingten sich als Fabrik- oder Gelegenheitsarbeiter, mit viel Glück als Büroangestellte, und nebenbei trieben sie noch Schwarzarbeit und Handel auf dem Trödelmarkt, um sich mehr schlecht als recht über Wasser halten zu können. Die „goldene Vergangenheit" schweißte sie zusammen. Sie zehrten aus ihren Erinnerungen an die untergegangene Zeit und lebten aus der täglichen Parodie der neuen Zeit, deren Grobheit und Rohheit sie in zahlreichen flüsternd erzählten Witzen karikierten und dem früheren relativen Wohlstand gegenüberstellten. Das Erzählen von Geschichten und Witzen war ihr Lebenselixier schlechthin, das sie noch einigermaßen bei Laune hielt, und vor dumpfer Resignation schützte.

Unsere kleine 2-Zimmer-Küche-Plumsklo(im Garten)-Wohnung war vollgestellt mit den alten Möbeln, die meine Eltern von unserem Landsitz in den Südkarpaten noch retten konnten. Damals dienten sie unter bequemeren Umständen und nicht so jämmerlich, dicht aneinandergedrängt: diese stummen Zeugen einer ganz anderen Welt, die mit der Vertreibung erlosch.

Oft stand ich vor der großen verglasten Gittertür des Bücherschrankes und guckte verwundert durch die kleinen Fenster die goldig glänzenden Einbände der Bücher an, als stünde ich vor einer Schatzkiste voller unerschöpflicher Geheimnisse. In den Seitenflügeln schlummerten die Foto- und Kunstalben, unten in einer Schublade die Mineraliensammlung. Ganz oben, über dem offenen Fach der Lexikareihe wachte streng ein schwarzer, gipserner Dantekopf. Die Schubladen des alten, schweren Schreibtisches waren voll alter Briefe in schöner Schwarztintenschrift, Postkarten und Fotos von der k. u. k.-russischen Front aus dem ersten Weltkrieg, wo mein Vater als Oberleutnant im Husarenregiment Graf Radetzky Nr. 5 diente. In der unteren Schublade der Biedermeierkommode lag eingemottet seine schwere, prunkhafte Husarenuniform mit vielen Verschnürungen. Ihre Benutzung lag schon über vierzig Jahre zurück, und all diese bizarren, musealischen Kostbarkeiten der Wohnung erstarrten allmählich zu leblosen Gegenständen, nachdem Vater und Bruder in einem grauen Dezember von der Securitate abgeholt worden waren.

An der Wand gegenüber dem Bücherschrank stand das „Fürstenbett“, wo ich in den späteren Schuljahren schlief. Mit durchbrochenen gotischen Bögen in den Kopf- und Fußteilen war das ein ziemlich kleines, seltsam verziertes, schwarzes Bett, in dem der siebenbürgische Fürst Johann Kemeny geboren worden sein soll. Nachmittags lag ich meistens auf dem kleinen Wiener Salonsofa. Zahllose Erlebnisse, Geschichten und Wunschträume drehten sich in meinem Kopf. Das hellbraune Holz der Rücklehne trug viele alte Kratzer und Kritzelelen, die ich während der langen Tage einer Bettlägerigkeit aufmerksam betrachtete. Dabei entdeckte ich schwach angedeutete, drollige Figuren, die ich dann meiner Phantasie entsprechend mit eigenen Kratzern vervollkommnete.

Wie könnte ich das, was sich in mir mit gewaltigen Bildern vieldimensional aufdrängt, in einer eindimensionalen Erzählform, nur mit einem einzigen Erzählfaden zu Papier bringen? Lächerliche Versuche, um ein kompliziertes Raum-Zeit-Gefüge an einem Faden entlang auszubreiten. Ich werde mich jedoch mit meiner lodernden Fackel in das wirre Knäuel stürzen und den Faden irgendwo anzünden. Die Flamme wird dann von selbst überall entlanglaufen, bis das ganze in hellen Flammen steht. Sie werden alte Ecken des dunklen Hauses der Vergangenheit ausleuchten und es bis auf ein Häufchen Asche niederbrennen, die werde ich in den Fluß der Zeit streuen und der Erde wiedergeben. Dann wird es mir wieder möglich sein, frei im Fluß der Zeit zu schwimmen, wie damals im weichen, lehmigen Wasser der Marosch. Denn eines ist klar: so weit ich auch in geistige Sphären entfliehen würde, schließt sich der Kreis des Lebens am Ende genauso wie fast an jedem Tag mit den gleichen Bewegungen, gleichen Atemzügen und gleichen inneren Bildern, mit denen es angefangen hat.

Der Leser wird auf einer langen Reise durch die Stationen meines Lebens geführt, durch eine Welt, die teilweise bereits entrückte Geschichte geworden, für mich jedoch immer noch greifbar nahe ist. Diese Reise verläuft in einem widersprüchlichen Spannungsbogen zwischen der K. u. k.-Welt und dem Balkan, zwischen ihren Gegensätzen, die mich beeindruckten, sich in mir bekämpften, sich liebten und haßten, um es am Ende bei gegenseitiger Akzeptanz zu belassen.

Ich werde oft in Gedanken bei den Motoren dieser Reise verweilen, bei den unersetzbaren Verlusten von Familie und Heimat, die Stufe um Stufe erfolgten und meine seelischen Konturen zeichneten. Zuerst nur in Träumen, später aber in Fleisch und Blut bin ich, wie eine Mutter zu ihrem toten Kind, zu den Orten der Verluste nach Arad und zu meinem Geburtsort in den Karpaten gereist, um mich vom Verlust nochmals und nochmals zu überzeugen, bis mir mein damals jäh entrissener Vater in meine Träume nicht mehr zurückkam und ich einsehen mußte, daß in meinem Geburtshaus in den Südkarpaten und im Haus in der Akazienstraße von Arad niemand mehr wohnte und ich das Haus ruhigen Gewissens von innen abschließen könne, so daß niemand mehr dort hereinkomme. Damit bin ich zu meinem innersten Kern gelangt. Von hier aus mache ich meine Exkursionen in das heutige Leben, das mir im Vergleich zum früheren vergnügt irreal erscheint, wie ein fesselnder Filmstreifen: ein Leben, das ich erstaunlicherweise mit meinen aus der Ferne herüberreichenden Balkan- und K. u. k.-Fühlern noch gut bewältigen kann.

Neben Kindheit, Jugend und Familie werde ich eine Menge über Land und Leute erzählen, damit der Leser von diesem geographisch so nahen, in der Wahrnehmung aber so fernen Land etwas mehr erfährt als aus den sporadischen Berichten und gelegentlichen Schlagzeilen der Medien.

Sanfte Welt

Die leuchtende Flamme der Öllampe hielt den kleinen dreijährigen Jungen in ihrem Bann. Er saß am Tisch in der dunklen Küche und starrte in das flackernde Licht, das die Farbe wechselte, mal gelb, mal blau wurde, immer kleiner, bis es ganz verschwand, nachher aber wieder erschien und immer heller leuchtete. Die Mutter zeigte ihm, wie sie dabei den Docht erst herunter- und nachher hochdrehte. Für ihn war es Zauberkunst.

Der Vater kam nach Hause. Er hielt eine Einkaufstasche mit Holzringgriffen in der Hand und nahm ein paar in Papier gewickelte Sachen heraus und legte sie auf den Tisch. Das waren seine ersten Eindrücke, woran er sich noch erinnerte. Daß er sich vor zwei Jahren in ihrem Karpatendorf gegen eine Schar Gänse brav verteidigte, hatte ihm später seine Mutter erzählt. Er tapste im Hof herum, als die Gänse ihn mit wildem Geschnatter zum Feinde erklärten. Er rückte an die Hauswand und trat mit seinen Füßchen gegen die bedrohlich gestreckten Langhälse, bis ihn die Mutter aus der Belagerung befreite.

Nun wohnten sie in einer Großstadt. Morgens war der Kleine putzmunter und tummelte sich im großen elterlichen Bett unter den Kopfkissen herum. Die weiße Bettwäsche fühlte sich angenehm weich an. Das hellbraune, glänzende Furnierholz am Bettrand und am Bettende war erfrischend kühl. Von draußen drang hin und wieder das dröhnende Geräusch der vorbeifahrenden Laster ins Zimmer. Die Wohnung war im ersten Stockwerk des großen Hauses, am Ende eines freien Ganges. Jenseits des Ganges sah der Kleine nur Leere, da war das Ende der Welt für ihn. Von dort hörte er oft das unruhige Gebell eines Hundes.

Nachdem die Familie in das niedrige Häuschen in der kleinen, mit Akazien gesäumten Straße umgezogen war, konnte er im Garten spielen. Die Welt rings um ihn herum erweiterte sich und bekam schärfere Konturen. Er stand vor einem großen Haufen violett schimmernder Asche, die aus den Holzöfen der Wohnungen stammte. Der Regen hatte seltsame Rinnsale und Täler in die weiche Masse gezeichnet. Stellenweise ragten kleinere und größere Kohlenstücke hervor, wie eine Felsenlandschaft an einem ausgedehnten Berghang. Er fand diese Naturkomposition so schön, daß er sie am liebsten mitgenommen hätte, um es aufzuheben. Das ging aber nicht, und es fiel ihm schwer, den Blick davon abzuwenden, als die Mutter ihn hereinrief. Viel später entwickelte er aber eine große Liebe zu Berglandschaften.

Bald erschien auch der erste Spielfreund, Gabor aus dem Nachbarhaus. Das Brennholz wurde eben gebracht. Der wohlriechende Haufen lag vor dem Haus auf der Straße. Er gab sich Mühe, beim Hereintragen kleiner Holzstücke mitzuhelfen. Da tauchte auf einmal, aus dem nebligen Herbstnachmittag Gabors blonder Schopf auf.

Er war jedoch zwei Jahre älter als Janosch und das sollte später ihre Freundschaft problematisch machen. Der vielseitige, lernbegierige und geistig bereits weiter fortgeschrittene Gabor hielt nämlich nicht soviel von einer treuen Freundschaft, die Janosch so gerne hätte.

Öfters malten sie zusammen im Wohnzimmer, was damals Janoschs Lieblingsbeschäftigung war. Einmal fehlte ihm ein brauner Farbstift, um die Bäume zu malen, die ihm auf seiner Zeichnung sehr wichtig waren. Gabor hatte zwei braune Farbstifte, doch als er ging, nahm er sie alle mit und wollte ihm keine zurücklassen. Janosch bat den Vater, zu Gabor zu gehen und ihn zur Herausgabe eines braunen Farbstiftes zu bewegen.

„Oh ja", hänselte ihn der Vater, „gleich brechen wir alle auf, Mutter, Bruder, du und ich, wir gehen hinüber und fordern Gabor gemeinsam auf, daß er dir einen braunen Farbstift herausgibt." Janosch schaute seinen lächelnden Vater an und begann langsam, ganz langsam zu verstehen, was Spaß und Hänselei bedeuteten. Er konnte sich nämlich schwer vorstellen, daß die ganze Familie wegen des braunen Farbstiftes zu Gabor aufbrechen würde. Wochen später, als er seinen Besitzwunsch nach einem braunen Farbstift schon vergessen hatte, schenkte ihm Gabor einen. Janosch schaute nun benommen auf den Gegenstand in seiner Hand, den er sich so lange gewünscht hatte, daß er sogar nachts davon träumte. Ein bereits erloschener Wunsch wurde erfüllt, was ihn ein bißchen traurig machte.

Bei den Spielen war Gabor geschickter und wendiger als Janosch und so kam es des Öfteren vor, daß Gabor lieber mit den Stern-Brüdern, Tommy und Iwan aus derselben Straße oder mit seinem viel älteren Bruder Nikolaus spielte. So geschah es einmal beim Zielschießen, daß er es nicht schaffte, mit dem Federkugelgewehr die Blechente zu treffen, die beim Treffen umklappen sollte. Gabor dagegen schoß viel besser und traf sogar häufiger als sein Bruder.

Gabor war ein sehr aufgewecktes Kind und wollte überall etwas Neues, Trickreiches lernen. Er hörte Janoschs Vater, für ihn Onkel Bela, oft aufmerksam zu, der bereits über sechzig war und aus seinem wechselreichen Leben viel erzählen konnte. So berichtete er gerne aus den früheren Jahren vor dem Krieg, als sie in Siebenbürgen, mitten in den Karpaten, ein großes Landgut besessen hatten und in den Bergen auf Gemsenjagd gingen, sowie über seine Erlebnisse als Oberleutnant im Ersten Weltkrieg.

Wenn der Vater nicht gerade etwas erzählte, hatte er es nicht so leicht. Als Anwalt durfte er sich nicht mehr betätigen und so mußte er mit Gelegenheitsarbeiten wie Malen von Heiligenbildern, Restaurierungen von alten Gemälden und Verkäufen auf dem Trödelmarkt das Brot für die Familie verdienen. Als seine viel jüngere Frau im städtischen Krankenhaus Arbeit als Laborantin bekam, besorgte er mittags den Haushalt. Dabei unterhielt er sich gern mit den Nachbarn. Aufmerksame Zuhörer konnten seine Erzähllust so stark beflügeln, daß er alles um sich herum vergaß. So kochte mal die Milch über, mal brannten die Nudeln im Topf auf dem Herd an, daß es nur so rauchte und knisterte in der Küche, während er vor der Tür erzählte.

Ein anderes Mal wäre Janosch fast im Fluß ertrunken, als er, vierjährig, während einer Überfahrt mit der Fähre noch vor dem Anlegen ungeduldig ins Wasser sprang. Er glaubte nämlich, ins seichte Wasser zu springen, was aber nicht der Fall war. Währenddessen war sein Vater in eine rege Unterhaltung mit Frau Menzel, einer alten Jüdin vertieft. Ein Fährmann zog Janosch schnell aus dem Wasser. Gabor, der auch dabei war, meldete das Geschehen Onkel Bela, der von dem Ganzen nichts bemerkt hatte. Als er hörte, was da passiert war, geriet er in Zorn und gab Janosch eine Ohrfeige.

Gabors Eltern hatten sich getrennt, und er lebte mit Mutter und Großmutter in dem niedrigen Nachbarhaus. Zu dem Haus gehörte ein großer, verwilderter Garten, der für die Kinder der Straße der künftige Abenteuerspielort war. Gabors Vater kam nur selten aus Bukarest zu Besuch. Dann hielt immer ein Taxi vor dem Haus, er stieg mürrisch und nervös aus und blieb meistens nur ein paar Tage. Vielleicht auch deshalb suchte Gabor so oft die Gesellschaft von Onkel Bela, da er einen erklärenden, belehrenden Vater zu Hause vermißte.

Sonst wurde in seinem Haus viel gelesen und seine Großmutter, eine ehemalige Juwelierin, erzählte die besten Witze in der Straße, unter ihnen auch viele nur für Erwachsene, das heißt unanständige Witze. Sie gab zu

Hause Sprachstunden: deutsch, englisch und französisch, und war von den Eltern ihrer Schüler sehr hoch geschätzt. Die Kinder nannten sie Tante Hilda. Sie ging jeden Morgen zum Markt und kaufte unter anderem Innereien vom Rind, womit sie zu Hause eine ganze Schar zugelaufener Katzen versorgte. Wenn die kleine, runde Frau nach Hause kam, konnte sie die aufgeregten, rings um sie wild herumspringenden Vierbeiner kaum abwehren. Nachdem die Innereien restlos vertilgt worden waren und die wilde Balgerei und Faucherei sich gelegt hatte, kehrte Ruhe in der Küche ein, und Tante Hilda machte sich an das Kochen des Mittagessens. Die Katzen verzogen sich in ihre Ecken und mit schwungvollem Pfotenlecken leiteten sie ihre tägliche Fellputzaktion ein.

Gabors Mutter, die Tante Berta für Erwachsene die Bertuschka , war eine sehr gebildete, von Kummer und Sorgen etwas verbitterte, schlanke Frau um die fünfzig herum. Sie arbeitete in der weit entfernten Textilfabrik und war meistens sehr müde, wenn sie spät nachmittags nach Hause kam. Am Wochenende konnte sie sich etwas erholen, dabei mit Tempera Landschaften malen, und am Sonntag sah man sie vielleicht auch lächeln. Janosch freute sich über ihr seltenes, schönes Lächeln. Es entspannte, befreite und hellte die Stimmung auf, als hätte man die ganze Woche nur darauf gewartet, daß es ihr auch mal gut gehen möge.

Im Gegensatz zu Tante Berta war die Großmutter Tante Hilda der leibhaftige Sonnenschein der kleinen Straße. Sie lachte oder mindestens lächelte bei jedem Anlaß mit einem erheiternden, unerschütterlich lebensbejahenden Ausdruck. Wenn sie vom Markt kam, blieb sie mit jedem ihr begegnenden Bekannten ein paar Minuten stehen und nach den allgemeinen Einkaufsthemen erzählte sie auch ihre neuen Witze, als wären sie frische Ware vom Markt. Die wurden dann von den anderen zu Hause wieder weitererzählt. Gegen Abend amüsierte sich bereits die ganze Straße über Tante Hildas neue Witze. Woher sie die hatte, wußte kein Mensch. Vielleicht hatte sie sie selber unterwegs zum Markt oder während des Kochens in der Küche gedichtet. Und das wäre gar nicht so abwegig gewesen, hatte sie doch ihre Dichtkunst schon früher mit einem kleinen Gedichtband unter Beweis gestellt. Am schönsten war es sicherlich, wenn man sie selbst die Witze erzählen hörte. Dann konnte man nämlich ihr schelmisches Lächeln erleben und dabei vom Zauber ihrer Person eingefangen werden.

Einer dieser Witze, an den sich Janosch noch lange erinnern konnte zumal der Schlußsatz als Redensart in die Umgangssprache der Akazienstraße einging klang so: Cohn wird an der Grenze von Zollbeamten gefragt, was er in den vielen Tüten habe. „Das ist nur Papageienfutter", antwortet er. Der Zollbeamte öffnet eine und stellt erstaunt fest: „Aber das ist doch Kaffee. So was frißt der Papagei gar nicht." Darauf Cohn: „Ob er ihn frißt oder nicht, was anderes kriegt er nicht."

Janosch, der keine Großeltern mehr hatte, war alten Menschen gegenüber voller Ehrfurcht und Bewunderung, und die Begegnungen mit ihnen beeindruckten ihn sehr. Tante Hilda bewunderte er aber besonders. Auch sie mochte ihn und hatte immer ein ermunterndes oder lobendes Wort für ihn übrig, das ihn mit Vertrauen zum Leben und zu sich selbst erfüllte. Er war schon als Kind von träumerischer Natur. Wo er etwas Schönes sah oder erlebte, verweilte er länger. So blieb er zuweilen an Tante Hildas gutmütig lächelnden Augen hängen. Er fühlte sich wohl unter ihrem warmen Blick, und hinterher war es ihm, als hätte sein Herz Kraft getankt.

Einmal im Sommer spielte er, nackt wie die Kleinkinder, auf einer Sandbank am Fluß. Vor kurzem war noch diese Stelle vom Wasser überspült gewesen, was das gerippte Muster einer Dünenlandschaft in Miniaturform hinterließ. Zwischen den Dünenwellen bildeten sich kleine, sichelförmige Tümpel, deren Wasser in Rinnsalen vereinigt zurück zum Fluß sickerte. Er war ganz versunken bei der Betrachtung der zauberhaften Figuren im feuchten Sand. Vom Lärm des fernen Badestrandes war hier nichts zu hören, nur ein feines, rasselndes Geräusch, erzeugt von den rollenden Kieselsteinen im seichten Wasser. Mit diesen schönen, glatten Steinen spielte er auch gern. Wie er sie betrachtete, betastete und hin- und herdrehte, sollte später die Art und Weise bestimmen, wie er die Menschen um sich herum wahrnahm. Er sollte ruhige, zuverlässige Menschen mögen, die eine klar fühlbare Form hatten, eben wie ein Kieselstein.

Die brennend heiße Mittagssonne spürte er nicht. Die Mutter kam und band ihm ein grünes Seidentuch um den Kopf. Er merkte nichts davon und streifte später den fremden Gegenstand mit einer Handbewegung vom Kopf herunter, ohne ihm weitere Beachtung zu schenken. Das langsam strömende Wasser nahm ihn sogleich auf Nimmerwiedersehen mit. Als die Mutter wiederkam, schaute sie vergeblich nach dem fortgeschwommenen Seidentuch. „O schade", sagte sie.

Als er schon älter war und an das verlorengegangene Seidentuch zurückdachte, tauchte vor seinen Augen die schlanke, zarte Gestalt der Mutter mit ihrer unendlichen Liebe zu ihm auf. Vorsorglich wollte sie ihn vor den brennenden Sonnenstrahlen schützen. Er wehrte es aber, wie so oft später im Leben, eigenwillig ab. Ihr einziges schönes Seidentuch war unwiederbringlich weg. Diese wehmütige Erinnerung und ein Gefühl des Bedauerns verknüpften sich später bei ihm unzertrennlich mit der Gestalt seiner liebenden Mutter. Sie war damals fünfunddreißig, er kaum fünf Jahre alt.

Die Jahre vergingen, und Janosch mußte mit sieben in die Schule. Die war gleich um die Ecke in der großen Straße, wo es auch einige Läden gab. Die Unterrichtssprache in der Schule war ungarisch, wie damals noch die Mehrheit der Stadtbevölkerung sprach. Mit der Zeit wurde aber die Schule durch die Einführung auf rumänisch unterrichteter Fächer und die Zusammenlegung mit einer rumänischen Schule zunehmend rumänischer.

Janosch war sehr aufnahmefähig und brachte zur Freude der Mutter von Anfang an eine Menge Fünfer mit Sternchen mit nach Hause. Dies war die beste Note, schön auf einem Kartonblättchen mit rotem Stift geschrieben, so nahmen sie die Schüler nach Hause mit.

Im Unterricht ging es einmal um die Seen des Landes. Dabei stellte sich die Frage, woher der Name des berühmten Mördersees in den Ostkarpaten kommen könnte. Janosch meldete sich und sagte, sein Vater habe ihm das erzählt. Darauf de Lehrerin:

„Kinder, hört jetzt aufmerksam zu, Janoschs Vater ist nämlich ein vielgereister und vielerfahrener Mensch!"

„Es ist so", sagte Janosch, „daß wenn eine Fliege über dem See fliegt, fällt sie bald wegen der Ausdünstungen tot darein. Daher der Name „Mördersee"."

„Sehr interessant", sagte die Lehrerin. Stolz erzählte nun Janosch seinem Vater zu Hause, wie die Lehrerin von seinem Wissen beeindruckt war.

„Bist du verrückt, so einen Schmarrn in der Schule zu erzählen?!" sagte der Vater. „Ich habe das nur erfunden, als du mich mit zig Fragen gelöchert hast." Die Mutter und der große Bruder brachen in schallendes Gelächter aus. Acht Jahre später konnte sich Janosch selbst überzeugen, daß man in dem See ruhig baden könne, denn es handelte sich um einen durch Bergrutsch entstandenen, natürlichen See.

Auf dem Schulhof war er auch sehr aktiv, bei allen Spielen und Rangeleien lebhaft dabei. Lange Zeit galt er als großer Ringer, der fast jeden auf die Schulter legen konnte.

Einmal mußten die Kinder der Klasse einen Aufsatz als Hausaufgabe schreiben, wie sie die Sommerferien verbracht hatten. Janosch schrieb lang über die schönen Tage im Freibad am Fluß und erwähnte nachher, daß bei schlechtem Wetter meistens im Zimmer Rommé gespielt wurde. Als das nächste Mal der Aufsatz besprochen wurde, fand die Lehrerin unter anderem auch seinen Aufsatz sehr gut. Sie sagte: „Der Janosch hat einen guten Satz gehabt und zwar: ‚Bei schlechtem Wetter haben wir im Zimmer meistens Rommé gespielt.“ Für Janosch blieb aber unverständlich, warum gerade dieser Satz gelobt wurde. Es war ja nur ein Zufall, daß es in der Nachbarschaft ein Romméspiel gab. Kinder, die kein Rommé spielten, konnten also dann keinen guten Aufsatz schreiben?

Ein anderes Mal hatten sie einen Aufsatz über einen Hund zu schreiben, der im Rohrdickicht allein auf die Jagd ging, wie das auf einem großen Gemälde dargestellt war. Janosch nannte in seiner Erzählung den Hund Tschöpi, wie einer der beiden Hunde von dem Hausmeister hieß. Es war ein glatthaariger, weißer Mischling, der dem Hund auf dem Gemälde sehr ähnelte. „Nein, das geht nicht. Das ist kein guter Name für einen Hund“, sagte die Lehrerin. Den Namen Pintschi dagegen, in einem anderen Aufsatz, der für Janosch sehr dumm, wie ein Schoßhundname klang, fand die Lehrerin sehr gut und richtig. So wurde diesmal er das Opfer eines für ihn unverständlichen Urteils. Das war noch eine harmlose Erfahrung der unbegreiflichen Widerborstigkeit der Welt, die mit seinem Heranwachsen immer zunahm.

Am Ende des Schuljahres, im Mai, veranstaltete man eine große Abschlußfeier. Diese fand in dem weiten Schulhof statt, wo eine Holzbühne aufgebaut wurde. Für die Zuschauer, also für die Eltern, wurden einige Reihen Stühle hingestellt. Es gab eine Tombola und kaltes Büfett. In der Aufführung eines Volksmärchens spielte Janosch den Haupthelden, der für die Gerechtigkeit kämpfte. Daß die Gerechtigkeit so eindeutig nur in den Märchen siegen konnte, zeichnete sich ihm allmählich ab.

Die letzten Schultage verliefen in hoher Spannung der Vorfreude auf die kommenden Sommerferien, auf die lang ersehnte große Freiheit. Das Wort „Ferien“, das die Augen zum Leuchten brachte, begann in der letzte Woche auch an der Tafel zu prangen. Jeden Tag fügten die Kinder einen

Buchstaben hinzu, so daß erst am letzten Tag das ganze Wort „Ferien“ zum Vorschein kam. Es funkelte vielversprechend, sommerlich warm. Die Schule auf einmal in die unvorstellbare Ferne gerückt und drei Monate Ferien zu haben: ein schier unendliches Vergnügen!

Die große Freiheit lag vor uns, wie eine weite Abenteuerlandschaft. Ja, von nun an erzähle ich selbst von mir und uns aus der kurzen Akazienstraße von Arad, denn inzwischen hatte ich eine gute Portion Selbstbewußtsein erlangt. Meine Selbstfindung hatte viel mit dem Sommer am Fluß zu tun.

Der Sommer war die Zeit der Erlebnisse an der Marosch, die Zeit des Vergnügens in ihrem kühlenden, seidigen Wasser an den heißen Tagen. Hier entdeckte ich die bewußte Freude am Leben und ihre jahreszeitlichen Steigerungen, die Jahr für Jahr in einem immer irrsinniger genossenen Sommervergnügen ihren Höhepunkt erreichte. Ich lernte mit sieben schwimmen und durch das Überschwimmen des Heimatflußes legte ich bald die Grundprüfung ab, die jeder wackere Junge der Stadt bestehen mußte. Damit empfing ich meine wahre Lebenstaufe. Sie verlangte von mir, in den Strömungen des Flußes, später in denen des Lebens, schwimmen zu können.

Meistens ging ich schon vormittags gegen zehn Uhr zum „Strand“. So nannten wir unsere Badeanstalt am Fluß mit ihren unzähligen Reihen von alten Holzkabinen. Ich blieb bis gegen vier Uhr und bis dahin hatte ich durch Schwimmen, Springen, Spritzkämpfe, Sandburgenbauen und Herumliegen auf jede mögliche Art und Weise das Vergnügen am kühlen Wasser und feinen Sand ausgekostet. Allmählich machte sich dann etwas Hunger bemerkbar, denn ich hatte unterdessen dem Frühstück höchstens nur ein paar Kekse nachgeschoben. So machte ich mich am frühen Nachmittag auf den Heimweg. Das Barfußgehen auf dem Asphalt durch die heiße Stadtmitte machte mir nichts aus. Der brennende Durst nach Abkühlung, der mich jeden Morgen überfiel, war nun vom Wasser der Marosch vollkommen gelöscht worden. Gewöhnlich hielt ich im Park bei den Schachspielern kurz an, dann ging ich weiter, langsam, träumend und die wärmende Sonne diesmal richtig genießend.

Zu Hause angekommen, empfing mich eine in Nachmittagsruhe versunkene Welt. Es war sehr still, nur das Summen der Fliegen war zu hören. Mutter hielt ihre Siesta im Wohnzimmer, sie schlief ein bis zwei Stunden nach verrichteter Tagesarbeit. In der Küche, wo ich gleich am Tisch Platz nahm, erwartete mich ein wohlschmeckendes Mittagessen, das Mutter in den Backofen gestellt hatte, so daß es noch warm war. Zur großen Freude meiner Mutter leerte ich manchmal ganze Töpfe. Mit vollgeschlagenem Bauch und ganz ermattet schleppte ich mich dann auf das Sofa des kleineren Zimmers. Dort hörte ich dem Ticken der Wanduhr und dem Summen aus dem Garten zu. Mein Blick ruhte auf einem schwermütigen Ölgemälde an der Wand. Es zeigte eine Pappelreihe voller großer, uralter Bäume; im Hintergrund ein weiter, von dunklen Regenwolken verdüsterter Abendhimmel. Als ich schon älter war, blätterte ich zu dieser Stunde in einem Kunstalbum mit italienischen Städten und Landschaften.

Bis sechs Uhr spätestens erholte ich mich gänzlich, dann ging ich wieder fit und unternehmungslustig auf die Straße. Dort kreuzten allmählich meine Spielfreunde aus den Nachbarhäusern auf, und damit begann das von allen heiß erwartete zweite Kapitel des Tages, die abendlichen Cowboy- und Indianerspiele. Sie fanden in dem großen, verwilderten Garten von Tante Hilda statt. Diese spannenden Spiele gingen bis spät in die Dämmerung hinein. Wir konnten erst aufhören, wenn wir einander gar nicht mehr sehen konnten und die Mütter uns bereits wiederholt zum Abendessen gerufen hatten.

Über diese Zeit, die ich in der Schule verbrachte, möchte ich zunächst nicht viel erzählen. Dann müßte ich nämlich über die vielen sinnlosen Fächer, die Büffelei und eine als vorwiegend eingesperrtsein empfundene Zeit berichten. Auch wenn es manchmal lustig und interessant war, bekamen wir doch zuviel von lästigem, beängstigendem Druck und Zwang zu spüren. Da sich die Erwachsenen nicht einigen konnten, welche Sprache der allgemeinen Verständigung dienen sollte, mußten wir das gleiche Wort, den gleichen Satz im Laufe der Jahre in sechs Sprachen lernen: zuerst Ungarisch, Rumänisch, Russisch und später noch Französisch, Deutsch und Latein. Neben dem Vokabelpauken hatten wir die stadtbekannt strengste und gefürchtetetste Mathematiklehrerin von allen, die den nicht lernwilligen Schülern schreckliche Strafarbeiten auferlegte. So war die umfangreiche Materie von einem Durchschnittsschüler nicht zu bewältigen. Hätten nicht viele Lehrer bei der Notenvergabe ein Auge zugedrückt, und hätten wir uns nicht bei Klassenarbeiten als letzte Rettung unserer gut entwickelten Abschreibetechniken bedient, wäre das Klassenziel von der Hälfte der Schüler nicht zu schaffen gewesen. Vor jeder Klassenarbeit waren wir alle mit der mühevollen Anfertigung eines Miniaturvokabulars beschäftigt. Die sorgfältig vorbereiteten Spickzettel wurden dann aus dem Schuh, dem Kniestrumpf oder Ärmel unter Schweißausbrüchen zum entscheidenden Einsatz hervorgeholt. Erwischt zu werden wäre für mich, der als kluger Kopf galt, um so peinlicher gewesen. Ich tat es trotzdem, ich konnte es einfach nicht lassen. Mit den Spickzetteln im Ärmel hatte ich einfach mehr Sicherheit und auch meinen Nervenkitzel.

Der Ungarischlehrer war sehr gründlich und wollte uns all die edlen Dichterköpfe der magyarischen Literatur tüchtig beibringen, denn die Literatur war der Stolz der ungarischen Kultur. Die Rumänischlehrerin war auch sehr gründlich, und wir mußten schon aus Bürgerpflicht die Literatur dieses genialen, von den Römern und Daken abstammenden Volkes gut kennen, denn es stellte die Mehrheit des Landes, dessen Bürger wir waren. Und die Russischlehrerin war schließlich auch sehr gründlich, denn Russland war das Land Lenins, des glorreichen Sozialismus, der auch unsere Zukunft sein sollte. Unsere Bestimmung lag darin, das wertvolle Kulturerbe der Rumänen, Ungarn und Russen zu pflegen und für seine Weitergabe zu sorgen. Wir hatten unter Seufzen und Stöhnen zu büffeln, aus Ehrfurcht und Pflicht der leidvollen ungarischen, heldenhaften rumänischen und zukunftsweisenden russischen Geschichte gegenüber. Die konkret erlebte Geschichte der Gegenwart drang jedoch unaufhaltsam mit ihrer Widersprüchlichkeit, Willkür und Rohheit in unser Leben.

Über dese Zeit werde ich noch später berichten, anfangen möchte ich aber mit dem Schönsten, mit der Ferienzeit am Fluß und in unserem Gartendschungel, wovon mir der Kopf bestimmt heiß wird. Ein prickelndes Gefühl packt mich heute noch vor jedem Sommer. Von paradiesischen Verheißungen erfüllt fiebere ich dann dem Höhepunkt des Jahres entgegen, um mich dann mit voller Hingabe in die heiße Jahreszeit zu stürzen und die Wellen der Wonne über meinem Kopf zusammenschlagen zu lassen.

Ich werde nun versuchen, einen von den vielen Ferientagen zu schildern, um das Lebensgefühl dieser Zeit wiederzugeben.

Ein warmer Sommertag

An einem heiteren Junimorgen erwachte ich gegen acht Uhr in unserem, von einem alten Rollo abgedunkelten, Wohnzimmer. Das Fenster ging nach Südosten, und so schimmerte die Rollofläche goldgelb von der durchscheinenden Sonne. Ich fühlte mich frisch, ausgeschlafen, und das helle Licht erfüllte mich mit heiterem Frohsinn. Sanfte Windstöße fuhren durch die Rollofläche und klatschten sie gegen das offene Fenster. In dieser Jahreszeit erwachte ich meistens mit frohem Gemüt. Als ich in die Küche ging, wo das Fenster zum Garten hin wie gewöhnlich auf war, empfing mich der hereinströmende frische Blütengeruch. Die Fliederblüte, die immer so sinnesbetäubend auf mich wirkte, war schon längst vorbei. Jetzt waren die Obstbäume mit ihrer weißen Blüte dran. Ich wusch mich am Wasserhahn in der Ecke, über dem alten gußeisernen Becken, das noch aus der K. u. k.-Zeit stammte. „Freie königliche Stadt Arad“ so stand darauf in Reliefbuchstaben, ungarisch geschrieben.

Ich zog schnell die Sachen an, die Mutter herausgelegt hatte. Sie war längst schon weg, um irgendwo einzukaufen, vielleicht auf dem Markt. Dann setzte ich mich zum Frühstück. Die gekochte Milch stand da in einem Topf und der schwarze, stark gekochte Zichorienkaffee in einem kleineren Gefäß. Ich mischte mir meinen Milchkaffee an und schnitt dazu eine Scheibe Brot, die ich mit Marmelade bestrich. Während des Essens schaute ich in Gedanken versunken die graue Tür der Speisekammer an, die beim Öffnen immer ein in der ganzen Wohnung zu hörendes Knattergeräusch machte. Von links, vom Fenster her, winkten mir die blühenden Obstbäume aus dem Garten freundlich zu.

Dann raus auf die Straße: Mal sehen, was ein so heiter begonnener Tag bringen konnte. Ich ging vor die Fenster von Gabors Haus. Die waren so niedrig, daß wir sie mühelos als Eingangstür benutzten. Unter dem Sims war der Putz ganz ausgehöhlt. Ich vernahm keine Regung von drinnen, die Fenster waren mit karierten Decken abgedunkelt. Da ich nicht weiterwußte, blieb ich am Fenster in der Morgensonne stehen und begann vor Langeweile an dem leicht bröckelnden Putz zu kratzen. Zeitweise stieß ich einen Ruf nach Gabor aus, der unbeantwortet verhallte. Auf einmal sah ich am Ende der Straße Tante Hilda kommen. Sie näherte sich wegen ihrer geschwollenen Beine langsam und mühsam.

„Na Janosch, möchtest du in den Garten rein?“ fragte sie mich. Es kam nämlich öfters vor, daß ich in den Garten hereingelassen wurde, bis Gabor dann irgendwann auftauchte. „Gabor schläft noch“, fügte sie hinzu. „Wir hatten gestern Besuch und waren etwas länger auf.“

Nun gut, auf Gabor mußte ich eigentlich öfters warten. Er las abends viel, bis in die späte Nacht hinein. Seine Lieblingslektüre waren damals die Karl-May-Romane, und auch bei streng verordneter Nachtruhe war er dazu imstande, seine spannende Lektüre unter der Bettdecke beim Taschenlampenlicht fortzusetzen. So war es nicht verwunderlich, daß er morgens so schwer aus den Federn finden konnte.

Jetzt aber, bei dem Wetter, hatte ich keine Lust, auf Gabor zu warten. An kühleren Sommertagen verweilte ich gern allein im Garten, auf Gabor wartend, aber nicht an einem so warmen Tag. Außerdem hatten wir gestern ausgemacht, daß wir heute ins Freibad gehen. Eine Mischung aus Stolz und Selbstwertgefühl stieg in mir auf, der glitzernde, kühle Fluß schwebte lebhaft vor meinen Augen. Ja, dann gehe ich halt allein, sagte ich mir mit Stolz erfüllt, obwohl es mir weh tat, da ich sehr an Gabor hing. Mit ihm zu gehen, mit ihm zusammen zu sein, bedeutete mir sehr viel: eine ausgefüllte Zeit voller Spaß mit einem guten Freund und dabei noch das Gefühl der Geborgenheit.

„Gabor kann mir nachkommen“, sagte ich noch zu Tante Hilda, und machte mich auf den Weg zum Strand. In Träumereien versunken ging ich durch die Stadtmitte. Die Straßen waren in der Frühe gespritzt worden, und so war es angenehm, über sie zu laufen. Auf dem „Korso“, unserer breiten Hauptstraße mit Baumreihen in der Mitte, duftete es frisch nach Lindenblüte. Meine Füße trugen mich in einem gemächlichen Kamelschrittempo weiter durch den Stadtpark bis hin zum Eingang der Badeanstalt. Er befand sich auf der Deichpromenade: ein großes Tor, dahinter die breiten, nach unten führenden Treppen, rechts und links zwei Kassen, in der Hochsaison beide geöffnet. Da wollte ich aber keine Zeit verlieren, nur damit ich um mein ohnehin schon geringes Taschengeld gebracht würde. So mußte ich, wie so häufig, die Mauer überwinden, die Hürde vor dem nassen Paradies, das mich dahinter erwartete. Erst mußte ich mich aber versichern, daß da unten kein Aufpasser saß, der mich erwischen könnte. Saß dort einer, so mußte ich eben warten oder es durch den angrenzenden Ruderverein versuchen. Da konnte man ungehindert hereingehen, dann am Trennzaun entlang bis herunter zum Fluß, und über ein paar extra dafür ins Wasser hingestellte Steine in die Badeanstalt hinüberspringen. War das Wasser gerade hoch, so mußte ich die Schuhe und Socken ausziehen und durchs Wasser waten.

Endlich einmal drinnen, war die Prozedur noch nicht zu Ende, da ich noch eine abgerissene Eintrittskarte brauchte, um meine Kleidungsstücke in einer der drei öffentlichen Garderoben abgeben zu können. Die ließ sich aber relativ leicht finden, da viele Leute, die die Kabinen benutzt hatten, die Eintrittskarten gleich wegwarfen. Diese zahlreichen gelben Holzkabinen, deren Reihen ein ganzes Labyrinth bildeten, konnten für eine ganze Saison gemietet werden. Sie waren vom Publikum sehr begehrt, aber auch recht teuer, und so waren manche Leute froh, wenn irgendein Bekannter von ihnen eine Kabine besaß, die sie auch benutzen durften. Sie sahen ganz schmuck aus, drinnen roch es gut nach Holz und es war bequem und trocken, da sie wie ein Pfahlbau einen Meter über dem Boden gebaut wurden. In den späteren Jahren hatte ich das Glück, die Kabine von der Familie meines Cousins benutzen zu dürfen und dank der vielen Spalte und Astlöcher in der Bretterwand mit meinem Cousin die so spannenden, frühreifeförderlichen Peepshows zu genießen. Waren diese Spalte und Gucklöcher zu klein, so erweiterten wir sie mit unserem Taschenmesser, um in die Umkleidegeheimnisse der Nachbarkabinen gute Sicht zu bekommen. Anschließend, wenn die Show von drüben zu Ende war, stopften wir die Gucklöcher mit Korken zu, damit nichts bemerkt werden konnte.

Nachdem ich meine Bekleidung losgeworden war, lief ich am hohen Ufer entlang, das mit grobem Kies bestreut war. Die größeren Kieselsteine fühlten sich sehr hart unter den Fersen an und deshalb lief ich hier, wie die meisten Leute auch, etwas vorsichtig und nicht besonders schnell, sonst tat es arg weh. Dafür war der feine, weiche Natursand vom anderen Ufer die reinste Verwöhnung für die Füße und eine Entschädigung für die diesseits erlittenen Qualen.

Unterwegs zum Flußschwimmbecken hielt ich nach Bekannten Ausschau. Das Schwimmbecken bestand aus einem Beckenrahmen, der aus schwimmenden Pontons auf einer zwei bis drei Meter tiefen Stelle des Flusses gesetzt und am Steilufer mit Drahtseilen verankert wurde. Einen Boden hatte er also nicht, der Strom floß unten frei durch. Die Pontons wurden quer mit Planken zugedeckt, um darauf laufen oder liegen zu können. Um den Rand führte ein eisernes Geländer. An beiden Enden gab es Holztreppen, die nach vier Stufen unter dem Wasser aufhörten. Die große Attraktion der Anlage waren die Sprungtrampoline: ein kleines, niedriges und ein großes, vier Meter hohes Trampolin, das sich sowohl bei den Kindern wie auch bei erwachsenen Halbstarken allgemein großer Beliebtheit erfreute. Von dem hohen Ufer führten ein paar Treppen und dann eine Holzbrücke zu dem Schwimmbecken hinunter. Diese schaukelte ganz gewaltig, wenn eine Schar von Bengeln polternd und schreiend darübersauste, um anschließend so schnell wie möglich ins Wasser zu springen.

Auf den warmen Planken und noch wärmeren Metallrändern des Schwimmbeckens sonnten sich viele Leute, unter anderem auch viele junge Damen. Auf sie hatten es die halbstarken Hochbrettspringer abgesehen, die ihre Klatschbombensprünge mit einer solch erstaunlichen Genauigkeit aufs Wasser setzen konnten, daß die ins Visier gefaßte junge Dame den größten Teil des aufspritzenden Wasserschwalls abbekam. So war die auf diese Weise mit Nässe beehrte Schönheit gezwungen erheitert oder entrüstet über das grobe Kompliment ihren bis dahin schönen, trockenen Platz zu verlassen. Mich hat es immer gewundert, wie haargenau die Jungs ganz dicht an den Beckenrand springen konnten, sobald eine ahnungslose Dame in ihrem Springradius Platz genommen hatte. Mit der Zeit lernte ich auch ganz gut zu springen, aber zu solcher Kunstfertigkeit brachte ich es nie.

Um uns zu sonnen, legten wir uns erst dann hin, wenn wir vom vielen Schwimmen und Springen ganz erschöpft und vom Wasser ausgelaugt waren. Dann streckten wir uns zitternd, Zähne klappernd, vor Kälte blau verfärbt auf dem heißen Metallrand des Schwimmbeckens aus. Dabei wechselten wir mehrmals die Plätze, sobald wir sie nicht mehr als heiß genug empfanden.

Ich war sieben Jahre alt, als ich das „große Flußschwimmbecken“ das erste Mal betreten durfte. Meine Mutter führte mich die Treppen ins Wasser hinunter und begleitete mich neben mir schwimmend. Mit ruhiger

Stimme sagte sie einige ermutigende Worte und gab mir Anweisungen, wie ich am Ende des Schwimmbeckens das Treppengeländer ergreifen solle, um nicht von der starken Strömung gegen die Treppen gedrückt oder darunter gespült zu werden. Das war ein wichtiger Tag für mich. Bis dahin durfte ich nämlich nur in das „Froschbecken", wie das Kinderschwimmbecken hieß, das nur einen halben Meter tiefes Wasser hatte.

Es bedurfte keiner großen Anstrengung, im Fluß zu schwimmen. Ich lernte die Tücken der Strömungen kennen und sie zum eigenen Vorteil nützen, um in die gewünschte Richtung getrieben zu werden. Am unteren Ende des Schwimmbeckens gab es eine Treppe nach draußen, zum offenen Fluß hin. Sie wurde von denjenigen benutzt, die quer über den Fluß schwimmen oder sich auf „große Flußtour" begeben wollten. Die große Flußtour war ein besonders spannendes Flußabenteuer. Sie wurde durch den hufeisenförmigen Verlauf des Flusses vor der Stadt ermöglicht. Die Stadt und somit auch das Schwimmbad lagen nämlich am äußeren Rande eines Flußbogens. Wenn man also von unserem Schwimmbad aus bis zu dem unteren Bogenende hinunterschwamm, beziehungsweise sich hinuntertreiben ließ, brauchte man nur die relativ kurze Strecke des Bogenhalses etwa 600 m zu Lande zu überqueren, um von dem oberen Bogenanfang zu dem Schwimmbad wieder zurückgetrieben zu werden. Unterwegs konnte man vieles erleben und bei der Landüberquerung den nachlassenden Kräften mit etwas geklautem Obst Zwetschgen, Birnen und Aprikosen entgegenwirken. Man gelangte wieder zum Fluß bei der Brücke nach Temeschwar. Hier gab es auch Sandbänke und nachher kam eine interessante Strecke, wo einige alte Weiden am Ufer weit über das Wasser hinausreichten, manche in den Fluß gestürzt, kleine, grün bewachsene Inseln bildeten. Besonders mein Cousin hatte viel für diese Stelle übrig, und wenn ich mit ihm auf großer Flußtour war, verweilten wir ganz lange an diesen Stellen. Wir bekletterten und untersuchten alle Bäume und Bauminseln, denen ich geologische Namen, wie Karbon I und II oder Devon I und II usw. gab, als wären sie Überreste aus den Urzeiten der Erdgeschichte. Mein Cousin glänzte hier mit einer besonderen Darbietung: über dem Wasser an einem herunterhängenden Ast zu baumeln. Dafür kletterte er auf eine hohe Weide am Ufer bis zu der äußerst möglichen Spitze eines über das Wasser hinausragenden Astes, so weit, bis der Ast brach, nach unten knickte, und er an seinem Ende baumeln konnte.

Er genoß jeden Moment dieser spannenden Zeremonie und stieß einen Jubelruf aus, als der Ast unter ihm krachte. Ich brachte diese Kunststücke nicht fertig. Weiter unten kam eine Stelle mit hohem, steilem Ufer, wo in einigen Löchern Uferschwalben nisteten. Auf einer Seite, wo die Erde am Rand häufig abbrach, errichteten wir unsere Schlammrutschbahn. Vor der Benutzung mußten wir sie von unten aus dem Fluß mit Wasser bespritzen, und dann konnten wir darauf von oben in unsere geliebte Marosch sausen. Schwamm man von dieser Stelle weiter, erreichte man bald die Sandbänke des Strandbades. Zuerst kamen aber die Kiesbänke. Hier machten wir auch halt. Knapp über dem Wasser konnte man hören, wie unter unseren Füßen die Steine von der Strömung weitergerollt wurden. Die Flußbank war hier grobkiesig, der feine Sand folgte anschließend flußabwärts. Für empfindliche Füße war es kein Vergnügen, auf dem harten Grund zu laufen.

Wir stöberten eine Zeit lang im Kies herum, suchten einige schöne, interessante Steine aus. Grüße ferner Berge, wo es mich immer hinzog. Nachher begannen wir unser tägliches Pokerspiel mit flachen Kieselsteinen, die wir abwechselnd auf dem Wasser springen ließen. Der Werfer nannte die Zahl der Sprünge, die er mit dem gezeigten Stein zu erreichen glaubte. Der andere konnte seinerseits diese Zahl überbieten dann mußte er selber werfen oder es dabei belassen und eventuell auch noch Kontra sagen, um den Einsatz zu verdoppeln. Der Werfer hatte daraufhin noch die Möglichkeit, den Einsatz durch ein Rekontra zu verdreifachen. So konnte man bei jedem Kieselsteinwurf bis zu drei Punkte machen, und ein Spiel ging so lange, bis zwölf Punkte von einem der Spieler erreicht wurden. Bei diesem Spiel war ich sehr gut, kaum schlagbar. Mit dem Kieselsteinpoker ging auch unsere große Flußtour zu Ende, die insgesamt drei bis vier Stunden dauerte. Zur Erholung unserer erschöpften Kräfte legten wir uns in den feinen Sand des Strandbades, manchmal buddelten wir uns ein und ließen uns in der weichen Wärme verwöhnen. Das tat besonders wohl, da unser äußerer Zustand von dem stundenlangen Herumtollen im Wasser zu diesem Zeitpunkt bereits Gänsehaut, blaue Lippen und klappernde Zähne aufwies.

An diesem Tag, da keine Bekannten auftauchen wollten, blieb ich zunächst an der Bank von zwei Schachspielern stehen. Schachspielen in Badehose machte den beiden deutlich erkennbar viel Spaß, besonders aber dem wohlbeleibten Robi, eine belächelte, aber gleichzeitig auch gefürchtete Erscheinung der Strandszene um Mitte Vierzig, der jetzt wohlgefällig wie so oft seine stark behaarte Brust rieb. Er hatte die Gewohnheit, bei aussichtslosem Spielstand seinen Gegner zu beschimpfen, bedrohen und sogar verprügeln zu wollen.

So ging es auch diesmal. Als ich kam, stand es noch gut für ihn. Er tätschelte zufrieden die Seiten seiner gebräunten Riesenschenkel und streute fröhlich triumphierende Blicke und spöttische Kommentare zu den herbeigescharten Zuschauern. „Nun, wie geht es uns, Herr Bahnhofsvorsteher?“ sprach er keck irgendeinen schweigenden Unbekannten an. Wenn er gut gelaunt war, pflegte er jeden so zu titulieren. Bald verfinsterte sich aber Robis Gesicht. Sein sich ruhig konzentrierender Gegner hatte nämlich inzwischen das Spiel zu seinem Vorteil gewendet. Es war ein älterer, grauhaariger Mann, und als er wieder am Zug war, schwebte seine Hand eine kurze Weile zögernd über dem Schachbrett. Dabei berührte sein herabhängender kleiner Finger kaum sichtbar seine Dame.

„Piece Touchee!“ brüllte Robi gleich los. „Die berührte Figur muß gespielt werden.“

„Ich habe sie doch nur zufällig berührt, und sie schon gar nicht vom Brett gehoben“, protestierte der andere.

„Sei nicht noch unverschämt, berührt ist berührt, entweder ziehst du die Dame oder du gibst es auf.“ Man nahm diese Regel unter Amateurspielern nicht so genau. Jetzt war das Robis letzter Strohhalm vor der drohenden Niederlage, und so steigerte er sich in immer wütendere Beschimpfungen seines Gegners. Wie er sich zornig schäumend mit seiner schwarz behaarten Gorillagestalt über dem Schachbrett aufbäumte, hatte er wirklich etwas Furchterregendes an sich. Von seinen fuchtelnden Bewegungen fielen einige Schachfiguren um, und sein Gegner, der ruhige alte Herr, mußte einsehen, daß hier kein vernünftiges Wort mehr greifen konnte. Er machte eine kurze, enttäuschte Handbewegung und suchte dann schnell das Weite. Niemand fühlt sich wohl in der Nähe eines frei wütenden Gorillas. Die Herumstehenden schüttelten den Kopf, zerstreuten sich aber, ohne ein Wort zu sagen. Ein anderes Mal, ähnlich vor einer Niederlage, behauptete Robi, jemand von den Zuschauern hätte reingeredet, und das nahm er wieder zum Anlaß, um solch ein rettendes Schauspiel zu veranstalten. Irgendwas ließ sich immer finden.

Auf einmal tauchte die große, leicht gebückte Gestalt meines Cousins auf.

„Halo Sir“, begrüßte er mich schon von weitem mit einer eleganten Handbewegung.

Ausdrücke von dieser Art entsprachen seinem bevorzugten Interesse für die englische Kultur und Lebensart.

Ich atmete auf und war froh, endlich einer nahestehenden Person zu begegnen und das einsame Haus meiner Gedanken und Einsiedlermonologe verlassen zu können. Ich erzählte ihm die letzte Szene mit Robi, die er nickend und schmunzelnd verfolgte, und dann gingen wir am steilen Ufer entlang, wo schlanke, dunkelstämmige Bäume standen, die aus ihrer Rinde jeden Tag frisches Harz absonderten. Es war irgendeine Wildkirschart mit dünnen Ästen und winzigen Früchten, aber sehr hoch gewachsen. Uns machte es viel Spaß, beim Vorbeigehen die glänzenden, gelben und rötlichen Harzrinnsale zu untersuchen, ihre Weichheit mit der Fingerkuppe zu prüfen und daran zu riechen. „Wir müßten sie sammeln und einen guten Klebstoff daraus machen“, sagten wir. Es blieb aber beim täglichen Bewundern.

Nachher gingen wir zu dem Pontonschwimmbecken hinunter und schwammen gleich über den Fluß zu dem sandigen Ufer hinüber. Wir trockneten uns schnell im feinen, warmen Sand und liefen auf dem schmalen Uferpfad unter den Weiden stromaufwärts bis zu der Bucht von Karbon I. Dort kletterten wir auf den flach in tiefem Wasser liegenden Baum. Er muß eine mächtige Espe gewesen sein, die stark unterspült vor etlichen Jahren in den Fluß gestürzt war und dabei auch ein gutes Stück Ufer mitgerissen hatte, so daß dort eine kleine Bucht entstanden war. In den steilen Wänden dieser Bucht siedelten sich bald Uferschwalben an, und aus dem Wasser ragten nur noch einige kahle, rindenlose Äste des Baumes hervor. Der Stammbereich lag damals flach, bis zur Hälfte im Wasser, und auf dem breiteren Wurzelbereich, wo sich viel Treibgut verfing, wuchs grünes Gras. Also eine kleine grüne Insel, die uns immer freundlich zuwinkte. Wir untersuchten jede Ecke unserer Karbon-I-Insel, wie sie auf meinen Vorschlag hin genannt wurde. Etwas weiter stromaufwärts gab es nämlich Karbon II, eine kleinere, ähnliche Bauminsel. An diesem Tag tasteten wir mit den Füßen die unter dem Wasser verlaufenden Äste ab und versuchten, mitten im Strom auf dem glitschig glatten

Holz entlang zu balancieren. Nach einigen Schritten konnten wir uns nicht mehr halten, plumpsten mit Apachen-Schlachtrufen ins Wasser und ließen uns in dem hinter dem Baumstamm strudelnden Fluß dahintreiben.

An den Sandbänken machten wir halt für unser Pokerspiel mit Kieselsteinen. Anschließend schwammen wir über den Fluß zu der Badeanstalt zurück, die zu der Zeit rege bevölkert war. Unterwegs zu unserer Peepshow-versprechenden Umkleidekabine kam uns auf einmal Gabor in Begleitung zweier älterer Jungs von einem Ruderverein entgegen.

„Hallo John, ich muß jetzt zum Ruderverein. Mein Fettfleck soll heute da sein." Fettfleck war seine Flamme, eine mollige, etwas affektierte Rumänin in meinem Alter, deren Rundungen ich einmal mit diesem Spitznamen beschrieb.

„Sonst gute Nachrichten", fügte er noch hinzu, „wir müssen uns mit erneuten Kräften auf die Suche nach der legendären Tschalaburg machen. Eine alte gnomenhafte Gestalt hat mir versichert, daß es sie gibt, und auch geschildert, wo sie liegen soll." Tja, die rätselhafte Tschalaburg soll eine alte Burgruine in dem ausgedehnten, flußabwärts gelegenen Tschalawald gewesen sein, die wir immer suchten und nie fanden.

Seine Begleiter, ziemlich gelangweilt und uninteressiert an diesem Gespräch, begannen sich langsam zu entfernen. So mußte Gabor Schluß machen:

„Okay, ich muß jetzt weiter. Morgen könnten wir auf große Flußtour gehen, ich werde einen großen Schwimmreifen auftreiben." Damit war er weg und ich blieb wie elektrisiert von den spannenden Versprechungen für die Zukunft zurück. Die Worte meines Cousins holten mich in die Gegenwart zurück.

„Mensch, so ein Spinner. Was soll das mit ‚erneuten Kräften, gnomenhafter Gestalt' und all den blumigen Floskeln? Solche Märchen! Diese Burg gibt es gar nicht. Kein Schwein hat sie je gesehen. Sag mir, spinnt er immer so?"

Ich fand eigentlich Gabors schwungvolle Ausdrücke und seinen Phantasiereichtum interessant und für meine träge Natur recht belebend, aber ich war nicht in der Lage, das zu artikulieren und meinem drei Jahre älteren Cousin zu widersprechen. So zuckte ich nur die Schultern und sagte einfach: „Ja, so ist er."

Mein Cousin mochte Gabor nicht besonders. Er wußte von Gabors fesselnder Erzählweise, mit der er viele Menschen in seinem Bann hielt und von dem großen Einfluß, den er auf mich hatte. Er selber pflegte aber im Gegensatz zu Gabors begeisternder Natur gelassen zu sein und bewunderte Schauspieler in weltabgewandten, dekadenten oder nihilistischen Rollen. So blieb mein Cousin unbeeindruckt von Gabors Erzählungen, er hielt ihn nur für einen zappligen Schwätzer und haßte das viele Aufheben um ihn herum.

Wir gingen zu der Umkleidekabine meines Cousins. Die Nachbarmädchen waren zu unserer Enttäuschung schon weg, und so fiel die Peepshow heute aus. Wir zogen uns an und machten uns auf den Heimweg. Beim Durchqueren des Stadtparks blieben wir noch eine kurze Weile am Schachspielerpodest stehen. Als wir uns trennten, nahm ich einen anderen Weg als gewöhnlich nach Hause, und zwar durch eine kleine Gasse. Sie versprach mir, dort meinem beliebten Zeitvertreib, der müßigen Rumgafferei, nachzugehen. Dabei nahm ich eine verträumt schlendernde Gangart an, die sogar langsamer als mein übliches Kameltempo war. Meine Augen schweiften unterdessen über die Fassaden und Dächer der Häuser und ich war ganz versunken in die Bewunderung der klassizistischen Ornamentik. Ja, unsere Stadt besaß noch einige schöne Straßen mit imposanten Häusern aus der K.-u.-k.-Zeit, so daß die Augen immer genug zum Weiden hatten. Während solch verträumter Gondelfahrten hatte ich entgegenkommende Bekannte häufig gar nicht wahrgenommen, die über mein Verhalten sehr verdutzt waren. So wäre es mir eigentlich lästig gewesen, hier Bekannte zu treffen, die meine meditativen Schweifereien stören könnten. Diesmal war mein Vergnügungsgang durch einen barschen Ruf von der anderen Straßenseite unterbrochen worden:

„He du! Komm mal rüber!“ tönte es von einem der beiden Burschen, die dort grinsend herumstanden.

Ich war wie aus einem Schlaf aufgeschreckt, und so gehorchte ich dummerweise, ohne zu überlegen. Wäre ich ruhig weitergegangen, wären vielleicht nur ein paar Steine hinter mir hergeflogen und sie hätten sich weiterhin nicht mehr um mich gekümmert. So mußte ich aber ihre Prüfungen über mich ergehen lassen, und dann schauen, wie ich wieder freikommen könnte.

„Was suchst du in dieser Straße?“ Zwei forschende Augenpaare richteten sich auf mich.

„Ich bin auf dem Heimweg“, erwiderte ich und zuckte mit den Achseln.

„Auf dem Heimweg? Ich hab’ dich aber hier noch nie gesehen.“

Damit hatte er recht. Dies war ein fremdes Revier für mich, außerhalb der bekannten Verbindungswege, und ich hätte diese Straße so unvorsichtig ohne besonderen Grund nicht betreten dürfen.

„Was hast du da in der Hand?“ fragte mich wieder der ältere, der auch der Wortführer war. Der jüngere grinste nur, dienstbereit auf Befehle wartend.

„Das sind meine Badesachen“, sagte ich.

„Ach ja, die können wir gut gebrauchen!“ sagte er, woraufhin der jüngere gleich mein Handgelenk packte.

„Moment mal“, rief ich verzweifelt nach einer Rettung ringend, indessen es mir klar wurde, daß ich es allein mit den beiden nicht aufnehmen könnte. „Wißt ihr überhaupt, wer mein Vater ist?“

„Dein Vater?“ schauten sie mich verwirrt an. Der Einwand, der ihr Vorhaben verhindern sollte, klang für die beiden sehr ungewöhnlich.

„Na sag schon! Wer ist denn dein Vater?“ tönte es etwas irritiert. Ich zögerte bedeutungsvoll mit der Antwort. Was sollte ich jetzt sagen? Wie sollte ich meinen Vater, den alten, verarmten ehemaligen Grundbesitzer, so erschreckend mächtig darstellen? Daß er Parteisekretär wäre, wagte ich doch nicht zu behaupten. So sagte ich einfach, aber mit Nachdruck:

„Am besten erfahrt ihr das gar nicht!“ was auch den Tatsachen entsprach.

Die beiden starrten mich ratlos an. Es folgte eine kurze Stille, bis sie die Sprache wiederfanden.

„Ach, so einer bist du also“, und sie maßen mich von oben bis unten. „Laß ihn los!“ sagte der ältere zu seinem Kumpan.

„Und laß dich hier nicht wieder blicken nicht mal mit deinem glorreichen Vater!“ Ich durfte damit weitergehen, und ihr spöttisches Lachen hinter mir klang wie eine Befreiungsmusik. Viel zum Lachen hätte ich selber gehabt, ich zog aber vor, erst in einem ruhigen Schritttempo mit würdiger Haltung natürlich, ohne mich umzudrehen weiterzugehen, damit der von mir hinterlassene Eindruck nicht ins Wanken geriete. Sonst könnten sie den ganzen Bluff plötzlich durchschauen und mir dafür eine doppelte Tracht Prügel verabreichen.

Am Ende der Straße angelangt atmete ich erleichtert auf. Nachdem ich um die Ecke gebogen war, kehrte gleich mehr Leben in meine Glieder zurück. Elektrisiert von der wiedergewonnenen Freiheit sprang ich hoch und drehte mich um meine Achse. Wie schön! Jetzt durfte ich mich endlich umdrehen und wieder in alle Richtungen gucken. Auf dem übrigen Heimweg begann ich mir bunt auszumalen, wie ich diese Geschichte zu Hause und Gabor stolz erzählen würde: Jawohl, jetzt hatte ich auch mal eine Geschichte zum Erzählen. Wie trickreich, heldenhaft und redegewandt hatte ich mich doch aus der Notlage befreit!

*

Zu Hause angekommen versank ich in die erholsame Stille des Nachmittags. Gleich ging ich in die Küche und holte mir das noch warme Essen aus dem Backofen. Ich haute meinen Bauch voll mit den gefüllten Kürbissen und ging anschließend in das kleine Zimmer, um mich hinzulegen. Mutter hielt ihr Nachmittagsschläfchen im großen Zimmer. Sie hatte wohl wieder viel Arbeit hinter sich, und ich sollte sie, wie ausgemacht, nicht stören. Mein Ruheort war das kleine Sofa, der alten Pendeluhr gegenüber.

Nach dem Lärm des Tages war das die Zeit der wohltuenden Ruhe, erfüllt vom Ticktack der Pendeluhr, Summen der Fliegen und Wespen im Garten und von meinen Träumereien über die Abenteuer der Zukunft. Gabors farbige Erzählungen, die meine Abenteuerlust entfachten, gingen mir durch den Kopf. Ich war richtig verliebt in seine spannend erzählten Geschichten und süchtig nach der prickelnden Atmosphäre um ihn herum. Er vermochte sehr lebhaft Geschichten und Erlebnisse zu schildern und wußte bei allen schwierigen Fragen eine wenngleich manchmal in Zweifel gezogene Antwort. Gern sonnte er sich in dieser Rolle.

Er las sehr viel von Karl May und war damit auch in Verruf geraten, ein Karl May der Straße zu sein, ein Flunkermeister, der Lügengespinste erzählt. Gegen solche Behauptungen protestierte er immer sehr heftig, bisweilen war er jedoch bereit mit einem verschmitzten Ausdruck im Gesicht zuzugeben, daß manche Stellen seiner Erzählung etwas ausgeschmückt waren. Vielleicht trug er wenig Schuld an der Ausschmückung seiner Geschichten, denn es lag nicht immer in seiner ursprünglichen Absicht, die Leute mit erfundenen Märchen zu unterhalten. Was konnte er dafür, wenn sich groß und klein so hungrig nach neuen Geschichten um ihn scharten und ihn mit erwartungsvollen Augen anschauten? War sein Erlebnisstoff eben ausgegangen, dann konnte er es nicht übers Herz bringen, sein treues Publikum zu enttäuschen. So sah er sich gezwungen, die Fortsetzung seiner Geschichten zu improvisieren oder notfalls eine neue zu erfinden. Die Übergangsstellen, an denen das Hinzugedichtete folgte, waren oft an seiner unsicheren, stockenden Stimme zu erkennen, was ihm manchmal zum Verhängnis wurde. Bei der Nachrede über ihn spielte wohl auch der Neid auf seine Ausstrahlung und seinen Erfolg eine Rolle.

Wie dem auch sei, Gabor bedeutete mir sehr viel. Viele Jahre lang war er für mich der Funke des Tages, der mein Herz zum Schlagen brachte. Seine lebendigen Geschichten, seine beflügelte Phantasie befreiten mich aus der Finsternis der Grübeleien. Immer wenn ich Gabors hohe Stirn und graugrüne Augen erblickte, atmete das Leben in mir auf.

Gabor machte sich seinerseits viel weniger aus unserer Freundschaft. Schließlich war er älter und interessierte sich eher für Leute, von denen er etwas lernen konnte. In der Schule, die er zwei Jahre früher als ich anfing, wuchs sein Bekanntenkreis schneller, und neue Freundschaften bahnten sich für ihn an. Mit den Jahren festigte sich seine Freundschaft mit Iwan, einem der beiden Stern-Kinder, und mit der schönen Agnes. Die beiden Klassenkameraden von ihm wohnten auch in der Akazienstraße, und so kam es, daß er häufig bei ihnen zu Hause besonders gern bei der Letztgenannten seine Hausaufgaben machte. Obwohl er sich durch die Umstände von mir entfernte, blieb er weiterhin warmherzig zu mir, seinem ersten Freund, rühmte meine Qualitäten vor anderen und nahm mich oft in Schutz.

In der Schule knüpfte ich später auch neue Freundschaftsbande, trotzdem konnte ich das Nachlassen der Freundschaft mit Gabor nicht so einfach wegstecken. Viele öde Nachmittage, an denen er für mich nicht mehr erreichbar war, bewegten mich zu gemeinen Racheakten.

Als ich eines Tages an seinem Fenster klopfte, hörte ich aus einer Ecke des Zimmers die Stimme Tante Hildas:

„Gabor hat jetzt keine Zeit, er muß arbeiten."

Ich ging zu dem großen Tor und guckte durch das Schlüsselloch in den Hof. Dort sah ich Gabor mit seiner Mutter an einem Haufen Brennholz schaffen. Plötzlich verspürte ich eine Riesenlust, ihn zu ärgern. Ich schaute mich nach etwas Werfbarem um. Am Straßenrand erblickte ich einen von Bauarbeiten übriggebliebenen Lehmhaufen. Ich lief dorthin und knetete mir einige fingerdicke Lehmkügelchen und warf sie in Gabors Richtung über das Hausdach. Das Haus war sehr niedrig, und ich konnte ganz gut zielen. Nach drei Würfen eilte ich zum Schlüsselloch, um den Erfolg zu sehen. Unter dem Tor, das aus zwei Flügeln bestand, war ein handbreiter Spalt. So mußte ich darauf achten, daß meine Füße genau hinter dem großen Bodenriegel in der Mitte des Tores standen; sonst wären sie vom Hof aus zu sehen gewesen. Ich sah, wie Gabor in der Arbeit innehielt und verwundert zum Himmel schaute. Dann streckte er seine Hand aus, um zu sehen, ob es regnete. Nach meinem zweiten Kugelhagel war er schon gereizter. Er nahm seinen alten Filzhut ab, den er bei solchen Gelegenheiten zu tragen pflegte, und untersuchte ihn gründlich. Eine Kugel schien also seinen Hut getroffen zu haben. Er schüttelte verständnislos den Kopf. Dann spähte er in alle Richtungen, auch zu mir hin, aber mit einem Blick durch den unteren Spalt konnte er sich überzeugen, daß niemand vor dem Tor stand. Meine Füße waren ja vom Schubriegel gut verdeckt. Es war lustig, zu sehen, wie empört er sich in Richtung des Nachbarhauses wandte, ein „He!“ ausstieß und dabei mit den Händen fuchtelte. Ich konnte mir das Lachen nur schwer verkneifen.

Nach meiner dritten Wurfserie war ich nicht mehr imstande, den Trefferfolg zu beobachten, ich haute gleich ab. Gabors wildes Fluchen war aber noch gut zu hören. Ich rannte nach Hause und dort kugelte mich eine halbe Stunde lang vor Lachen.

Mein zweiter Racheakt war viel gemeiner, wenn auch die Idee nicht von mir stammte. In einem alten Buch hatte ich gelesen, wie man mit Reusen ohne viel Mühe Fische fangen kann. Als ich Gabor davon erzählte, griff er die Idee begeistert auf. Von Jagdfieber gepackt beschlossen wir Reusen zu bauen.

Bei der Ausführung eines Planes konnte Gabor sehr tatkräftig zupacken im Gegensatz zu mir, der sich oft mit der guten Idee begnügte. Doch angesteckt von seinem Eifer baute ich eine Reuse, die seiner nicht im geringsten nachstehen sollte. Für den Kauf des notwendigen Maschendrahtes mußte Gabor seine Mutter anpumpen, die sich über diese Ausgabe nicht sehr freute. Wir brachten unsere Fanggeräte zu einem kleinen Fluß, der sich hinter dem Stadtfriedhof durch die Kornfelder wand. Unser erster Fang fiel recht bescheiden aus. Nichtsdestotrotz verzehrten wir die paar kleinen Karpfen, die von meiner Mutter schmackhaft gebraten wurden.

Das nächste Mal ging ich mit meinem Cousin zu dem Flüßchen, um meine Reuse zu einem etwas weiter gelegenen Teich in einem Auwald zu bringen. Unterwegs entdeckten wir Gabors Reuse, die mit einer Schnur am Ufer befesteigt war. Mein Cousin, der Gabor nicht leiden konnte, schlug vor, ihm einen Streich zu spielen und auch seine Reuse zu verlegen. Nach anfänglichen Bedenken amüsierte mich der Vorschlag. Schließlich hatte er mich auch verraten, als er andere Freundschaften meiner vorzog.

Wir hatten wenig Glück mit den verlegten Fanggeräten. Als wir uns das nächste Mal auf den langen, staubigen Weg zu dem Teich im kleinen Auwald machten, träumten wir noch von Reusen, in denen es von Fischen nur so wimmelte. Doch wir fanden bloß ein paar im Maschendraht der Reuse verfangene Karpfen. Sie waren von Blutegeln teilweise bis auf das Skelett abgefressen worden, überdies hatte uns ein Jäger erwischt, und es war nur dem rumänischen Verhandlungsgeschick meines Cousins zu verdanken, daß uns nicht noch eine Geldstrafe wegen unerlaubten Fischfangs aufgebrummt wurde.

Ich dachte, ich würde mich bei der nächsten Begegnung mit Gabor durch meine schalkhafte Miene oder mein Kichern überführen. Es kam aber anders. Auf mein Klopfen erschien er mit einem ernsten, besorgten Gesichtsausdruck am Fenster.

„Du John, meine Reuse ist weg. Meine Mutter darf es nicht erfahren, sonst gibt es Krach. Kein Wort darüber, verstanden!“ sagte er flüsternd und drückte den Zeigefinger auf den Mund.

Ein Krach in Gabors Haus war sehr unangenehm. Seine Mutter knallte dann wutentbrannt mit den Türen, und uns platzten fast die Nerven, so unerträglich war die Atmosphäre. „Es herrscht hoher Luftdruck in Gabors Haus“, hieß es dazu in der Straße.

Nach Gabors Worten konnte ich nun gar nicht mehr schmunzeln. Der Schreck vor drohendem Krach erfaßte mich, und ich vermochte keinen Laut von unserem Streich herauszubringen. Und auch nicht in den nächsten Tagen, weil es dazu keine geeignete Gelegenheit gab. So erfuhr er nichts davon, und dieser gemeine Akt blieb ungebeichtet.

*

Das Werfen von Gegenständen, sei es mit Steinen, Stöcken oder Bierflaschen, war in meiner Kindheit eine so alltäglich erlebte Sache, daß ich darauf besonders eingehen muß. Man kann von einer allgemeinen Bereitschaft, von einem Bedürfnis, ja sogar von einer Lust zum Werfen von Gegenständen sprechen, daß tief in der tausendjährigen Leidensgeschichte der Balkanländer verwurzelt ist. Nach Durchzug der Wandervölker fielen hier die Tataren und Osmanen ein und erlegten der Bevölkerung hohe Zwangsabgaben auf. Als sie abzogen, blieben nur noch die Steine, die man ihnen nachschmeißen konnte. Die Lust am Steinewerfen läßt sich von Rumänien bis in die hintere Türkei beobachten, wo heute besonders die durchfahrenden LKW-Fahrer mit ihren schlimmen Erfahrungen ein Lied davon singen können. Mag die Bereitschaft zum Werfen von Gegenständen in einem geringeren Maß wohl überall üblich sein, aber nirgends auf der Welt fand ich es so verbreitet wie in den Ländern des Balkans.

Bei Kindern und Jugendlichen äußert sich diese Bereitschaft in einer klar ausgeführten Handlung, bei Erwachsenen ist sie eher in Gestikformen wie Fuchteln und Faustschütteln übergegangen. Es gibt fast immer einen Grund, sei das Freude oder Wut, Euphorie oder Eifersucht, um einen nächstliegenden Gegenstand irgendwohin zu knallen. Dabei wird nicht nur die momentane Emotion abreagiert, sondern auch die Verachtung dem widerspenstigen Objekt gegenüber, das einem gerade in die Quere kommt, zum Ausdruck gebracht. Das stupide, leblose Objekt bietet sich an, um hingeschleudert zu werden, auf ein Ziel, das gleichermaßen wie das Wurfobjekt verachtet wird.

Es ist auch ein Ausdruck der Armut, die nach Befreiung von Sorgen schreit und sich nach Wohlstand sehnt. Das Kind will ein großer Junge, der Junge ein geachteter Erwachsener werden. Alles geht jedoch so unerträglich langsam, daß man meint, hier ändere sich gar nichts. Langer Herbst und Winter, das Dorf, die Siedlung, ist monatelang in Schlamm und Dreck versunken. Der Sommer ist staubig und stickig, besonders bei der Arbeit auf dem Feld. In der Dorf- oder Vorstadtjugend herrscht eine unüberwindbare Hierarchie. Keine Möglichkeit zum Ausreißen. Aus dieser Ohnmacht steigt eine Wut gegen das Gefangensein in der engen Gemeinschaft auf. In der Nähe solcher Gefühle liegen die Gegenstände sehr locker auf ihrem Platz. Und das sind die einzigen allgemein verfügbaren Dinge, über die jeder, auch der noch so getretene, Macht ausüben kann. Was liegt näher, als sie mit der ganzen Kraft ohnmächtiger Wut gegen irgendein genauso stupides Zielobjekt zu schleudern.

Ist nichts zum Werfen zur Hand, kann man noch mit der Faust auf den Tisch oder den eigenen Kopf gegen die Wand hauen. Unter großem emotionalen Druck kann man sich zuletzt ganz und gar auf den Boden, bequemer aber auf ein Bett, werfen. Bei erfreulicheren Anlässen natürlich in ein stehendes Gewässer, soweit vorhanden. Das kommt aber so gut wie nur in Filmen vor.

So lag es mir auch sehr daran, das Werfen richtig zu erlernen. Es war eine Forderung des Alters und des Ortes. In meiner Kindheit diente es freilich nicht nur der emotionalen Entladung, sondern auch dem Angriff und der Gegenwehr. Oft kam ich aus der Schule mit einer blutenden Platzwunde am Kopf nach Hause, verursacht von einem fliegenden Stein, einem Holzstück oder einer Dose, denen ich nicht ausweichen konnte. Später auf der kurz geschorenen Kopfhaut kam das Narbenmuster als Kampfandenken zum Vorschein.

In Tante Hildas Garten zielten wir auf kleine Flaschen, die wir in den Astgabelungen der Bäume befestigten. Für die Jagd auf Tiere, dieser bösen Urleidenschaft, die auch uns für eine kurze Zeit erfaßt hatte, eigneten sich die erworbenen Fähigkeiten kaum, da die Tiere die Gefahr bereits bei der ausholenden Bewegung erkannten und schnell das Weite suchten. Ihr Warnsystem konnte nur mit einem Jagdgewehr oder einer Schleuder überlistet werden. Mit Gabor und Laszlo hielten wir Schleuderwettkämpfe ab, nach denen große Scherbenhaufen unter den Bäumen zurückblieben. Meistens war Gabor der klare Sieger. Oft übte ich fleißig allein, mit oder ohne Schleuder; meine Hand und meine Augen schwangen in einem immer sichereren Takt, geführt und geeinigt vom anvisierten Ziel. Als hätten meine Fingerspitzen beim Loslassen des Steins das Ziel berührt, so sicher war mir bereits mein Treffer. Die schwungvolle Bewegung mit der Zielabschätzung mußte aus einem einzigen, schnellen Konzentrationsblitz erfolgen. Ich hatte es ganz gut gelernt. Die anderen aber auch, manche sogar viel besser insbesondere das Ballwerfen. Es kommt daher nicht von ungefähr, daß es Rumänien im Handball zur Weltklasse gebracht hat.

*

Nun zurück zu der kleinen Stube, wo ich nachmittags vor mich hinzuträumen pflegte. Ich war mittlerweile von den Badestrapazen erholt, und die Geräusche der Außenwelt drangen an meine Ohren. Heitere Vogelstimmen und das sommerliche Summen aus dem Garten riefen mich. Das war die Stunde, als wir uns nach der Verdauungssiesta auf der Straße sammelten. Ich stand auf und ging aus dem Haus. Gleich erblickte ich den Strenka, auf der Bordsteinkante sitzend vor dem Haus der Stern-Kinder. Er war ein großer, halbstarker Bursche, der in der nahegelegenen großen Straße bei seiner Großmutter wohnte. Nun wartete er auf das Auftauchen der anderen, wie das bei uns so üblich war. Ich setzte mich neben ihn. Wie er meinen Gruß kaum erwiderte und schweigend weiter vor sich starrte, wurde mir klar, daß er unsere letzte Prügelei noch nicht vergessen hatte. Damals hatte ich ihn in einem wilden Anfall mit Fußtritten übel zugerichtet.

„Wir müssen miteinander noch abrechnen, du weißt es", sagte er leise. Mir wäre es viel lieber gewesen, wenn Strenka die Sache bereits vergessen gehabt hätte. Denn er war größer und stärker als ich, außerdem war ich jetzt müde, in einer trägen friedvollen Stimmung, so daß ich meine wilde Tat echt bedauerte. Ich brachte es jedoch nicht fertig, ihm das zu sagen. Es baute sich eine drückende, spannungsgeladene Atmosphäre auf. Zum Glück erschienen bald die Stern-Kinder, Tommy und Iwan, vor dem Tor, und ich wurde erlöst.

Die Familie Stern genoß einen gewissen Respekt in der Straße. Der Vater verdiente damals noch gut, und sie wohnten in einem kleinen, aber eigenen Haus. Die Kinder waren immer sehr sauber und gut gekleidet. Bei schlechtem Wetter fanden unsere Spiele oft in ihrem Haus statt. Im Hof gab es eine Tischtennisplatte, die sogar gegen Regen mit einer Zeltplane geschützt war. Für das Tischtennis oder Pingpong, wie wir es nannten, war ich noch zu jung und konnte es nur mit Iwan aufnehmen, dem die schnellen, wilden Reflexe noch weniger lagen. Wenn es stark regnete, zogen wir in das große Speisezimmer, um Karten oder Rommé zu spielen. Unsere Spiele wurden gelegentlich mit den leckeren kalten Platten der Großmutter, der ausgezeichneten Köchin der Familie, unterbrochen.

Als Tommy zu uns kommen wollte, bekam er von Iwan einen jähen Schubs, so daß er beinahe umfiel. Sein kleiner Bruder flüchtete ins Haus und knallte das Tor hinter sich zu.

„Bist du blöd!? Hör endlich mal auf!“ rief ihm Tommy wütend nach. Auch hier schienen also offene Rechnungen zwischen den beiden vorhanden zu sein. Der zwei Jahre ältere Tommy beharrte nämlich auf das Recht, seinen jüngeren Bruder zeitweise zum Gehorsam anzuhalten, was dem Iwan gar nicht so paßte. Es kam öfters zu Streitereien zwischen ihnen. Denn auch in unserer Straße galt das Motto „Alles heimzahlen!“ wie ein ehernes Gesetz. Am Ende der Straße tauchte Gabor auf. Er kam vom Freibad und rollte einen großen LKW-Schlauch vor sich her. Als Tommy ihn erblickte, sah er von Iwans Verfolgung ab und fluchte ihm nur noch ein „Du blöder Hund!“ nach.

Wir umringten Gabor, und bewunderten den schönen, großen LKW-Schlauch, der uns viel Badespaß im Fluß versprach. Dann belagerten wir ihn mit unseren Fragen.

„Wo hast du den geklaut?“ fragte ihn Tommy mit einem spöttischen Lächeln. Nun schilderte Gabor lang und breit, mit welchen Überredungskünsten er den stattlichen LKW-Schlauch im Ruderverein ergattert hatte. Davon zeigte sich aber Tommy nicht sehr beeindruckt. „Ja, ich weiß, dein Mundwerk hat wieder eine Heldentat vollbracht“, sagte er zum allgemeinen Gelächter. Er redete meistens in einem spöttischen, arroganten Ton. Beim Erzählen war er im Gegensatz zu Gabors weitschweifigem Stil sehr sachlich und beschränkte sich immer kurz und bündig nur auf das Wesentliche. Er war klein und dünn gewachsen, dafür aber mit dem schärfsten Verstand gesegnet, so daß er sich vor den anderen viel Respekt verschaffen konnte. Als ich, der jüngste unter den Kindern, auch mal versuchte, eine witzige Bemerkung zu machen oder eine lustige Geschichte zu erzählen, brachte er mich mit seinem beißenden Spott kurzerhand zum Schweigen. Deshalb mochte ich ihn neben der allgemeinen Achtung nicht besonders.

Mittlerweile traute sich auch Iwan hervor. Er war eine stille, selbstvergnügte Natur. Streit hatte er nur mit seinem dominanten Bruder. Gegenüber der streng sachbezogenen Art von Tommy lag etwas Poetisches in seinem Wesen.

Als auch Feri aus dem großen Haus herunterkam (in unserer Straße gab es nur zwei nichtebenerdige Häuser), waren wir vollzählig. Feri, der kleine aber kräftige Sohn eines Fußballtrainers, der den Namen eines großen Komponisten trug, war der beste Witze-Reißer unter uns und stets zu irgendwelchen Lausbubenstreichen aufgelegt. Es reichte aus, sein verschmitztes Gesicht zu sehen, und wir wußten schon, daß es gleich etwas zum Lachen geben würde. Wir beschlossen, in den großen verdschungelten Garten von Gabor zu gehen, um dort unserem beliebten Indianerspiel zu frönen.

Die beiden ältesten, Tommy und Feri, wählten jeweils eine Mannschaft. Ich zählte nach Gabor und Feri zu den besten und kam mit Strenka in Tommys Mannschaft. Wir zogen hinunter zum Ende des Gartens, während die Gegnermannschaft im oberen Teil des Gartens blieb. Das Spiel bestand darin, einander durch leises vorsichtiges Vordringen im dichten Gestrüpp aufzuspüren und abzuknallen. Dabei mußte man den Namen und genauen Ort des Aufgespürten laut rufen, zum Beispiel: „Peng! Iwan im Holunderbusch". Nur, wenn die Angaben stimmten, galt der Gerufene als abgeknallt, und er mußte das Spielfeld verlassen. Der erfolgreiche Schütze hatte nun ein paar Sekunden Zeit, um sich wieder zu verstecken. Stimmten aber seine auf das „Peng" folgenden Angaben nicht, so hatte er sich durch seine Stimme verraten und wurde selber schnell abgeknallt.

Auf drei Wegen konnten wir zum Angriff vorgehen: links durch den Flieder- und Jasminbusch an einer Mauer entlang, in der Mitte auf schlängelnden Pfaden in üppig hoch gewachsenem Gras und schließlich rechts am Holzschuppen vorbei, durch den großen Holunderbusch am Gartenzaun entlang. Außerdem gab es die Möglichkeit, auf Bäume zu klettern und sich dort auf die Lauer zu legen. Dazu eigneten sich besonders zwei hohe Ahorne. Die anderen Bäume, wie der Apfel-, Zwetschgen- oder Aprikosenbaum, zitterten zu sehr beim Klettern, so daß man dort bald ausgemacht wurde. Aber auch sonst war das Lauern auf einem Baum eine ziemlich riskante Strategie, und sie wurde fast ausschließlich von dem Indianerkundigen und Winnetoubegeisterten Gabor praktiziert. Als großer Karl May- und Cooper-Leser war er sehr gewandt beim lautlosen Kriechen im hohen Gras. Oft hatte er seinen eigenhändig geschnitzten Tomahawk dabei und fühlte sich durch und durch in der Rolle eines Indianerhäuptlings.

Es ging los und bald hörte ich ein „Peng! Iwan" und darauf ein „Peng! Strenka". Mir fiel die Aufgabe zu, in der Mitte äußerst vorsichtig unter der hochgeschossenen Topinambur vorzudringen. Ich bewegte mich kriechend voran, wobei ich mich so flach wie möglich an den kühlen Boden des Pfades drückte. Auf einmal erblickte ich ein Fleckchen schwarze Haare und einen Zipfel von bunt kariertem Hemd. „Peng! Feri auf dem Pfad", rief ich schnell, doch ruhig, obwohl ich von dem selten gelungenen Treffer ganz benommen war. „Peng! Janosch", hörte ich darauf Feris Stimme.

„Was? Ich habe ja zuerst geschossen", protestierte ich.

„Verlaß das Spielfeld!" entgegnete Feri kategorisch. Wie immer in meinem Leben konnte ich eine Ungerechtigkeit – von wem sie auch käme – sehr schwer wegstecken.

„Das geht aber nicht. So spiele ich nicht mehr weiter", schrie ich empört.

Nun kamen alle aus ihren Verstecken in den Büschen hervor. Feri lächelte verschmitzt, die anderen auch, und nahmen meine lauten Proteste nicht so ernst, weil ich offensichtlich auf den Arm genommen wurde. Als ich endlich auch lächeln konnte, zog ich in einer bösen Anwandlung über den stillen, unschuldigen Strenka her:

„Siehst du, das alles nur deinetwegen, da du dich nicht richtig verstecken kannst, dich wie ein Elephant im Busch bewegst und gleich abgeknallt wirst. Hier kriegst du nun die verdiente Tölpelkrone des Indianerspiels", und stülpte damit einen dort herumliegenden, alten, rostigen Topf auf seinen Kopf.

Alle lachten, aber Strenka wurde bald ernst und sagte laut verkündend, damit es alle hören: „Hör mal zu, Janosch! Ich habe dich heute bereits wegen einer noch ausstehenden Rechnung zwischen uns gemahnt. Jetzt ist diese Rechnung noch weiter gestiegen. Es ist endlich die Zeit gekommen, daß wir abrechnen."

Er blieb ruhig und gefaßt, vermied meine Augen während des Redens, ging langsam auf und ab und richtete die Worte wie in einem Monolog mal gegen den Himmel, mal gegen den Boden, um sich dabei besser sammeln zu können. Er stimmte sich auf seine Art auf eine Prügelei mit mir ein. Dazu verspürte ich aber nach dem langen ausgiebigen Tag keine besondere Lust. Gegen Abend überkam mich meistens eine friedliche, versöhnliche Stimmung, so daß ich versuchte, ihn von seinen Absichten abzulenken. Ich fing an mit ihm zu handeln: Nein, das sei nicht so gewesen, damals habe er angefangen, und heute sei das nur als Spaß gemeint, schließlich hätten alle darüber gelacht. „Ja gut, das heutige mag vielleicht Spaß gewesen sein", sagte er als kleines Zugeständnis; aber damals sei es wohl sehr ernst gewesen und so bleibe die Rechnung noch offen. Er redete auf seine langsame Art und schien unversöhnlich bei seinem Standpunkt bleiben zu wollen. Dann griff Tommy ein:

„Du redest zu viel und hältst uns mit deinen Tiraden nur auf. Wenn du mit Janosch abrechnen willst, fang endlich mal an! Ich zähle bis drei, wenn du dann nicht loslegst, wollen wir davon nie wieder hören. Eins, zwei ..."

„Gabor! Zum Abendbrot", tönte es auf einmal von Tante Hilda. Einige lachten, da wir nun den Garten räumen mußten, damit das große Tor abgeschlossen werden konnte. So kam ich zum zweiten Mal an diesem Tag mit heiler Haut davon. Nicht aber das dritte Mal. Zu Hause angekommen empfing mich mein Vater in unheilverkündender Stille.

„Wo warst du denn so lange? Habe ich dich nicht immer gebeten, daß du uns sagst, wo du hingehst?!", und gleich knallte die Ohrfeige brennend auf mein Gesicht. Es kam alles blitzschnell, ich konnte es kaum gewahren, und schon war es mit seinem Zornausbruch vorbei. Meine Backe war heiß, in Gedanken war ich aber nach dem erlebnisreichen Tag mit anderem beschäftigt.

Ich aß mein Abendbrot und ging ins Bett. Vor dem Einschlafen dachte ich an die ruhig fließende Marosch, an die blitzenden Augen der Jungs, die mich überfallen hatten, und an Marika, in die ich in der Schule so verliebt war und die im Freibad trotz meines brennenden Wunsches nicht auftauchen wollte. Wie gern würde ich ihr meine Schwimmkünste im reißenden Strom zeigen! Kavalierhaft würde ich ihr Schwimmunterricht geben. Das waren meine letzten Gedanken an diesem Tag, bevor ich einschlief, um von Marika zu träumen.

Melonenzeit im Banat

Ein Höhepunkt des Sommervergnügens war die Melonenzeit. Ab Mitte August erschienen auf dem Markt diese saftigen, betörend duftenden Früchte des heißen Sommers und der sandhaltigen Böden, die Riesenschweißperlen der fruchtbaren Erde, herausgeschwitzt unter der glühenden Sonne des Landes. Die Bauern kamen mit ihren schwer beladenen Pferdewagen aus den Dörfern der Banater Ebene und türmten ihre sehr geschätzte Ware auf dem Markt zu stattlichen Bergen auf. Sie bevorzugten die Plätze im Schatten der Bäume. Manche Bäume wurden so arg von Melonen umlagert, daß nur noch ihre Krone aus einem Melonenberg herausguckte. Bereits in den Frühstunden begann ein reger Handel mit den Melonen, denn die emsige Kundschaft wollte sich die begehrten Durstlöscher noch nachtkühl sichern, wie sie am besten schmeckten. Dann brauchte man sie auch nicht mehr lange in Eimern mit Kaltwasser kühlen.

Zu dieser Zeit kosteten wir die Badefreuden am Fluß immer wilder aus. Unter unserer hochschießenden Lebensenergie tobten wir im prickelnden Naß wie kleine verrückte Teufel, wir konnten trotzdem nicht genug davon bekommen. So kam die Melonenzeit uns gerade recht, denn die äußere Kühlung im Wasser der Marosch reichte uns Kindern nicht mehr aus. Nein, unsere erhitzten Gemüter brauchten jetzt auch eine innere sinnliche Kühlung, bevor wir uns im wilden Treiben noch Schaden zufügen würden. Dafür schickten uns die Götter die wunderbaren Melonen. Sie erfüllten eine dankbare Aufgabe: Wir konnten durch ihren Verzehr mitten im tobenden Sommervergnügen in unsere körperliche Hülle zurückkehren und zu einer selbstzufriedenen Ruhe kommen.

Wir kauften die Melonen aller Sorten in großen Mengen, meistens zum Schluß des Marktes, als die Bauern, um sich den mühsamen Rücktransport zu ersparen, ihre Ware sehr billig abgaben. Oft füllten wir einen ganzen Ziehkarren damit und schleppten sie in Gabors Garten, wo das große Melonenfest stattfinden sollte. Außer Gabor und mir waren Laszlo, manchmal noch Strenka und Feri dabei. Wir zogen zu unserem Versammlungsplatz unter dem Aprikosenbaum. Hier lagen noch viele Schalen von Aprikosenkernen herum: die Spuren einer anderen Schmauserei. Wir trockneten nämlich nach der Aprikosenernte die Steine, knackten sie mit einem Hammer und aßen solche Mengen von ihrem bitteren Inhalt, daß es an ein Wunder grenzte, daß wir keine Blausäurevergiftung erlitten hatten. Nun fegten wir die lästigen Schalen beiseite und setzten uns in einem Kreis auf herbeigeschleppte Holzklötze. Wir fingen mit dem Schlachten der Wassermelonen an. Das knisternde Geräusch beim Schneiden, womöglich noch ein Sprung in der Schale, der dem Messer vorauseilte, deuteten auf eine reife, viel Genuß versprechende Melone hin, und so wurde das Anschneiden mit wiederholten Jubelrufen begleitet.

Langsam schmatzend, schlürfend und geschmackprüfend begannen wir mit dem Essen, dessen Rhythmus wir bald erheblich steigerten, so daß die rubinrot glänzenden Melonenstücke immer rascher verschwanden. Als die Wassermelonen alle waren, kamen die aromatischen Honigmelonen als Abschlußdessert dran. Ihr sinnbetäubender, paradiesischer Duft übertraf jede Beschreibung. Der Festschmaus dauerte bis zu zwei Stunden, währenddessen wir öfters hinter die Büsche mußten, um unserem Blasendruck nachzugeben. Wir bekamen einen vollen, kugelrunden Bauch und fühlten uns schwer wie getränkte Nilpferde. Trotzdem kämpften wir noch um die letzten noch so kleinen Stücke, und als alles verputzt war, wurden wir übermütig, und johlend bewarfen wir einander mit den klebrig triefenden Melonenschalen. Die weitere Zeit verbrachten wir mit Pläneschmieden, Erzählen von Geschichten und albernen Witzeleien. Noch schwimmen zu gehen, daran dachte an dem Tag keiner mehr.

Die Melonenzeit läutete gleichzeitig die Schlußakkorde unserer geliebten Badesaison ein. Ja, diese großartige Zeit des Riesendurstes nach Spiel, Spaß und Abenteuer sowie ihre genußvolle Erfüllung in der Marosch neigten sich dann allmählich dem Ende zu.

Gegen Ende August enthielten die Melonen nur noch eine verkochte Brühe, der Wasserstand der Marosch wurde immer niedriger und das Wasser immer durchsichtiger. Genauso wurden auch unser Spielantrieb immer geringer und unser Kopf immer klarer. Eine kühlere Brise streifte über das Wasser. Ich konnte dann viel leichter einen sauberen Gedanken fassen und den nahenden Schulbeginn akzeptieren.

Schön gebräunt stand ich im faden Spätsommerlicht und schaute auf das kräuselnde, abgekühlte Wasser. Frische Herbstluft streichelte nun angenehm meine Haut, die bronzene Patine des vergangenen Sommers.

Ins Wasser zu gehen, hatte ich keine Lust mehr. Das Baden in der Herbstluft reichte aus.

Die Badeanstalt am Fluß hatte kaum noch Besucher. Nur einige treue Veteranen genossen mit ungebrochener Hingabe die schwache Septembersonne. Meine Spielkameraden waren auch alle weg. Ich trauerte allein den von Leben erfüllten Tagen nach. In meinen Ohren tönte noch die heitere Klanglandschaft des Hochsommers. Das tobende, überschäumende Sommervergnügen am Fluß wurde vor meinen Augen wieder lebendig. „Sommer, Sonne, Heu und Stroh. Oh Leben, wie branntest Du, lichterloh!" schrieb ich in mein Tagebuch. Ich war etwas schwermütig, dennoch empfand ich das Vergehen der Zeit als notwendig und die Spur der Erinnerung seelenstärkend schön. Der stille Abschied war das angemessene Gefühl der Jahreszeit.

Mein Cousin tauchte auf. Er kam, damit wir unsere Umkleidekabine räumen. Drinnen im Dämmerlicht flüsterten mir die Holzwände die Geheimnisse des vergangenen Sommers zu.

„Ach ja, die Ferien sind dahin", sagte ich seufzend zu ihm.

„Ich merke, du neigst zu melancholischen Stimmungen. Das ist nicht gut. Außerdem hörte ich eben, die Schule soll erst später anfangen."

Solche Gerüchte kursierten vor jedem Schulbeginn. Es waren wohl die Spielereien einer Wunschphantasie. Doch sie wurden einmal zur Wirklichkeit, und siehe da, die Schule begann tatsächlich um zwei Wochen später! Die Lehrer hatten anscheinend auch Gefallen an den Phantasiespielen der Schüler.

In einem Frühjahr fegte eine Welle von Wildwestromantik über uns hinweg. Wir kauften alte Taschenbuchromane auf dem Flohmarkt oder stöberten sie auf staubigen Dachböden auf. Nachdem wir die spannenden Lektüren verschlungen hatten, konnten wir sie teuer weiterverkaufen, denn fast für jeden Autor gab es einen leidenschaftlichen Sammler. Ein regelrechtes Jagdfieber nach den begehrten, alten Western-Romanen erfaßte uns. Wir schreckten nicht zurück, die Fundgruben von anderen durch List und Tücke auszuspionieren und dann die Bücherbeute selbst billig aufzukaufen oder das Wissen von der Fundgrube gegen gute Belohnung an einen Dritten preiszugeben. Das war eine spannende, quirlige Zeit, die mir auch Gelegenheit bot, ein wenig in die Welt der Geschäfte und des ansteckenden Geldverdienens hineinzuschnuppern.

Mein Lieblingsautor war Zane Grey, Abkömmling einer amerikanischen Siedlerfamilie, ein zwischen Kitsch und Kunst zu ortender Erzähler, dessen Bücher ich zu sammeln begann. Es gefiel mir, daß seine Geschichten nicht immer mit einem Happy End endeten, sondern zuweilen traurig, wie im richtigen Leben, ausgingen.

In seinem Buch „Die Pioniere" verblutet der junge Held mit seiner Frau, beide erdolcht mitten in der Wildnis, wo sie eine Holzhütte gebaut hatten und glücklich leben wollten. „Jahre kamen, Jahre vergingen über dem Grab der jungen Menschen, die ihr Herz für dieses wilde Land gegeben haben." hieß es am Schluß des Buches. Mich hat das theatralische Ende sehr beeindruckt, und ich sann vielleicht das erste Mal über den Tod nach. Es war traurig, wie zwei junge Seelen, die mit voller Hingabe kämpften und arbeiteten, vom Tod dahingerafft wurden, bevor ihre Wünsche hätten in Erfüllung gehen können. Das Schicksal sei immer traurig, dachte ich, weil das Leben fortwährend mit Abschiednehmen verbunden ist.

Im Herbst des Jahres stand ich wieder am Flußufer, im leer gewordenen Freibad, schaute auf das klare, kühle Wasser und dachte über den vergangenen Sommer und die Wildwest-Romane nach. Unser Wilder Westen war nur der Garten-Dschungel von Tante Hilda, doch für uns steckte sehr viel darin. So viel hautnahe Wildnis und so viel Spannung wie bei den Indianerspielen unter den riesigen Jasmin- und Holunderbüschen habe ich später in meinem Leben kaum wieder empfunden. Ich hatte meine Gefühle, meinen jugendlichen Enthusiasmus einer Flußlandschaft und einem kleinen Fleck Gartenwildnis gegeben, in einem schönen heißen Sommer, der jetzt im Sterben lag. Die silberne Rückseite der rauschenden Espenblätter leuchtete auf im Herbstwind. Die erlebnisreiche Zeit winkte noch zum Abschied.

Es war traurig und schön. So schön, daß ich aus einem inneren Drang zur Feder griff und die Geschichte dieses Sommers in ein kleines Heft niederschrieb. Ich war sehr bewegt, wie ich auf die lebhaften Erinnerungen zurückschaute, auf eine von Freude und wildem Abenteuer beseelte Zeit, die nun erloschen war. Am Ende schrieb ich: „Ich bin sicher, daß ich irgendwann diese Erinnerungen gern lesen werde."

Lange hatte ich das kleine Heft unter meinen Schätzen gehütet, bis es nach etlichen Umzügen verlorenging.

Liebeszauber

Ja, Marika war meine längste Liebe, durch all die Schuljahre war sie im Verborgenen immer da, obwohl ich sie später äußerst selten sah. Sie kam nicht aufs Gymnasium, nach der siebten Klasse fing sie eine Friseurlehre an und heiratete bald darauf. Ich stand vor dem Abitur, als ich sie nach langer Zeit wiedersah. Sie schob vorsichtig, leicht schaukelnd einen Kinderwagen vor sich her, ihre Aufmerksamkeit ganz dem Kinde widmend. Mich beachtete sie gar nicht.

Meine allererste Liebe aber, noch aus der zartnebligen Zeit des Kindergartens und ersten Schulklassen, erwachte jedoch zu einem Jungen. Elek war drei Jahre älter als ich, eine süßlich verspielte Natur, und trug damit bereits die wesentlichen Züge, die später auch Marika und Anna tragen sollten. Er hatte blaue Augen, dunkelblonde, wellige Haare und um den Hals ein für mich so niedlich empfundenes, hellblaues Pfadfinderhalstuch. Ich war entzückt von seinem Aussehen und von seinen behend zappeligen Bewegungen, als er mit seinen Kameraden herumtollte. Bei allen Spielen und Unterhaltungen war er immer sehr vergnügt und konnte oft ähnlich wie Marika und Anna herzlich unbekümmert lachen. Vielleicht gibt es in den Kinderjahren eine Zeitspanne, wo sich nach einigem Hin- und Herpendeln entscheidet, welches Geschlecht künftig Gefühle der Liebe und Sehnsucht nach Zärtlichkeit auslösen wird. Meistens wird man schließlich von dem gegensätzlichen Geschlecht angezogen, bis dahin aber ist alles noch offen. Bei mir war es jedenfalls so, obwohl ich in dem zarten Alter kaum etwas von Liebe und Küssen, geschweige denn Erotik wußte. Ich wünschte mir nur die Nähe des Angebeteten, um an seiner Unbekümmertheit teilzunehmen oder mich einfach an seiner Niedlichkeit zu vergnügen. Wenn ich bedenke, wie schwer es mir heute fällt, schmusende Homosexuelle zu akzeptieren, dann wird mir anhand meiner eigenen Lebensgeschichte traurig klar, wie stark der einzelne von der jeweilig herrschenden Bürgernorm bestimmt wird.

Auch bei der Suche nach Freunden interessierten mich vielmehr ältere Kinder, von denen ich etwas lernen wollte und sie gern als Bandenführer anerkannt hätte. Im Kindergarten schaute ich mit großer Achtung auf einen großen, starken Jungen, der als ältester immer der Führende bei allen Spielen und Streichen war. Einmal lief ich ihm in der allgemeinen, wilden Rennerei auf dem Hof nach und rief dabei laut seinen Namen:

„Radu,Radu!“

„Was ist denn?“ Er blieb kurz stehen. Ich wünschte, ich hätte für ihn irgendeine wichtige Mitteilung gehabt. Von dem schnellen Rennen war ich aber ganz aus der Puste. Ich konnte nur schnaufen und kein Wort hervorbringen. Verärgert ließ er mich einfach stehen.

Ab der zweiten Volksschulklasse konnte ich feststellen, daß ein bestimmtes Mädchen in meiner Klasse für mich als das schönste galt. Und nicht nur für mich. Am Verhalten einiger der dreisteren Jungen war klar zu erkennen, daß sie die gleiche Wahl getroffen hatten. Die „Schönste“ wurde von ihnen bei den Spielen gern unterstützt und bevorzugt. Wer diese Schönste war, änderte sich Jahr für Jahr. Dabei tauchten die früheren Schönsten in völlige Unscheinbarkeit unter, manchmal gar in die gegensätzliche Rolle. So wurde Magdalena, die erste Schönste, später wegen einer ungünstigen Veränderung ihrer Züge als „Pferdekopf“ verspottet.

Meine Herzenserwählten trugen meistens ein blaues Stirnband oder Halstuch. Ich erinnere mich an Marta, die erste Schönste der Klasse, die ähnlich wie Elek ein hellblaues Halstuch trug. Ab der vierten Klasse gab es nur noch die Marika für mich. Ein schlankes, hochgeschossenes Mädchen mit Engelsgesicht, das reizend schön lächelte und oft herzlich lachte. Sie trug ein blaues Stirnband, manchmal auch Halstuch. Wegen einer erblich bedingten Knochenschwäche trug sie beim Spielen mehrmals Knochenbrüche davon.

Mein Freund in dieser Zeit war der Klassenerste Kuwenka, den wir einfach Kuwi nannten. Ich war Klassenzweiter, denn mit seiner Disziplin und Ordnung bei der Arbeit konnte es keiner aufnehmen. Auch Kuwi war deutlich in Marika verknallt. Das war sehr gut daran zu erkennen, wie er ihr bei Hausaufgaben immer übereifrig zu Hilfe eilte. Ich saß mit Kuwi in einer Bank, und Marika saß vor ihm. Wenn sie etwas nicht verstand und erklärt zu bekommen brauchte, drehte sie sich einfach um, und Kuwi gab sich schon jegliche Mühe, ihr die Sache zu meinem Mißvergnügen sehr gründlich zu erläutern.

In den Pausen spielten wir auf dem Hof. Es ergab sich einmal, daß ich sie aus irgendeiner Albernheit verfolgen sollte. Sie flüchtete hinter eine Bank und auf einmal standen wir einander gegenüber, zwischen uns nur die schmale, niedrige Bank. Sie lachte herzlich ausgelassen zu mir hinüber. Vorhin hatte sie in ihr Pausenbrot gebissen, das sie noch in der Hand hielt, und ich konnte in ihrem lachenden, offenen Mund auf der rosigen Zunge das noch nicht zerkaute Brotstück sehen. Von ihrem lachenden Engelsgesicht ging eine solche betörende Frische aus, daß ich, statt sie grob zu fangen, wie verwurzelt im Bann des bezaubernden Anblicks stehen blieb. Am liebsten hätte ich dieses zierliches Geschöpf umarmt und es sanft gestreichelt, wie es mir leider nur mit drolligen Katzen erlaubt war.

Wenn ich vor dem Einschlafen von ihr träumte, wollte ich sie in meiner Nähe wissen, sie beschützen und ihr hübsches Köpfchen streicheln, nachdem ich sie durch die verschiedensten Heldentaten aus großer Not gerettet hatte. An Küsse dachte ich damals noch gar nicht.

In den Schulferien streifte ich oft mit meinem Fahrrad durch eine mit alten Kastanien gesäumte, schummrige Straße. Aus dem Laubdach tönte das tiefe Gurren der dort nistenden Wildtauben. Hier, in einem kleinen Häuschen wohnte Marika. Ich konnte sie aber nie erblicken, außerhalb der Schule war sie nirgends zu treffen.

Einmal war ich wieder auf einem dieser Streifzüge mit dem Fahrrad, als mich plötzlich ein schriller Pfiff eines stämmigen Polizisten zum Stehen brachte.

„Hast du das Schild nicht gesehen, daß du hier nicht reinfahren darfst?!" fuhr mich mürrisch ein kantiges Gesicht an. Er trug einen schweren, blauen Uniformmantel, der ihn noch größer machte.

„Ich wußte nur, daß man von der Hauptstraße her hier nicht reinfahren darf."

„Nein, von drüben auch nicht. Da steht das Schild."

„Warum denn das? Wohnt hier der Parteisekretär?"

„Wenn du es weißt, warum fragst du mich? Und vor allem, was suchst du hier?" Ich hatte davon schon gehört, ohne es jedoch ernst zu nehmen. Der strenge, unerbittliche Ton jagte mir einen gehörigen Schreck ein.

„Es tut mir leid, ich habe das Schild übersehen."

„Ach übersehen, du hast es einfach nicht beachtet, da du nicht mit mir gerechnet hast, stimmt's?"

Ich schwieg. Es war tatsächlich so. Die Polizei hatte bei uns große Übung, einen zu durchschauen.

„Na klar, stimmt es. Und das wird dich einiges kosten. Zuerst muß ich deine Personalien aufnehmen."

Ich erlebte nun, was gut bekannt war: Die Polizei hatte Macht und war nicht ohne Grund gefürchtet. Ich zappelte nun wie eine kleine Maus in den schwarzen Fängen eines Raubvogels. Mir wurde immer mulmiger.

„Es tut mir wirklich leid, es wird bestimmt nicht wieder vorkommen. Ich habe nur drei Lei dabei, die kann ich Ihnen geben“, bettelte ich um meine Haut und zog die Scheine aus meinem Gelbeutel. Das schien ihn schnell zu überzeugen. Er öffnete seine schwarze Seitentasche und sagte mir gnädig:

„Schmeiß es da rein, und in der Zukunft beachte die Schilder! So hau jetzt ab!“

Erleichtert radelte ich davon. Ich spürte noch den Schreck von eben und war froh, es heil überstanden zu haben. Ich war wieder frei und auch ein bißchen stolz, daß ich richtig, nach landesüblicher Art gehandelt hatte. Meine Gedanken an Marika konnte ich aber nicht wieder aufnehmen. In diesem elenden Zustand hätte ich mich nur geschämt, sie zu treffen.

*

Die Träumereien von Marika konnten aber nicht in Erfüllung gehen, denn auf unserer Schule war es nicht gang und gäbe, daß verliebte Jungs mit Mädels händchenhaltend miteinander gingen. Ganz im Gegenteil: Verliebte, sich nach Zärtlichkeit sehnende Naturen wurden verspottet und ausgelacht. So blieb es bei den Träumereien meiner inzwischen ziemlich zügellos gewordenen Phantasie.

Ein derb kitschiger Tagestraum plagte mich oft wiederkehrend: Wir sitzen in der Klasse und hören von draußen Schüsse. Ein Überfall auf die Schule! Wir wechseln mit Kuwi bedeutungsvolle Blicke und holen unsere versteckten Gewehre unter der Bank heraus. Eilig verlassen wir das Klassenzimmer und stürmen in das Geschehen. In der Klasse hört man weitere Schüsse und Krach von draußen. Nach einer Weile kehren wir zerzaust und leicht blutend, aber als siegreiche Helden, zurück. Wir werden gefeiert, Marika ist sehr beeindruckt, umarmt mich zärtlich und senkt ihr süßes Köpfchen auf meine Brust.

Im Gegensatz zu den gefühlsgeladenen Träumen zeigte ich in Wirklichkeit eher eine kühle Galanterie, bisweilen sogar demonstrative Gleichgültigkeit, wie es nach einem Sittenkodex der Knaben erwartet wurde. Um meine wahren Gefühle zu kaschieren, war ich bei gelegentlichen Spielen sogar unsanft zu ihr, so daß sie einmal „Du bist doof“ zu mir sagte. Ich konnte aber nicht anders. Nichts durfte davon herausdrängen, was in meiner Brust tobte. Es war ein Zwangsverhalten aus Ohnmacht und Verzweiflung.

In meiner Anstrengung, ihr zu gefallen, gelang es mir einmal, ein merkwürdiges Kunststück vorzuführen. Ihr Heimweg nach der Schule führte durch unsere Straße, die bereits an der Ecke der Schule lag. Am Ende der Straße war ein mit langen Brettern verzäunter Garten, in dem gleich hinter dem Zaun ein schlanker Pfirsichbaum stand. Im September konnten wir dort die schönen, weißhäutigen Pfirsiche ausmachen, die so herrlich saftig schmeckten. Sie hingen jedoch unerreichbar hoch, so daß ihnen nur mit einem Steinwurf beizukommen war. Dies war aber auch nicht leicht, weil durch einen unüberlegten Wurf von der Straße her die Pfirsiche in den Garten gepurzelt wären. Man mußte also die Früchte am inneren Rand treffen, so daß der Stein in den Garten, der Pfirsich aber auf die Straße fällt. Dieses Kunststück wollte ich vor Marika vollbringen.

Als sie wieder einmal in Begleitung ihrer Freundinnen aus der Schule ihren Weg durch die Akazienstraße nahm, warf ich schnell zu Hause meinen Schulranzen ab, holte die bereitgestellten Wurfgeschoße und überholte sie, um vor ihnen da zu sein. Mit einer bewundernswerten Sicherheit und Gelassenheit führte ich mein Vorhaben aus. Ich traf zwei schöne Pfirsiche genau an der zum Garten hin gekehrten Seite, so daß sie auf die Straße purzelten. Dennoch schien Marika davon nicht sehr beeindruckt gewesen zu sein.

„Ach, der Kolar hat sich gestern auch welche davon heruntergeholt“, sagte sie.

„Was, von diesem Baum?“ fragte ich verwirrt, weil ich das Gehörte einfach nicht glauben wollte.

„Ja, ich habe ihn die Pfirsiche essen sehen“, und sie gingen gleichgültig weiter. Kleinlaut trottete ich nach Hause.

*

Meine romantischen Träumereien wurden zeitweise von derbsprachigen Knabenrunden unterbrochen und durcheinander gebracht. Diese Knabensitzungen fanden entweder im Schulhof oder in einem Garten statt.

Sie wurden auch durch den Umstand gefördert, daß in unserer Straße kaum Mädchen vorhanden waren. In solchen Erzählrunden hörte man neben den Geheimnissen, Gruselgeschichten und Legenden der großen weiten Welt auch eine gute Portion Frauengeschichten. Sie wurden meist in angeberischem Ton vorgetragen, wodurch einschlägige Erfahrungen vorgetäuscht werden sollten. Die Reaktionen der Zuhörer mit schlüpfrigen Ergänzungen und zischendem, röchelndem Lachen waren ebenfalls übertrieben. Ich lernte selber, zweideutige, schmutzige Witze weiterzuerzählen und bei den Erzählungen pikante Bemerkungen und Zwischenrufe zu machen. Dabei hatte ich wie die meisten anderen zu der so hoch geschätzten Pikanterie gar keine Erlebnisgrundlagen. Es wäre also Zeit, dachte ich, mich auf ein Abenteuer mit Frauen einzulassen irgendwo müßten sie doch zu finden sein, Frauen, die in den schlüpfrigen Witzen so leicht zu kriegen waren. Von dem Wunsch, Erfahrungen mit dem anderen Geschlecht zu machen, wurde ich immer stärker erfaßt. Ich brauchte diese Erfahrungen, auch um mich in den Knabenrunden besser zu fühlen. Dieses lästige Gebot fing an, mein Handeln in der Freizeit zu bestimmen.

Eines Tages war ich unterwegs zu meinem Schulfreund Melics, um wieder einmal Briefmarken zu tauschen. Der Weg führte aus der Stadt heraus, dann durch eine Wiese, hinter der die kleine Siedlung lag, wo die Familie Melics wohnte. Als ich die Wiese überquerte, sah ich dort ein paar Ziegen und ein junges Mädchen in einer hellen Bluse sitzen. Ihre flachsblonden Haare leuchteten in der Mittagssonne. Sie hob ihren Kopf, und unsere Blicke kreuzten sich. Wunderschöne, dunkle Augen lächelten mir schelmisch entgegen. Ich erwiderte instinktiv das Lächeln. All das dauerte nur sehr kurz, und schon wendete sie den Blick schamhaft ab. Ich setzte meinen Weg etwas langsamer fort, ein bißchen wankend, mit angestrahltem Herzen, denn ihre Augen glühten vor mir lebhaft weiter. Sie muß wohl zu den Zigeunersippen gehören, die hier am Stadtrand lebten, dachte ich. Vielleicht ist dies eine gute Gelegenheit, um endlich zu dem erwünschten Frauenabenteuer zu kommen. Schließlich waren Zigeunerinnen in den Erzählungen der Knabenrunde leicht zu überrumpeln. Daß sie aber blond war, verwirrte mich ein wenig.

Auf dem Heimweg spähte ich schon von der Ferne, ob sie noch da sei. Sie saß tatsächlich in der Nähe der Stelle, wo ich ihr auf dem Hinweg begegnet war. Mein Herz fing an stark zu klopfen. Meine Güte, jetzt mußte ich sie ansprechen! Ein drittes Mal würde ich sie hier bestimmt nicht mehr finden können. Ein wildfremdes Mädchen anzusprechen war etwas, was ich noch nie getan hatte. Mir wurde mulmig zumute. Ich beschloß aber, das Vorgenommene durchzuführen, und so ging ich von einem aufgezwungenen Mut getrieben zu ihr, während mir das Blut in den Kopf schoß. Daß wir uns bereits vom Sehen kannten, erleichterte meine Sache überhaupt nicht. Im Gegenteil, ich fühlte mich dadurch durchschaut, in meinen Absichten verraten, und es war mir um so peinlicher.

„Hallo, wie geht es Ihnen?“ fragte ich schüchtern auf rumänisch.

„Danke, gut“, sagte sie und schaute schamhaft zu Boden.

„Wie heißt du denn?“ wechselte ich gleich auf Du über. Das „Sie“ klang schrecklich für unser Alter.

„Ich heiße Rodica, und du?“

„Ich heiße John.“ Sie lachte.

„Du kommst doch nicht aus Amerika, etwa aus dem Wilden Westen?“

„Schön wär's. Nein, meine Freunde nennen mich nur so.“

„Ach so.“ Sie war leicht enttäuscht. Nach kurzer Pause fragte ich unsicher:

„Wo lebst du denn?“

„Da drüben bei den Roma-Sippen.“

„Wieso bist du dann blond?“

„Das fragen viele. Zwar selten, es gibt aber auch bei uns Menschen mit blonden Haaren.“

„Ich finde deine Haare sehr schön.“

„Ja, nicht wahr? Ich mag sie auch“ Und erst jetzt schaute sie mir in die Augen. Sie hatte einen warmen, tiefen Blick, voller natürlicher Anmut.

Ich wollte ihre Haare berühren, verwirrt jedoch von ihren Augen, wurde daraus nur eine schüchterne Bewegung. Nun hätte ich gern ihr warmes Lächeln mit ein paar hübschen, sie erfreuenden Worten erwidert, mir fiel aber nichts mehr ein. Ich kam mir mit meinen plumpen Fragen lästig und zudringlich vor. Ihre unverdorbene, natürliche Scham übertrug sich auf mich, und ich konnte nichts mehr sagen, als mich höflich zu verabschieden.

Ich schämte mich meiner ursprünglichen Absichten und verfluchte den lächerlichen Quatsch unserer Knabenrunden. Dort redete man über die Mädchen, als könnten sie gar nicht denken und hätten nichts im Kopf außer ihrer Weiblichkeit. Eben stand aber vor mir ein Mädchen nicht nur mit weiblichen Reizen, sondern auch mit arbeitendem Kopf, und es war mindestens so gescheit wie ein jeder Junge. Ich mußte meine Naivität zugeben. Wie lächerlich ließ ich mich verleiten und in eine peinliche Lage bringen, indem ich die schlüpfrigen Märchen einiger Angeber für bare Münze nahm! Ich schwor mir, in der Zukunft solchen Erzählungen mißtrauischer zu begegnen, und sie nicht mehr ernst zu nehmen.

Indessen konnte ich Rodica nicht so leicht vergessen. Ihr naturfrisches Wesen beschäftigte mich weiter und ließ mir keine Ruhe. Als ich wieder einmal meinen Schulfreund in der Vorstadtsiedlung besuchte, schaute ich in die Nebengassen hinein, wo sie vielleicht wohnen könnte. Ich entdeckte bald hinter einem niedrigen Reisholzzaun ein weites Gartengelände. Neben einem kleinen, weißgetünchten Haus loderte ein großes Lagerfeuer. Rund um das Feuer kauerten einige Roma. Unter ihnen meinte ich die flachsblonden Haare von Rodica zu erkennen. Ich nahm mir vor, diesmal spontaner zu sein und nicht lange zu überlegen, denn dies würde mir wie das letzte Mal nur Hemmungen und Herzklopfen einbringen. Also rief ich ihr gleich über den Zaun zu. Sie rührte sich nicht. Ich rief erneut:

„Rodica, ich möchte dich sprechen! Kannst du rüberkommen?“

Darauf sprang sie auf und rannte ins Haus. Ich konnte es nicht begreifen. Schämte sie sich jetzt vor mir oder was war los? Wie betäubt ging ich meiner Wege, kehrte jedoch nach einer kurzen Weile um. Statt auf ihre heikle Lage vor den anderen Rücksicht zu nehmen und mich klug zu fügen, sprach ich nun einen schnurrbärtigen Mann an, der in der Nähe des Zauns Äste sammelte.

„Könnten Sie Rodica herausrufen, ich möchte sie gern sprechen.“

Er schaute mich verdutzt an, als hätte er nicht richtig gehört. Dann ging er kopfschüttelnd ins Haus. Bald kam er wieder und schleppte an einer Hand die widerwillige Rodica an den Gartenzaun. In der anderen Hand hielt er ein ausgeklapptes Taschenmesser.

„Kennst du diesen Jungen?“ fragte er sie in strengem Ton.

Rodica starrte ihn erschrocken an und sagte kein Wort. Mir ging plötzlich auf, daß der Mann Rodicas Bruder oder Vater sein könnte. Er wiederholte seine Frage und hob dabei drohend das Taschenmesser.

„Die sollen gleich heiraten“, klang die Stimme einer Frau vom Lagerfeuer.

„Ich kann nichts dafür. Er hat mich nur angesprochen“, sagte Rodica verärgert aber auch ängstlich.

„Sie ist ein ehrliches und unschuldiges Mädchen“, rief ich ihnen noch laut zu und lief dann schnell zu Melics zurück, um für den Notfall Hilfe zu holen. Mein Herzklopfen, das unter verhaltenem Atem bis jetzt unterdrückt wurde, kam nun heftig durch. Im Hals und Kopf pochte mir gewaltig das Blut. Keuchend erzählte ich vor Vater Melics, was gerade passiert war. Die Vorgeschichte war mir peinlich, so erwähnte ich sie nur kurz. Ich dachte, nun wäre große Eile geboten. Er hörte mir aufmerksam zu und sagte dann: „Fall bloß auf das dumme Theater nicht rein! Wenn sie so viel flunkern, daß sie nicht einmal einander im Ernstfall glauben können, dann ist das ihr Problem, und es gehört zu ihrem gewöhnlichen Alltag. Sie mögen bei jeder Kleinigkeit eine Show abziehen. Kümmere dich gar nicht weiter darum! Und in der Zukunft halte dich fern von ihnen, denn wenn du dich mit ihnen einläßt, wirst nur du den kürzeren ziehen!“

Als ich wegging, war ich doch nicht so ganz überzeugt, daß alles nur Theater gewesen wäre. Meine Beine führten mich zum Schauplatz zurück. Vor dem Gartenzaun ließ ich mich auf alle viere fallen und kroch so lange am Zaun entlang, bis ich eine Stelle fand, wo ich bequem durchluken konnte. Alle hockten am Lagerfeuer, eine Frau rührte etwas in einem Topf, der Schnurrbärtige schnitzte selbstzufrieden an einem Holzspieß. Rodica saß am Rande der Gruppe und blickte mißgelaunt ins Feuer. Es schien alles wieder in Ordnung zu sein. Eine junge Frau sagte etwas von einer Hochzeit, auf die sie wohl noch warten müsse. Darauf brachen alle in schallendes Gelächter aus. Es richtete sich bestimmt an Rodica, denn sie sprang erbost auf und schmiß ein Holzstück gegen die junge Frau. Die Lachsalve wiederholte sich. Allgemeine Heiterkeit schien sich auszubreiten. Von der Aufregung, die ich vorher durch mein Erscheinen ausgelöst hatte, war keine Spur mehr da. Erleichtert, daß Rodica nichts zugestoßen war, zog ich mich vom Zaun zurück und schlich still davon.

*

Beim Blättern in einem alten Fotoalbum, machte ich einmal eine interessante Entdeckung. Von einem braunweißen Foto lächelte mir mit großen warmen Augen Marika zu. Ein kleines Mädchen saß auf einer für sie zu hohen Gartenbank aus Birkenästen und ließ den Betrachter lieb anlächelnd die Beine baumeln. Die Ähnlichkeit war verblüffend. Wer war das? Es war Ildiko, Vaters Tochter aus seiner ersten Ehe, ein liebes und fröhliches Wesen. Sie war mit sieben an Scharlach gestorben. Vater soll vor Schmerz getobt haben und beinahe wahnsinnig geworden sein. Er suchte spiritistische Kreise auf und versuchte, auf diesem Weg mit seiner Tochter die Verbindung zu halten. Es folgte bald die Scheidung und nach vielen Jahren seelischer Verlorenheit die Heirat mit meiner siebzehnjährigen Mutter. Er glaubte vielleicht, in ihr seine verlorene Tochter wiederzufinden.

Und ich? Bin ich wie auch mein Bruder durch Vaters unstillbare Sehnsucht nach Ildiko gezeugt worden, oder ist alles Unsinn? Vater soll allerdings enttäuscht gewesen sein, daß ihm weiterhin nur Söhne beschert wurden, die nicht mehr den Sonnenschein von Ildiko im Herzen trugen. Besonders mein älterer Bruder mußte viel darunter leiden. Bei mir war Vater bereits resignierter. Seine von Vernunft beherrschte Lebensführung war am nicht überwundenen Schicksalsschlag zerbrochen, und so war auch der Verlust der heimatlichen Scholle leichter zu ertragen. Denn irgendwann wurde mir klar, nichts hatte sich seitdem geändert, seit dem nebligen Novembernachmittag, als Ildikos kleiner Körper im Scharlachfieber verglühte. Vater konnte es nicht begreifen, und so saß er immer noch erstarrt vor seinem Schreibtisch. Zwischen den Briefen und Manuskripten lächelte ihm von einem Foto ein Engelsgesicht entgegen.

Er hätte aber irgendwann begreifen müssen, daß sie ihm endgültig genommen wurde. Gegeben wird im Leben immer auf Zeit, genommen jedoch für immer. Es war auch ein nebliger Novembertag, als ich 26 Jahre danach auf die Welt kam, um die Bürde der Sehnsucht nach dem sonnigen Wesen meiner Schwester zu übernehmen.

Vaters sehnlicher Wunsch, Ildiko zu finden, scheint also in mir weiterzuleben, als wäre ich die Verkörperung dieses unerfüllten Wunsches, mit der Bestimmung, die Suche nach ihr fortzusetzten. Vielleicht liebe ich Marika aus der Sehnsucht nach meiner ungekannten Schwester. Dann war es aber von Anfang an so bestimmt gewesen, daß mir Marikas lachende Augen in ewiger Ferne bleiben würden. Was wird hier eigentlich gespielt? Ist das Leben eine Sammlung von Vorbestimmungen, indem eingeprägte Verhaltensweisen an die Nachfahren weitergegeben werden. Mit welchen tückischen Situationen und unausweichlichen Fallen wird mir das Leben noch aufwarten?

Ausflug mit Makkaroni

Das bekannteste Ausflugsziel der Arader, um am schnellsten der endlosen Pannonischen Ebene zu entkommen, war das Zarand-Gebirge. Es ist ein Ausläufer der Westkarpaten, der 25 km östlich der Stadt endet. Bei schönem Wetter konnte man die bis zu 800 m hohen Berge gut sehen, deren Süd und Westhänge zum Weinbau dienten. Von Arad aus fuhr ein kleiner, elektrisch betriebener Eisenbahnzug der sogenannten Podgoria-Bahn, die nach vier Haltestellen die Berge erreichte und dann in zwei Richtungen am Fuße der Weinberge entlangfuhr.

An Samstag- und Sonntagmorgen sammelten sich die Ausflügler an der Station der Podgoria-Bahn. Im Hebst brauchte man sich gar nicht zu verabreden, denn nach kurzer Wartezeit tauchten immer altbekannte Gesichter auf. Viele kamen aus der Schulklasse über mir, die besonders das Vergnügen in den Bergen liebten. Ein Gesicht fehlte fast nie: Mantzi, der Veteran der Podgoria-Touren. Eine kugelig massige Gestalt in einem zerfransten Parka, pockennarbige, runde Backen, ins Gesicht hängende, blonde Haare und hin- und herspringende, blaue Augen. So manche Generationen hatte er bereits im Zarand-Gebirge begleitet und sie mit seinen nie versiegenden Geschichten unterhalten. Er besaß ein altes russisches Motorrad, mit dem er auf legendären Bergtouren die haarsträubendsten Steigungen und Gefällen bewältigt haben soll.

Solange ich noch allein zur Bahnstation trottete, hatte ich meistens einen bestimmten Berggipfel mit einem seltsam klingenden Namen als Ziel, den ich mir am Abend vorher auf der Karte ausgesucht hatte. Sobald ich aber eine Schar von Bekannten in der Station traf, schloß ich mich ihnen an. Dann setzte sich der Zug in Bewegung, die letzten Nachzügler und Schlafmützen sprangen schnell auf, die es dank der üblichen Verspätung doch noch rechtzeitig geschafft hatten. Wir sammelten uns in einer Ecke, häufig im offenen Flur, und bei dem monotonen Rattern der Räder hörte man den Erzählungen zu, wie es dem einen oder anderen in den letzten Tagen ergangen sei.

Das gemeinsame Ziel war: bis Haltesstelle Nr. 3 an die Weinberge zu fahren, von dort auf den Bergkamm zu steigen und dann über den 550 m hohen Kühlbrunn-Gipfel zu der Schutzhüte Kaßoja hinabzusteigen.

Wenn wir den Nachmittagszug nahmen, kamen wir dort erst spät vor Mittemacht an. Auf der Hütte aßen wir noch einmal aus unserem Proviant und bald wurden Karten und ein Monopolyspiel herausgeholt, um bis spät in die Nacht daran gefesselt zu bleiben. Nebenbei tranken Mantzi und der harte Kern um ihn herum massenweise Flaschenbier, wofür eine Kiste Bier immer in der Reichweite stand.

Beliebt waren diese Ausflüge vorwiegend im Herbst. In den heißen Sommermonaten zogen wir dem schweißtreibenden Wandern vor, lieber das kühlende Naß der Badeanstalt am Fluß zu genießen. Nichtsdestotrotz beschlossen wir einmal, d. h. ich mit zwei Schulfreunden, Kuwi und Laszlo, mitten im Juli in das niedrige Gebirge zu fahren, um dort in einem „kühlen Tal" unser Lieblingsgericht, Makkaroni mit Mohnzucker, zu kochen. Kuwis Mutter gab uns einen schönen Topf, auf den wir besonders aufpassen sollten. Wir packten den Topf mit einer großen Packung Makkaroni und einer gehörigen Portion Mohn mit Zucker in unsere Rucksäcke ein und fuhren an einem schönen Morgen mit strahlendem Sonnenschein mit der Podgoria-Bahn unserem Ziel dem Kladovatal entgegen. In sengender Mittagshitze kamen wir am Talausgang von Kladova an. Bis zum Dorf, am Zusammenfluß des kleinen und großen Kladovabaches, führte ein ziemlich langweiliger Weg auf einer schattenlosen, staubigen Landstraße. Zwei Ochsenwagen kamen uns in seelenruhiger Gelassenheit entgegen. Nachdem wir das Dorf passiert hatten und das rechts liegende Kleinkladovatal betraten, gab es bereits Schatten, was uns aber wenig nutzte, da die Luft bereits überall heiß war und immer schwüler wurde. Trotzdem waren wir guter Dinge, es war doch ein herrlich prickelndes Gefühl, mit guten Freunden, ohne die dauernd mahnenden und schulmeisternden Erwachsenen, ganz frei auf einem Ausflug in den Bergen zu sein. Unsere Begeisterung für das Abenteuer in der freien Natur gab uns einen gehörigen Schwung. Spannende Kapitel von Abenteuerromanen wurden vor unseren Augen lebendig. Vor lauter Lust und Wohlbefinden stießen wir manche wilde Tarzanrufe aus. Was mich betrifft, so war ich sehr stolz, den Bergführer spielen zu können, da sich hier sonst keiner so gut auskannte, wie ich.

Wir gingen in dieselbe Schulklasse, wiesen aber recht verschiedene Eigenschaften auf. Kuwi war in jeder Hinsicht der Ordentlichste und Fleißigste, den ich je gekannt hatte. Er war während der ganzen Grundschulzeit Klassenprimus. Seine Hefte waren wahre Ausstellungsstücke von sauberer und sorgfältiger Arbeit. Wir gingen oft zusammen ins Kino, und ich pflegte ihn eine Zeit lang zu Hause zu besuchen. Seine Eltern waren einfache, rechtschaffene Leute, die Mutter zu Hause, der Vater Tischler, der verschiedene Küchenartikel und -möbel für den Wochenmarkt herstellte. Er arbeitete in einer besonders aufgeräumten Werkstatt. Ihr Haus war einfach eingerichtet mit vorwiegend vom Vater gezimmerten Möbeln, die in der Küche beige und hellgrün gestrichen waren. Alles strahlte frisch, sauber und ordentlich. Kuwis große Leidenschaft waren die Romane Jules Vernes. Er brachte es zu einer stattlichen Sammlung von fast vierzig Einbänden, suchte aber unermüdlich in Antiquariaten und auf Flohmärkten weiter, wenn er erfuhr, daß es noch welche gäbe.

Ich war bei weitem nicht so fleißig, geschweige denn so ordentlich wie Kuwi. Oft vertiefte ich mich zu Hause in abenteuerliche Spinnereien oder träumte einfach vor mich hin, so daß ich ganz vergaß, die Hausaufgaben zu machen, die ich dann kurz vor der Stunde in der Schule zusammenschreiben mußte. Trotzdem kämpfte ich mit meinem so viel gelobten Verstand, was folglich heißt, auch mit List und Täuschung um gute Noten; einfach aus Wettkampflust, aber auch, um meine Eltern nicht zu enttäuschen. So wurde ich Klassenzweiter, eine Stellung, die ich während der ganzen Schulzeit behielt. Laszlo besaß weder Fleiß noch das geringste Bestreben für gute Leistungen in der Schule. Er pfiff einfach darauf und konnte am herzlichsten lachen, über die Lehrer, den Lehrstoff und die kleinsten Begebenheiten in der Klasse. In den Pausen genossen wir seine lustigen Vorstellungen, in denen er die Lehrer imitierte. Sonst widmete er sich zu Hause seinem heiß geliebten Hobby: Maschinen, Motoren und Heimkino.

So verschieden wie unsere Schulleistungen waren später auch unsere Lebenswege. Kuwi kam zur großen Überraschung aller nicht aufs Gymnasium. Er absolvierte eine Berufsschule, angeblich um seine betagten Eltern schon bald unterstützen zu können. Die schnell gewonnene Unabhängigkeit aber, mehr noch der so verführerisch betäubende Alkohol, schmeckte ihm immer mehr. Das erste Bier hatten wir noch zusammen getrunken. An einem warmen Herbsttag aus dem Kino kommend kehrten wir in eine nach Schnaps und Dieselöl stinkende Kneipe ein, um unseren großen Durst zu löschen. Das kühle Bier aus der Flasche schmeckte uns gut, das bestätigten wir einander auf dem Heimweg. Kuwi schien aber das Bier noch besser gemundet zu haben, denn er konnte später kaum an einer Kneipe vorbeigehen, ohne dort kurz oder länger einzukehren. Als ich ihn nach dem Abitur sah, bot er einen jämmerlichen Anblick. Er kam eben aus seinem Stammlokal, fluchte um sich herum und rannte mal gegen die Hauswand, mal gegen die Bäume am Straßenrand, bis er fiel. Paulchen, der ehemalige Klassenletzte, stützte ihn und redete beschwichtigend auf ihn ein. Mich erkannte er nicht mehr.

Mir ist es im Leben etwas besser ergangen. Ich hielt mich mit Mühe und Not immer knapp über Wasser. Laszlo hatte sich am besten etabliert. Er absolvierte eine Schlosserlehre, die seine Hobbies nur förderte. Als Fabrikarbeiter blieb er bei der Stange, heiratete und lebte glücklich mit Frau, Tochter und seinen Maschinen.

Zurück zu unserem Ausflug: Wir suchten bald einen geeigneten Platz, um das Lagerfeuer zu machen. Angeblich war das sogar erlaubt, wenn man es im Flußbett machte. Wir wählten also einen Platz dicht am Bach unter der Krone einer stattlichen Eiche und sicherten den Rand der Feuerstelle mit großen Kieselsteinen. Holz und Reisig gab es hier mehr als genug, wir waren ja von Eichen- und Buchenwäldern umgeben. Bald brodelten die Makkaroni im schönen Topf, der allmählich durch Ruß seinen Glanz verlor. Beim ersten Bissen aus dem Blechteller mußten wir feststellen, daß wir das Salz vergessen hatten. Vom Geschmack waren wir nicht besonders begeistert. Es war halt kein richtiges Gericht für einen heißen Sommertag, trotzdem aßen wir gut gelaunt alles auf. Kurz darauf meldete sich bei jedem von uns ein brennender Riesendurst, den wir mit viel Wasser aus dem Bach zu stillen versuchten. Nun waren unsere Bäuche bis zum Bersten voll, was uns in eine überschwappende Glücksstimmung versetzte. Zum Abwaschen hatte zunächst keiner Lust, zumal der Topf so verrußt war, daß niemand ihn säubern wollte. So flog der Topf, bis eine weitere Entscheidung getroffen war, unter einen Busch, wo er dann letztlich vergessen wurde. Wir lümmelten und alberten noch eine Weile herum, und als wir den Rückweg antraten, fiel Laszlo eine Filmszene mit witzig herumtorkelnden Betrunkenen ein. Das passte wunderbar zu unserer Stimmung, und wir zogen vergnügt singend und johlend durch Tal und Dorf, so daß Entgegenkommende den Kopf schüttelten. Als wir in der Haltestelle der Podgoria-Bahn ankamen, war es noch viel zu früh. So nahmen wir den Zug in die andere Richtung, bis zu der Endstation Radna.

Der Zug hielt in der Nähe der Wallfahrtskirche, denn Radna war ein bekannter Wallfahrtsort. In der Kirche über dem Altar hing das Marienbild eines Wunders. Vor vielen hundert Jahren, während der türkischen Besatzung, sollen aus diesem Bild die Tränen Marias geflossen sein.

Das erste Mal bin ich hier vor drei Jahren gewesen. Ich stand mitten in einer feierlichen Prozession, die zuerst vor dem Portal wartete und nachher andächtig singend in die Kirche zog. In der Begleitung eines jungen Theologiestudenten, der friedselig und hingebungsvoll seine Hände faltete, setze auch ich eine fromme Haltung auf. Mich verlangte aber nach Spiel, Natur und Abenteuer, und so wurde mein Gemüt auf eine harte Probe gestellt. Ich suchte angestrengt nach einer Beziehung zu dem Geschehen, das den übrigen Teilnehmern so selbstverständlich zu sein schien. Meine Augen schweiften über die Köpfe der Gläubigen hinweg zu den Säulenkapiteln und Deckenfiguren des Kirchenschiffes. Um das lange Stehen auszuhalten, stützte ich mich in einer entspannten Haltung mal auf das eine, mal auf das andere Bein. Plötzlich zupfte jemand unsanft an meinem Ärmel. Als ich mich umdrehte, zischte mich eine alte Frau rügend an: „Du sollst ordentlich in einem Gotteshaus stehen!“ Die verträumte Schweiferei, meine Gottessuche in der Deckenornamentik wurde durch die barsche Zurechtweisung unterbrochen, als hätte eben eine Ohrfeige geknallt. Die ganze Umgebung, die vorher noch so erkundungswürdig war, schien mir auf einmal kalt und abweisend zu sein. Das Gefühl, daß von hinten jemand auf die ordnungsgemäße Haltung meiner Beine achtet, was hier so wichtig sein sollte, war sehr unbehaglich. Ich sehnte mich nur noch nach draußen unter den freien Himmel.

Als wir diesmal aus dem Zug stiegen, war uns nach keinem Kirchenbesuch zumute, denn wir hatten nur eines im Kopf: nach dem dünnen Bachwasser endlich mal etwas Kräftigeres zu trinken. Ermattet, wie wir waren, ließ auch unsere gute Laune nach, und so hielten wir Ausschau nach irgendeiner Schenke. Und siehe an, da stand auf einmal eine offene Kneipe vor uns: die Türen angelweit auf, die müde Abendsonne schien herein und entfachte ein rötliches Feuer in den Flaschen und Gläsern über der Theke. Zu unserer Enttäuschung gab es kein Bier, auch keine Limonade; nur Schnaps und Wein. So bestellten wir einen Liter Rotwein, der sich als besonders schwer erwies. Er stieg uns in den Kopf und, statt aufzumuntern, machte uns eher stumm und träge. Wir nahmen dabei gar nicht mehr wahr, wie schnell die Zeit verrann. Als wir anschließend im Dunkel zur Station tappten, konnten wir nur feststellen, daß der letzte Zug schon längst abgefahren war. In unserer Ratlosigkeit setzten wir uns auf eine Bank und dösten dort, bis Müdigkeit und Rausch verflogen waren. Ein vorbeikommender Bahnwärter sagte uns, daß wir von hier aus erst am kommenden Mittag, aber von Gyorok aus bereits in der Frühe einen Zug nach Arad bekommen könnten. Bis Gyorok waren allerdings zehn Kilometer zu laufen. Wir guckten einander an, wir würden doch nicht bis morgen Mittag hier warten. So zogen wir in die laue Sommernacht hinaus. Um uns herum war es zauberhaft dunkel, und ein wunderbares Grillenkonzert begleitete unseren Weg unter dem mondlosen Sternenhimmel. Hier und da leuchtende Pünktchen am Wegrand, die Glühwürmchen. Unsere jugendlichen Beine, die damals noch so treuen Diener, trugen uns unbeschwert auf der ganz ausgestorbenen Landstraße unserem Ziel entgegen.

Nach einer guten Weile Marsch wollten wir die Uhrzeit wissen. „Dann müssen wir erst die Streichhölzer aus dem Rucksack kramen, sonst kann ich meine Armbanduhr nicht ablesen“, sagte Kuwi. „Versuchen wir's doch mit einem Glühwürmchen“, schlug ich vor und holte eines aus der Nähe. Beim schwachen, grünlichen Licht des Glühwürmchens konnten wir tatsächlich die Uhrzeit ablesen. Es war halb eins. Die letzten Kilometer legten wir im Halbschlaf zurück. An der Station von Gyorok angekommen, sanken wir auf die Zementbänke, und trotz harter Unterlage schliefen wir gleich ein. Bei Tagesanbruch rief uns ein Stationsangestellter zu, daß der Zug nach Arad bereit stünde. Schlaftrunken und auf wackligen Beinen torkelten wir zum Gleis hinüber, um unseren Schlaf an einem bequemeren Platz, auf den Holzbänken eines Zugabteils, fortzusetzen.

In Ungarn 1956

Ich hatte mein zehntes Lebensjahr noch nicht erfüllt, als mich Vater auf eine Reise nach Ungarn mitnahm. Es war im Herbst 1956 und wir wollten Verwandte in Budapest besuchen. Die Großstadt mit ihren riesigen Häusern, schnell fahrenden Bahnen und großartigen Brücken über der Donau machte einen tiefen Eindruck auf mich. Ich fühlte mich im Gewirr der endlosen, bisweilen sehr düsteren Straßenschluchten gespenstisch verloren, doch alles war neu und interessant für mich.

Wir wohnten bei Verwandten in einem Vorort. Eine ruhige Siedlung mit alten Einfamilienhäusern und schönen Kastanienalleen. Ich war gerade mit anderen Kindern dabei, Stöcke und Steine zu suchen, um den hohen Apfelbaum des Nachbarn restlos abzuernten, als der Aufstand in Budapest begann. Unser Hausherr kam nach Hause mit der Nachricht, daß auf der Ringstraße in der Innenstadt große Massen demonstrieren würden. Sie forderten „Sowjettruppen raus!“ und „Freiheit für Ungarn!“. Dabei schwenkten sie ungarische Fahnen aus deren Mitte der rote Stern herausgeschnitten wurde. Zwei sowjetische Panzer begleiteten friedlich die Demonstranten, mit gutgelaunt winkenden Soldaten, die keine Ahnung hatten, worum es hier ging. Dem Demozug schlossen sich immer mehr Menschen an, die Forderungen wurden immer dreister und sie sollten nun auch im Rundfunk verlesen werden. Als aber die Besetzung des Rundfunks auf den heftigen Widerstand der gehaßten Geheimpolizei AVO stieß, brach der Aufstand richtig los. Die Aufständischen versorgten sich mit Waffen aus der Waffenproduktion und von den Soldaten, die sich an ihre Seite stellten. Die AVO hatte mit ihrem Bespitzelungsnetz, Verhaftungen und Folterkellerpraktiken einen gefürchteten Terrorapparat aufgebaut; dementsprechend groß war der Volkszorn auf sie, der nach der großen Opferzahl bei der Erstürmung des Rundfunks außer Rand und Band geriet. Etliche AVO-Leute wurden auf offener Straße gelyncht und an die Bäume gehängt.

Der Aufstand gewann immer mehr Schwung, und unterstützt von Molotow-Cocktails schleudernden Jugendlichen wurden in den folgenden Tagen die sowjetischen Panzer aus der Hauptstadt vertrieben. Für uns war es wieder möglich, mit der nun spärlich verkehrenden Stadtbahn HEV in die Innenstadt zu fahren. Das war auch bitter nötig, da unsere Eßvorräte bereits aufgebraucht waren. Wir aßen die Äpfel des Nachbarn, und sonst ernährten wir uns von den neuen Nachrichten und den geweckten Hoffnungen. So nahm mich Vater eines Morgens mit in die Innenstadt, um Brot zu besorgen.

Aus der Stadtbahn sah ich eine ganze Reihe von völlig ausgebrannten Panzern am Straßenrand stehen. Häuser, die ich noch vor zehn Tagen bewunderte, wiesen nun Einschußlöcher auf, viele hatten ganz durchsiebte Fassaden. Auf der großen Ringstraße und der Rákóczystraße lagen manche Häuser ganz in Trümmern. An den noch stehenden Seitenwänden hingen in unerreichbarer Höhe verschiedene Ziergegenstände, Fotos, schöne Gemälde, wie eine Privatausstellung für die Passanten. Auf der Straße lagen Trümmerteile, Barrikadenreste; mitten im Schutt rote Sterne, Stalins, Lenins, Marx' und Engels' Bilder oder ihre Reliefs, all die Requisiten des sozialistischen Brimboriums und der erzwungenen und doch schwülstig betonten Sowjetfreundschaft. Schnell waren sie in der Gosse gelandet, wo alles Unbrauchbare und Verlogene der Geschichte hingehört.

Vor den Lebensmittelläden bildeten sich Schlangen, und wir stellten uns für Brot an. Unter zwei ungeduldig Wartenden entzündete sich ein Streit.

„Aber Genosse, ich bitte Sie!“ sagte der eine besänftigend.

„Es gibt keinen Genossen mehr, mein Herr“, erwiderte der andere und zeigte dann auf ein im Schutt liegendes Lenin-Relief: „Da liegt der Genosse!“

Diese Szene muß Spuren in mir hinterlassen haben, denn 33 Jahre später kam etwas sehr Ähnliches aus mir selbst heraus. Es war im letzten Jahr Ceausescus, als ich schon längst deutscher Staatsbürger das inzwischen total verdüsterte Rumänien besuchte. Genervt, daß die Läden überall leer waren, fauchte ich in einer Bäckerei die dort gähnend strickende Verkäuferin an:

„Warum machen Sie noch auf, wenn man ja nichts kaufen kann?“

„Aber Genosse ...“

„Welcher Genosse?“ unterbrach ich sie wütend. „Ich bin kein Genosse, ich bin ein Herr, merken Sie sich das!“

Die neu gebildete Regierung von Imre Nagy erklärte den Austritt aus dem Warschauer Pakt und die Neutralität des Landes. Gleichzeitig bat sie den Westen um Hilfe wegen eines drohenden sowjetischen Einmarsches. Abends scharten sich die Menschen in den Wohnungen um das Radio, um die Reaktion des Westens zu hören, ob mit Hilfe zu rechnen sei. Versprochen wurde sie allemal. Aus dem Gerät unseres Gastgebers hörte ich es mit eigenen Ohren in der ungarischen Sendung des „Radio Free Europe“: „Haltet noch zwei Wochen aus, und wir werden kommen, um euch zu helfen.“ Das freie Ungarn hielt sich knapp zwei Wochen, was aber darauf kam, das waren die Sowjets, die Russen, wie es eigentlich hieß, mit ihren Panzern.

An der großen Landstraße entlang, die von Budapest durch unseren Vorort nach Nordosten führte, wurden zur Verteidigung der Hauptstadt Kanonen mit stadtauswärtsgerichteten Rohren aufgestellt. Wir Kinder brachten den dort Wache haltenden Soldaten belegte Brote und warmen Tee aus dem Haus, denn es war bereits kalter November. Eines Frühmorgens erwachte man bei einem endlosen Geknirsche und Gerassel in der Luft. Die Panzer rollten stadteinwärts. Zwei ungarische Soldaten kamen in den Garten gerannt und erzählten die Ereignisse. Bei Dämmerung tauchten die ersten Panzer auf. Sie hielten vor den ungarischen Kanonen, einige Russen hoben sich aus der Luke und begannen mit den Wachsoldaten eine Diskussion über die „Kontrarevolution der reaktionären Elemente“. Die Wachsoldaten, die ja keinen Feuerbefehl aus Budapest hatten, ließen sich darauf ein. Auf ein Signal stiegen dann alle Russen wieder in ihre Panzer, die dann die Kanonen überrollten. Ohne einen Schuß abzugeben, fuhren sie weiter in die Hauptstadt, um dort „reaktionäre Elemente“ zu bekämpfen. Die ungarischen Soldaten in ihrer Uniform sahen wohl nicht so reaktionär aus wie ihre Kanonen, die in der Physik als Schulbeispiele für Aktion/Reaktion gelten. Als ich später mit anderen Kindern zu der großen Landstraße ging, boten uns die zerstörten Kanonen ein sehr trauriges Bild an. Sie stellten die zerstörten Hoffnungen dar. Diesmal reichten die Granaten und Minen der Aufständischen, die Molotow-Cocktails der Kinder und Jugendlichen nicht mehr aus, um die endlosen Panzerreihen zu stoppen. Die kurze Freiheit wurde buchstäblich zermalmt. Massenhafte Verhaftungen und Hinrichtungen folgten.

Trotz traurigem Ende begannen bald wieder typische Budapester Witze die Runde zu machen. Warum haben die Russen die Hauptstadt nachts angegriffen? Antwort: Weil die Kinder dann schlafen. Nach einigen Tagen packten wir unsere Koffer für die Heimfahrt. Auch wenn die Russen wieder da seien, würde sich doch etwas zum Guten ändern, sagte Vater und dachte gar nicht an Emigration in den Westen durch die offene Grenze. Vielleicht graute es ihm auch, mit 69 Jahren auf dem Buckel ins Ungewisse loszumarschieren. Schön, daß der Mensch hofft, solange er lebt, und immer das Gute hofft; diesmal sollte sich Vaters Entscheidung aber später als großer Fehler erweisen. Doch erstmal brachte die Heimfahrt eine kleine Überraschung.

Nach Passieren der Grenze hielt unser Zug mitten in der Nacht in der rumänischen Grenzstation Curtici. Statt der üblichen, langen Zollkontrolle kam ein rumänischer Offizier in das Abteil und sagte uns höflich: „Wir bitten Sie auszusteigen, sie sind alle zu einem Frühstück im Bahnhofsrestaurant eingeladen."

Mit gemischten Gefühlen stiegen wir über die Gleise zum Bahnhofsgebäude. Aber tatsächlich erwarteten uns dort gedeckte Tische mit warmem Tee, Aufschnitt und Brot. So wollte uns die Heimat nach den „Strapazen im unruhigen Ausland" verwöhnen. Vater schüttelte verwundert den Kopf: „Die da in Bukarest müssen aber die Hosen gestrichen voll haben, wenn die heimattreuen Bürger so herzlich empfangen werden sollen." Bestechende Gastfreundschaft war schon immer eine Stärke der Rumänen.

In der alten Welt

Wie ich mit den Jahren heranwuchs, nahm ich immer mehr unsere erwachsenen Besucher wahr, und in mir stieg allmählich der Wunsch auf, an den Unterhaltungen mit ihnen teilzunehmen. Bis dahin war es mir eher lästig gewesen, wenn wir Besuch bekamen. Ich wurde irgendwann ins Zimmer gerufen und mußte die Gäste artig begrüßen. Daraufhin wurde ich an den Wangen getätschelt und manchmal nach meinem Namen und Alter befragt. Solange man mich musterte oder über mich redete, mußte ich schön brav dastehen und lächeln. Dabei kam ich mir wie eine Grinsemaschine vor. Das änderte sich erst mit der Pubertät, als ich anfing, mich für unsere Besucher zu interessieren. Wenn mitten in meine Langweile plötzlich ein Besuch hineinplatzte, freute ich mich, zeigen zu können, daß ich mich gastfreundlich zu benehmen und auch einige feine Umgangsformen zu pflegen wußte. Dabei kopierte ich wohl unbeabsichtigt weitgehend meinen Vater.

Das Abendbrot wurde allmählich für mich die Zeit des besinnlichen, den Tag abschließenden Wohlbefindens. Als ich noch klein war und man mir beim Essen noch helfen und Anweisungen erteilen mußte, war auch das Abendessen eine eher anstrengende Gehorsamsprobe gewesen. Nun aber fühlte ich mich den Anforderungen am Tisch gewachsen und so empfand ich die Atmosphäre besonders beim Abendbrot als sehr behaglich. Dazu gehörten die klirrenden Teetassen mit ihrem dampfenden, rotbräunlich schimmernden Inhalt, eine erfrischend lächelnde halbe Zitrone, die herumgereicht wurde, und der kühle, besänftigende Geschmack der Butter auf dem Graubrot. Manchmal gab es Aufschnitt oder seltener Salami, deren anregender, würziger Geschmack wunderbar mit den beruhigenden Schlucken aus der Teetasse harmonierte. Dabei liefen für mich alle Bewegungen so beschaulich und zeremoniell ab, als wären wir bei einer Abendmesse gewesen. Zu keiner anderen Stunde des Tages fühlte ich mich mit den dabeisitzenden Erwachsenen so verwandt und so gleichrangig wie beim Abendbrot. Manchmal versank ich beim Teetrinken in eine feierliche Stimmung, indem ich mir meinen künftigen Weg ausmalte, wie ich nun allmählich in die reiche, geistige Welt der Erwachsenen aufsteigen würde.

Bei uns verkehrten einige übriggebliebene Splitter, klägliche Wrackteile des ehemaligen siebenbürgischen Landadels. Sie stammten aus der Zeit, als die Familie noch auf ihrem Landsitz in Weißwasser, einem kleinen Ort in den Südkarpaten, zu Hause war. Diese Zeiten kannte ich nur von Fotos und Erzählungen, denn als Letztgeborener erblickte ich nur das Schlußlicht der „heilen Welt". Es war wohl eine ganz andere Welt, als meine Eltern noch in der Großfamilie lebten, wo auch die Großeltern ihren angesehen Platz hatten und alle Kinder der Verwandtschaft zusammen im großen Landhaus herumpolterten oder am Bach tollten. Ich blätterte oft die Fotoalben durch und stöberte in Vaters großer Brief- und Postkartensammlung, die drei Schubladen im Schreibtisch füllte. Durch die Lektüre der alten Briefe gelang es mir, in die lebhafte Welt der verschwundenen Großfamilie einzudringen und ihre Atmosphäre einzuatmen. Die Briefe, alle mit schwarzer Tinte und in schöner Schrift, hatten einen sehr höflichen, trotzdem liebevollen Stil. Viel Platz nahm die Korrespondenz zwischen Vater und seinen Eltern ein, die ich nicht mehr kennenlernen durfte. Aus diesen Quellen strömte mir eine Welt mit Wärme, Liebe und Humor entgegen, wo jeder einzelne wie ein Original mit seinem eigenen Geist und Witz geschätzt wurde.

Zu den interessantesten Figuren, die aus der alten Welt übriggeblieben waren, gehörte zweifellos die Baronin Solymossy. Vater hatte einst ihren Bruder, den Baron Tibor Solymossy, im Ersten Weitkrieg kennengelernt, als sie zusammen gedient hatten. Sie blieben gute Freunde, auch nach dem Krieg, und besuchten einander auf ihren Landsitzen. Der Baron Solymossy kam gern zu uns nach Weißwasser, da es von hier aus gute Möglichkeiten gab, im nahe gelegenen hohen Retezat-Gebirge auf Gamsjagd zu gehen. Auf einem alten Foto war der Baron Solymossy in Kniebundhose und mit Strohhut zu sehen, inmitten einer kleinen Gesellschaft, am 2000 m hoch gelegenen Bucura-See. Vater und Muter im Badeanzug waren auch dabei.

Nach unserer Vertreibung von Weißwasser fuhren wir samt unserem Hausrat mit einem Güterwagon in Richtung Arad. Ich war noch ein krabbelndes Kind von dreizehn Monaten. Unterwegs machten wir halt auf der Residenz der Familie Solymossy und konnten dort einige Monate wohnen, bis Vater für uns in Arad eine Wohnung gefunden hatte. Wir lernten hier die Schwester des Barons, Iris Solymossy, mit ihrem Mann, einem rumänischen General, kennen. Zur großen Belustigung der Gesellschaft rief sie ihren kleinwüchsigen Mann mit dem Kosenamen Bebe, genauso wie auch ihr großer, schwarzer Hund hieß. Bald nach unserer Abreise enteignete man auch das Schloß der Solymossys und die Bewohner wurden vertrieben.

Die Baronin war eine große, hagere Gestalt, Mitte sechzig, mit harten, markanten Gesichtszügen. Als Kind durfte ich sie Tante Iris nennen. Mein Bruder sprach sie einmal mit Frau Baronin an. „Frau Gräfin bitte", wurde er gleich darauf von ihr korrigiert, weil die hochwohlgeborene Frau Baronin in ihrer ersten Ehe mit einem deutschen Grafen verheiratet gewesen war. Sie wohnte in einer kleinen Wohnung, die ähnlich wie unsere von alten Möbeln, Teppichen und Gemälden bis zur letzen Ecke vollgestopft war, mit den geretteten Kostbarkeiten aus der alten pompösen Residenz, die sie nun Stück für Stück verkaufen mußte, um ihren Lebensunterhalt zu bestreiten.

Ich mochte sie anfangs wegen ihrer kühlen, überheblichen Art gar nicht. Erst später fing ich an, ihre fossile Originalität zu schätzen. In ihrer Anwesenheit amüsierten wir uns zwar über ihre sehr affektiert scheinenden dünkelhaften Manieren, ihre Anwesenheit flößte mir jedoch eine gute Portion Ehrfurcht ein, als stünde ich gleichsam vor einem lebenden Dinosaurier. Auf der Straße fiel sie durch ihre frappant museale Bekleidung auf. Sie hatte merkwürdige Hüte mit roten und schwarzen Fransen und trug dazu große farbige Tücher um die Schultern, die an alte Gobelins erinnerten. „Eine Bajaderentracht", nannte es Mutter ironisch. Sie darauf anzusprechen, traute sie sich jedoch nicht. Die alte Baronin war ein wandelndes Museum schlechthin. Ihre Rede war herrisch, selbstbewußt und voll von französischen Wörtern. Eine Zeit lang, als wir in der Schule französisch lernten, gab sie mir Hausaufgabenhilfe, während ich von ihrem schweren Parfüm ganz benebelt wurde.

Im großen verwilderten Garten von Gabors Haus gab es unter einem alten Zwetschgenbaum ein winzig kleines Blumenbeet mit blaugelben Schwertlilien, d. h. mit Iris darauf: eine künstliche, ins Auge stechende Insel im großen Naturdschungel. Ich mochte diesen fremden Flecken mit den unangenehm riechenden, steifen Irisblüten nicht besonders. Bei ihrem Anblick mußte ich immer an die gleichnamige und so bunt bekleidete Baronin und ihr schweres Parfüm denken.

Wenn sie uns besuchte, setzte sie sich natürlich auf den einzigen, ihr gebührenden Platz, in den alten Biedermeiersessel. Dieser Sessel hatte schon glanzvollere Zeiten der Familie erlebt, und nun war er arg restaurierungsbedürftig. Viele Intarsienteile waren aus den Voluten der Lehne herausgefallen, und von den Fransen und Bommeln waren kaum noch welche übrig. Sie waren nämlich von Hunden und Katzen sehr begehrt gewesen. Bevor sich die Baronin hinsetzte, strich sie mit der Hand vorsichtig über die Sitzfläche, deren Stoff in der Mitte stark abgenutzt und zum Rand hin unleugbar fettglänzend war.

Mutter kredenzte ihr immer eine Tasse Schokolade. Dafür wurde unsere schöne, alte „Napoleon-Tasse" aus der Vitrine geholt. Dieses Porzellanstück trug auf tiefblauen Untergrund eine Schlachtszene, in deren Mitte: Napoleon auf einem Schimmel. Die Baronin erzählte über Land und Leute vergangener Zeiten, Mutter unterbrach sie selten. Für zwei Stunden durfte sie sich wieder in der alten Welt als Gräfin fühlen, dann mußte sie aber aus dem Traum auftauchen und auf der Straße der schauderhaften proletarischen Gegenwart begegnen. Manchmal blieb sie auch zum Abendessen. Das wurde für mich ziemlich anstrengend, da sie pedantisch auf Eßmanieren achtete. Als ich einmal eine Hähnchenkeule in die Hand nahm, sagte sie: „Janosch, ich kann gar nicht hinschauen", und schüttelte mißbilligend den Kopf. Ihre Bemerkung hatte mich sehr geärgert, zumal ich von Mutter die Unterweisung bekam, daß man Teile von Brathähnchen sogar in Restaurants ruhig in die Hand nehmen könne. Als Vergeltung spottete ich immer über sie, als sie weg war. Trotzdem empörte ich mich, als Feri, ein Nachbarskind, mich einmal fragte, wer die Vogelscheuche sei, die bei uns verkehrte. Ein Fossil, ein Dinosaurier, das ja zumal mich bereits damals die Erdgeschichte faszinierte , aber eine Vogelscheuche, nein, diese Bezeichnung war ihrer Erscheinung doch nicht würdig.

Über wohl das letzte Verliebtsein der Baronin erzählte man in Familienkreisen eine Episode, die mit meinem Onkel Ludwig, dem großen Bruder Vaters zu tun hatte. Er war eine geachtete Künstlerseele der Familie. Während sich Vater in seiner Mußezeit dem Schreiben von Theaterstücken widmete, frönte Onkel Ludwig in andächtiger Hingabe dem Geigenspiel und der Malerei. Er hatte aber noch viele andere Leidenschaften. So pflegte und hegte er seine naturwissenschaftlichen Sammlungen von

Schmetterlingen, Insekten, Versteinerungen und Mineralien. Sie alle lagen schön sichtbar in den Räumlichkeiten des alten, elterlichen Hauses in Weißwasser ausgestellt. In Arad hatte er nur ein paar Straßen weiter von uns entfernt eine kleine Wohnung, noch aus der Zeit, als er beim Grafen Palavicini in Neu-Arad eine Verwaltertätigkeit ausübte. Hier hatte er sich ein kleines Künstlernest eingerichtet, wo sich ein Besucher trotz der Enge sehr wohl fühlte. Einige hübsche Sachen stammten noch aus der gräflichen Residenz. Es war eine erholsame Zuflucht für ihn, weit weg von seiner Großfamilie mit den vielen Kindern. Hier blühte sein altes musisches Herz wieder auf. Er trank gerne Tee, zeremoniell genießend aus schönen alten Porzellantassen, und die Besucher wurden auch gleich zu einer Tasse warm duftenden Aufgusses aus seinen exotischen Teesorten eingeladen. In seinem Krankenbett vor seinem Tod trank er auch Tee und hatte sich angeblich noch beschwert, daß seine lebenslang treue Ehefrau etwas von dem köstlichen Getränk auf dem Laken verschüttet hatte.

Natürlich war Onkel Ludwig nicht nur den schönen Künsten, sondern auch dem schönen Geschlecht sehr zugetan. Und die Frauen wußten seine zarten Seiten wohl zu schätzen. So säumten zahlreiche Liebesgeschichten seinen Lebensweg. Bei Verehrung von so vielen musischen Göttern blieb natürlich für's Geldverdienen und andere lästige, familiären Verpflichtungen kaum noch etwas Zeit übrig.

Als wir nach unserer Vertreibung auf dem Schloß von Solymossys verweilten, munkelte man, die Baronin hätte sich in Onkel Ludwig verliebt, und für seinen erwarteten Besuch ein Zimmer herrichten lassen. Er kam jedoch nicht. Nachträglich entschuldigte er sich mit gesundheitlichen Unpäßlichkeiten. Offenbar war seine freiheitsliebende Muse nicht bereit, sich der herrisch befehlenden, alles bestimmen wollenden Person der Baronin zu unterwerfen. Onkel Ludwigs Ausweichen hinterließ giftige Spuren in der stolzen gräflichen Seele. Sie kamen zum Vorschein, als mein Bruder eines Tages in Arad mit der Baronin ein altes Fotoalbum durchblätterte. Er zeigte auf ein Foto von einem Grafen Bethlen aus dem alten Fürstengeschlecht Siebenbürgens: „Schauen Sie mal, wie ähnlich er hier dem Onkel Ludwig sieht!“ Darauf die Baronin empört und boshaft: „Das finde ich aber gar nicht. Nikolaus, du kannst nicht einen Bethlen mit dem Ludwig vergleichen!“ Ihr blaues Blut wallte auf, sie hatte nun den niederen Adel in die Schranken gewiesen.

Andere Bekannte der alten Welt stammten aus der Zeit, als Vater und Bruder noch zu Hause waren, bevor sie von der Securitate, der Staatssicherheit, abgeholt wurden. Ich war noch zu klein, um mich für die Inhalte ihrer Gespräche zu interessieren, einige Eindrücke blieben mir jedoch in Erinnerung. Der große, breitschultrige Baron Huszar redete mit ruhig bemessenen, weit ausgeholten Gesten, spann Waidmannsgarn aus der Zeit, als seine bereits früher verarmte Familie bei den Grafen Bethlen eine großzügige Aufnahme gefunden hatte. Sein enger Kamerad, der junge, korpulente Pastor Szoboszlay, war dagegen meistens in sehr belebten Vorträgen verwickelt, während er mit den Händen ekstatisch gestikulierte. Wenn der Baron Huszar allein kam, war es ruhig und still bei uns, wenn aber auch der Pastor mitkam, wurde die Unterhaltung in seiner Anwesenheit sehr lebendig. Gleichzeitig lag etwas Unruhiges in der Luft. Einmal sah ich ihn von der Kanzel predigen. Er redete sehr pathetisch und fuchtelte dabei wild mit den Händen. Seine langen Haare fielen ihm ins Gesicht, so daß er sie dann immer wieder nach hinten streifen mußte. Zweifellos besaß er während seiner begeisterten Vorträge eine Ausstrahlung, mit der er die Zuhörer in seinem Bann hielt. Mir erklärte er einmal die atomare Struktur der Materie. Seine Schilderung war so lustig, daß ich dabei mehrmals auflachen mußte. In einem Sommer verschaffte er meinem Vater eine Stelle in der Pfarrei einer kleinen Gemeinde an den Ausläufern der Westkarpaten. Hier bat mich der Pastor Szoboszlay, unter anderem auch ein passionierter Naturheilkundler, verschiedene Heilkräuter von Feld und Flur zu sammeln; er würde sie mir mit zehn Lei für jeden Sack vergüten. Eifrig machte ich mich an die Arbeit und sammelte sehr fleißig mit Hilfe von einigen Bauernmädeln, die sich mit den verschiedenen Kräutern sehr gut auskannten. Fünf große Säcke bekam ich voll und brachte sie auf den Dachboden der Pfarrei. Die Säcke schlummerten schon lange auf dem Dachboden, und ich wartete immer noch auf ihre Abholung und meine Belohnung. Vergebens, denn den Pastor sollte ich nie wieder sehen.

Die Tage in dem kleinen Ort auf dem Lande waren trotzdem schön, und wir sahen noch nicht die schwarzen Wolken der kommenden Monate. Am Markttag ging ich mit Vater los, um Lebensmittel und einige Einrichtungsgegenstände für unsere Küche zu kaufen. Auf den Boden hatte man etwas Stroh gestreut und darauf sah ich Geschirr aus Keramik in heiteren gelben, grünen und hellbraunen Farben, feilgeboten von Rumänen aus der Umgebung. Die Teller und Schüsseln, die wir brauchten, bekamen wir erstaunlich billig. Dann fing Vater an, bei einer Bäuerin um ein Huhn zu handeln. Als sie jedoch erfuhr, daß Vater stellvertretend für den fehlenden Küster arbeitete, bekamen wir das Huhn umsonst, da sie in einem Anliegen, wie sie sagte, kommende Woche in der Pfarrei vorsprechen wollte.

Wir waren schon wieder in Arad, als im Herbst die Nachricht von Pastor Szoboszlays Verhaftung kam. Noch war man gutgläubig: er hätte doch so vielen Menschen geholfen, viele Kranke geheilt, außerdem munkelte man, er hätte überall, von der Securitate bis zum Vatikan, gute Beziehungen. So hoffte ich auch, daß er bald freikäme und ich die Belohnung für die gesammelten Heilkräuter erhalten würde. So kam es aber nicht. Stattdessen kursierten düstere Nachrichten von einer Verhaftungswelle in unserem Bekanntenkreis, bis sie dann mit der Unerbittlichkeit der Realität bei uns einschlugen. Mein Bruder wurde in Temeschwar, wo er studierte, von der Securitate abgeholt, Vater eine Woche darauf an einem frühen Morgen. Ich war noch im Bett, als zwei gepflegte und gut genährte Securitate-Leute die sich in dieser Hinsicht immer sehr ähnelten ins Zimmer kamen. Es wäre nur etwas zu klären, sagte der eine höflich, in glattem Ton, Vater solle mitkommen. Während sich Vater im anderen Zimmer umzog, wollte der eine seinen Schreibtisch durchsuchen, aber der andere winkte ab: „Ach, laß doch den Kram des Alten liegen.“ Er hatte sichtbar ein wenig Mitleid mit meinem ergrauten Vater, der schon auf die Siebzig zuging. Vor dem Gehen küßte er mich noch und sagte, ich solle auf Mutter aufpassen. Damit ging er für immer aus meinem Leben.

Die Gerichtsverhandlung fand im Theater vom Temeschwar statt. Wegen Verschwörung gegen den sozialistischen Staat wurden elf Todesurteile gefällt, zehn davon kurz nach dem Urteilsspruch ausgeführt. Unter ihnen der Pastor Szoboszlay und der Baron Huszar, die als Anführer der bewaffneten Verschwörung galten. Bewaffnet, weil einer der Mitangeklagten zu Hause ein altes Jagdgewehr besaß und ein weiterer im Begriff war, eins in seiner Werkstatt zu fabrizieren. Mein Vater wurde zu sieben, mein Bruder zu zwölf Jahren Gefängnis verurteilt.

Am Anfang ertrug ich ihre Abwesenheit ganz gut, ich merkte noch wenig davon. Ich war in meine eigene Spiel- und Phantasiewelt versunken.

Mutter, die liebste Person für mich, war ja noch da. Die beiden würden doch jeden Tag wiederkommen, so glaubte ich zumindest, und dann könnte ich ihnen meine zuletzt gemalten Bilder und die auf den Ausflügen gefundenen Steine zeigen. Sie kamen aber nicht.

Von den früheren Bekannten war nur noch die alte Baronin da, die uns weiter treu besuchte. Für den Prozeß und den „Spinner" Pastor Szoboszlay hatte sie kaum Worte übrig. Sie spendete Mutter einen verhaltenen, eher belehrenden Trost. „Trag es mit Fassung, Irene! Was soll man erwarten, wenn so ein Abschaum das Land regiert. Vertrau auf Gott, wenn es für dich noch einen gibt", sagte sie sarkastisch. Ob es für sie einen gab, erfuhr ich nie. Von uns kehrte sie zu ihrer weinroten Polstergarnitur zurück. In ihre kleine Wohnung, wo hinter den Ahnengemälden die Geister ihrer ehemaligen Residenz Wache hielten und entsetzt zuschauten, wie sie nun für sich selber kochen mußte.

Ich hatte immer öfter Tagträume, daß Vater und Bruder endlich wieder da wären, und ich ihnen dieses und jenes zeigen und über meine Heldentaten berichten könnte, aber am nächsten Tag waren sie auch nicht da. Langsam schrumpfte, verblaßte das täglich drückende Warten, aber ein Keim davon, wie mir später klar wurde, sollte in mir ein Leben lang bestehen bleiben.

Vater starb nach einem Jahr Gefängnis. Vor seinem Tod traf er dort wie ich später erfahren sollte noch ein letztes Mal viele seiner ehemaligen Bekannten aus der alten Welt des Siebenbürgischen Landadels und hatte mit ihnen lebhafte Unterhaltungen über Literatur, Kunst und die untergegangenen Zelten der Donaumonarchie geführt. Vielleicht war dies in den finsteren Zeiten von damals die gnädigste Fügung für ihn.

*

Was dem Pastor Szoboszlay, dem angeblichen „Agenten des Vatikans", mit seiner wirren Planung unter den damaligen Umständen nicht gelingen konnte, sollte 32 Jahre später einem anderen Pastor in Temeschwar ohne jegliche Planung, durch eine spontane Unterstützung der Bevölkerung gelingen. Zu der Zeit nahmen der offenkundige Machtmißbrauch und die Unzufriedenheit im Lande solche Ausmaße an, daß nur ein Funke genügte, um einen gewaltigen Flächenbrand zu entfachen. Unweit von dem

Ort, wo die elf Todesurteile gefällt worden waren, wurde im Dezember 1989 die Unruhewelle ausgelöst, die bald auch die Hauptstadt Bukarest erreichte und den Umsturz der kommunistischen Diktatur bewirkte.

*

Nach trüben Dezemberwochen zog allmählich ein zaghafter Heiliger Abend in die Akazienstraße. Um ein trauriges Bäumchen standen schweigsam die Mütter und Kinder der verstümmelten Familien. Denn nicht nur bei uns, auch in anderen Familien waren die Väter aus diesem oder jenem Grund abgeholt worden. Sie waren die unbequemen, unerwünschten Personen, schuld daran, daß es mit dem Sozialismus nicht voranging. Gabors Vater und Vater Stern wurden zwischenzeitlich kurz freigelassen, dann aber wieder abgeholt.

En kleiner, schwindsüchtiger Engel flatterte unschlüssig über den Häusern der Akazienstraße. Er streute ein wenig Silberglanz auf die Dächer und entschwand dann in die sternlose, dunkle Nacht. In den Herzen stieg kein weihnachtliches Glühen auf. Wort und Gesang waren im Hals der Menschen festgefroren.

Trotzdem legte Mutter mir ans Herz, ich solle in die Kirche gehen, die Krippe anschauen und für Vater beten. Ich versprach es und ging am Abend des zweiten Weihnachtstages hin, der ein gewöhnlicher, grauer Werktag war. Der Minoritenpalast mit der dazugehörigen katholischen Kirche war eines der imposantesten Bauwerke der Stadt. Das majestätische Portal mit dem breiten Treppenaufgang, beiderseits von hohen Doppelsäulen flankiert, vermittelte den Eindruck eines Riesenaltars. Der Eingang führte in einen großen, runden Vorraum unter der Turmkuppel. Nischen mit Heiligen, davor die flackernden Kerzen der Gläubigen. Als ich diesmal die Treppen hinaufging, schienen mir die Doppelsäulen sehr hoch, schwer und bedrohlich, als wollten sie einstürzen. Drinnen empfing mich immer eine beruhigende Stille in der Halbfinsternis, die eine Einkehr in mein Inneres erleichterte. Jetzt empfand ich es jedoch als düster und bedrückend. Die Seitenaltäre leuchteten nur schwach und gespenstisch, in der Feme am Hauptaltar schimmerte verloren die Weihnachtskrippe. Es waren nur wenige Besucher da, einige saßen, andere irrten unsicher herum. Ich bekreuzigte mich und ging nach vorn zu meinem Lieblingsplatz an einem Seitenaltar. Über diesem Altar war eine alte Freske: Erzengel Michael tötet den Drachen, daneben hebt eine biblische Greisfigur ihr Gesicht zum Himmel, auf dem Boden ein Totenschädel. Mein Blick wanderte wie so oft erst an den vergoldeten Stukkaturen der Rahmung entlang, dann zur Bildmitte hin, am Speer des Erzengels entlang zu dem Kopf des Drachens, dessen Tötung mir nun als eine entrückte Wunschvorstellung erschien. Da draußen regierte der Drachen uneingeschränkt. Er war übermächtig und der Herr der Dinge.

Ich ging zu der Krippe, die mit viel Sorgfalt neben dem Hauptaltar aufgebaut war. Die dargestellte friedliche Landschaft mit Bergen und Zypressen zog meine Aufmerksamkeit an. Vielleicht zum ersten Mal spürte ich eine Art Fernweh. Das winzige Jesuskind mit den umgebenden Schafen und Kühen fand ich aber albern. Beim Weggehen ging ich noch am Antonius-Altar vorbei, an der großen rotgoldenen Heiligenfigur, zu der Mutter immer betete. Die ganze Haltung dieser Figur mit dem kleinen Jesuskind auf dem Arm fand ich so schwächlich und kindisch, Eigenschaften, die ich immer mehr ablehnte auf dem Weg zum Erwachsensein. Antonius schien mir überfürsorglich, der kleine Jesus verzärtelt, so wie ich es nicht sein mochte.

Nach diesem Abend kam ich lange Jahre nicht mehr in das verdüsterte Gotteshaus, und auch später ging ich nur auf Mutters dringende Bitte hin. Die gespenstische Umgebung der Kirchenhalle spendete mir keinen Trost, brachte mir keine Hilfe für die Klärung meiner Probleme, geschweige denn die Erquickung, wie es in den Gesangbüchern stand. Für innere Einkehr war unser Haus schon still genug geworden.

Vielmehr zog es mich dagegen ins Museum des 1848er Freiheitskampfes. In der Nähe der Stadt hatte nämlich 1849 das ungarische Revolutionsheer vor der österreichisch-russischen Übermacht kapituliert. Die dreizehn vorwiegend deutschstämmigen Generäle der Revolution waren auf dem Burghof in Arad hingerichtet worden. Im Museum war der Freiheitskampf gegen die Habsburger Herrschaft dokumentiert: Waffen, Uniformen, persönliche Gegenstände der Anführer waren in Schaukästen und Vitrinen ausgestellt. Diese Exponate weckten viel mehr mein Interesse als die sakralen Gegenstände der Kirche. Hier sah ich Mittel und Wege für einen Kampf um Freiheit und Gerechtigkeit.

Diese Sammlung war im Kulturpalast der Stadt untergebracht, in einem ansehnlichen Jugendstilbauwerk mit einem Hindutempeln ähnlichen Pyramidenturm, hübsch gelegen, mitten in der Parkanlage am Fluß. Als ich mit meinem viel älteren Bruder das erste Mal hierher kam, fragte er mich, ob wir in das „48er“ (gemeint 1848er) Museum gehen wollten. Ich, der noch recht wenig über Geschichte und Jahreszahlen wußte, antwortete nach einigem Überlegen:

„Nein, lieber das „57er“.“

Mein Bruder schmunzelte: „Das gibt es aber nicht.“

Ich dachte nämlich, daß es für jede Zahl bis hundert ein entsprechendes Museum gäbe, und so nannte ich eine Zahl nach Belieben. Das geschichtsträchtige Jahr 1957 mußte für unsere Familie noch kommen.

Schülerherzen

In den dreiundzwanzig Häusern unserer Straße wohnten acht ungarische, fünf rumänische, drei deutsche und zwei jüdische Familien, außerdem viele Alleinstehende.

Dementsprechend bunt sah es auch in unserer siebenjährigen Grundschule aus, die gleich um die Ecke auf der großen Straße lag. Die nannten wir immer noch Kossuthstraße, wie sie bis 1920, bis zum Untergang der K.-u.-k.-Welt geheißen hatte. Fast alle Straßen trugen in unserer Umgangssprache ihren alten Namen, davon viele Namen bedeutender Persönlichkeiten des 19. Jahrhunderts und der 1848er Revolution, in der Arad eine traurige Rolle gespielt hatte. Auf dem ehemaligen Freiheitsplatz hinter dem Theater stand früher das große Freiheitsdenkmal mit den dreizehn Märtyrern der Revolution, den deutschen und ungarischen Generälen, die auf dem Burgplatz im Maroschbogen hingerichtet worden waren. Unsere Straße, die ich wegen der ansäumenden Zierakazien Akazienstaße nenne, trug früher den Namen des Generals Dessewffy, der genauso wie Vater seine Karriere bei den Wiener Radetzky-Husaren begonnen hatte, um sie schließlich auf der Seite der Revolution kämpfend zu beenden. Auf den Straßenschildern standen natürlich schon längst ganz andere, für uns fremd klingende, rumänische Namen. Die breite Prachtstraße der Innenstadt mit zwei Parkstreifen in der Mitte, wo jung und alt gegen Abend entlang promenierten, hieß offiziell „Bulevardul Republici“, unter uns aber der „Korso“ oder die „Andrassysallee“. Der historischen Person Graf Andrassy bin ich erst später in Deutschland in einem Sisi-Film begegnet.

Die Kossuthstraße mit unserer Schule war schon ziemlich am Rande der Innenstadt, bald dahinter begann Perneava, ein Stadtteil mit dörflichem Charakter, das heißt endlos langen und staubigen Straßen mit niedrigen Einfamilienhäusern und großen Gärten. Etwa die Hälfte der Kinder unserer Schule kam aus diesem Stadtteil. Sie hatten meistens ungarische Namen bis auf ein Viertel, das deutschen Namen hatte. Sie hießen dann: Hering, Fuhrmann, Keller, Morath usw. Unter ihnen gab es viele sehr lebhafte und draufgängerische Naturen.

Fuhrmann, den wir Furi nannten, ein sommersprossiger, blonder Junge, war der Mittelpunkt unserer Erzählrunde. Wir, die vier Schüler in den letzten zwei Bänken, machten es uns ab dem sechsten Schuljahr zur Gewohnheit, in den Pausen die Köpfe zusammenzustecken und einander Geschichten zu erzählen, die wir selbst ausgesponnen hatten. Dabei war Furi mit seinem fein schmunzelnden Mienenspiel der lustigste Erzähler, dem wir am liebsten zuhörten.

Es ging dabei immer um eine Seriengeschichte: Hannes geht in die Kupplerei. Kupplerei war das gängige Wort für den Puff. Hannes war ein dicker, träger Junge aus der Klasse, der verlegen grinsend akzeptieren mußte, daß er der komische Held unserer Erzählstunden war. Es fing immer so an: Hannes geht mit viel oder wenig Geld in der Tasche, mit Mari, Kati oder irgendeinem anderen Mädchen aus der Klasse oder eben auch allein in die Kupplerei. Auf meinen Vorschlag hin bekam die Kupplerei zur Bereicherung der Geschichten drei „Komfortkategorien" je nach Bepolsterung: die samtene, die seidene und die dornige Kategorie. Die samtene war die teuerste mit dem höchstem Komfort, alles schön, bequem, für das Komische im Leben aber langweilig, und deshalb kam sie in unseren Geschichten kaum vor. Die seidige war auch noch schön aber mit vielen Rutschgefahren auf der glatten Seide oder auf den üblen Hinterlassenschaften. Schließlich die dornige Kategorie, die billigste, wo nur rauhe Pritschen standen, wodurch man sich während des Vergnügens leicht Splitter in die wertvollsten Körperteile stoßen konnte. Also wenn Hannes wenig Kohle hatte, erwartete uns ein sehr heiteres Fakir-Erotik-Stück. Sein anderes Problem war seine Minderjährigkeit. Da behalf er sich mit Stücken von Ziegenfell, die, an manche Körperstellen geklebt, die Behaarung eines Erwachsenen vortäuschen sollten. Oft bogen wir uns vor Lachen während des Erzählens in den Pausen. Es waren haarsträubend komisch ausgemalte Szenen, was unsere Phantasie hervorbrachte von einer Einrichtung, die wir nie gesehen hatten, denn es gab gar keine Kupplerei in der Stadt. Es reichte aber, nur davon gehört zu haben, und die erwachte Sexualität trieb in den Köpfen schon ihre seltsamen Blüten. Die daraus resultierende Heiterkeit trugen wir manchmal in die Unterrichtsstunde hinein. Einmal fragte uns die Rumänischlehrerin nach dem Grund unserer überschäumend guten Laune. Furi stand ruhig auf und sagte mit einer unbewegten Miene: „Ach nichts besonderes, bloß, der Hannes ist in der Pause ausgerutscht und in einer Pfütze gelandet."

Darauf prusteten wir erneut vor Lachen richtig los, denn dies war eine von ihm erzählte Szene in der Kupplerei. Nun stand die junge Lehrerin verunsichert da, ob sie vielleicht noch einmal nach dem Grund unserer übermäßigen Heiterkeit fragen sollte.

Manche Lehrer waren nicht in der Lage, die sehr lebhaften Kinder aus Perneava zu bändigen. So war es bei der kleinen Geschichtslehrerin, vor deren Unterricht besonders laut getobt wurde. Sie tat mir leid, und ich fand ungerecht, daß ihre mangelnde Autorität ausgenutzt wurde. Einmal, als sie in die Klasse trat, wollte das wilde Toben der Perneava-Kinder nicht aufhören. Viele sprangen auf ihre Bänke, der eine rief sich als Tarzan, der andere als Winnetou aus. Die Lehrerin versuchte verzweifelt, sich mit ihrem Rohrstock Respekt zu verschaffen, indem sie damit mehrmals auf eine Bank schlug. Ich, um sie zu unterstützen, sagte laut zu der eben stiller gewordenen Klasse: „Schämt ihr euch denn nicht, euch so vor unserer Lehrerin zu benehmen!?“ Darauf brach ein Riesengelächter los. Fast alle dachten, ich sagte es aus Jux.

Im Gegensatz zu der kleinen Geschichtslehrerin war die große, robuste Mathelehrerin seit vielen Generationen die meistgefürchtete Person in der Schule. Schon die Erwähnung ihres Namens ließ manchem Schüler einen kalten Schauter über den Rücken laufen. Die strenge Disziplin, die sie forderte, hätte einer Offiziersschule alle Ehre gemacht Die große Frau mit kleinen, sehr lebendigen Augen brummte den Schülern bei nicht gemachten Hausaufgaben harte Strafen auf, zum Beispiel die Aufgabe, hundertmal, bei Nichtbefolgung zweihundertmal schreiben, sonst erfolgte Schularrest, bis man damit fertig war. Am Anfang der Stunde mußte man unaufgefordert die mehrere Blätter umfassenden Strafarbeiten abliefern. Manchmal ohrfeigte sie die Faulenzer mit ihrer schweren, beringten Rückhand, was sehr schmerzhaft war. Während ihrer Stunde war es still wie in einer Kirche, keiner wagte es, einen Laut von sich zu geben. Im letzten Grundschuljahr war sie unsere Klassenlehrerin. Sie trug den Namen des ehemaligen Komitats Nyitra, wo vor hunderten Jahren die grausame Elisabeth Bathory zur Verjüngung ihrer alternden Haut in Jungfrauenblut gebadet haben soll.

In unseren phantasiereichen Geschichten kam bisweilen ein Lehrer oder eine Lehrerin vor, jedoch nie die Mathelehrerin; schon das Hören ihres Namens hätte uns den Spaß am Erzählen verleidet. Abschreiben, sich Durchschlängeln, aus Gnade Durchrutschen gab es bei ihr nicht. Wenn keine Strafe mehr nützte, mußte man für Nachhilfestunden zu ihr nach Hause. Das lag am Stadtrand, etwa zwei Kilometer von der Schule entfernt, eine Strecke, die sie jeden Unterrichtstag mit dem Fahrrad bewältigte. Trotz ihrer gnadenlosen Strenge verabschiedete sie uns am letzten Schultag der siebten Klasse mit Tränen in den Augen und schüttelte einem jeden von uns die Hand, was wir als eine große Ehre empfanden. Dieser Abschied war für uns alle sehr bewegend, besonders aber für die Perneava-Kinder, denn für die meisten von ihnen war dies ihr allerletzter Schultag nur drei von ihnen kamen aufs Gymnasium. Auch Furi bekam dabei feuchte Augen.

Der Mann der strengen Mathelehrerin unterrichtete auch Mathe, und ich lernte ihn bald auf dem Gymnasium kennen. Ein großer, hagerer, angegrauter Mann von der ungarischen Puszta, stets mit einem listigen Lächeln um die spitze Nase. Er hatte nichts von der grausamen Strenge seiner Frau, im Gegenteil, er pflegte Possen zu reißen, Komödie zu spielen und damit noch Achtung zu genießen. Er kam oft mit großer Verspätung und statt die verlorene Zeit aufzuholen, legte er mit seinem Lustspiel los. Er fixierte eine gut entwickelte Schülerin, oft war es die Piri, ein großes, stilles Mädchen vom Lande, die ihre blonden Haare in einem Knoten auf dem flachen Hinterkopf trug. Dann eilte er mit großen Schritten zu ihr und brüllte sie schelmisch zwinkernd mit spontan kreierten, ganz verdrehten Ausdrücken an:

„Piri, schau nicht so unschuldig, wie ein frommer Duftapfel vom Lande! Verhängnisvoll können solche Reize sein.“

Oder: „Schmunzle nicht so verführerisch, du Fasanenküken der weiten Puszta, sonst gerinnt mir noch das Blut in den kranken Beinen!“

Oder: „Deine roten Pfirsichbäckchen wirken wie ein Granateneinschlag auf meine dünnen Nerven.“

Nach dieser Ouvertüre durften wir uns setzen, und er setzte sich auch neben die rot gewordene Schülerin auf die Bank. Dann nahm er ihr Arbeitsheft in die Hand: „Mal sehen, wie du dich in Mathe bewährst“, schlug aber das Heft gar nicht auf, die dazu nötige Brille hätte bloß sein theatralisches Feuer gedämpft , sondern wendete sich zu dem verlegen lächelnden Mädchen und flüsterte ihr weitere Albernheiten in das hübsche, kleine gold-beringte Ohr. So ein kleines Ohr kann zum Beißen hübsch gewesen sein, und ich könnte mir vorstellen, daß er bisweilen in starke Versuchung geriet, daran ein bißchen zu knabbern. Die Klasse schwebte verunsichert bei diesem Schwank der viel älteren Generation; einige Mädchen kicherten, wir Jungs schielten hinüber, grinsten über das alberne Spiel, das der alte Knacker allein genießen durfte. Was würde er bloß an diesem langweiligen Bauernmädel mit dem tantenhaften Haarknoten an ihrem Hinterkopf finden? Was heutzutage als sexuelle Belästigung oder einfach Belästigung gelten würde, war damals als alberne Blödelei angesehen.

Im letzten Akt seiner Aufführung schlug er unvermittelt und heftig auf das Bankpult, so daß die Stifte wegflogen: „Nun Schluß mit dem Blödsinn, wir wollen jetzt ernst sein! Weh einem, der nicht aufpaßt, während ich euch jetzt ein besonders wichtiges Kapitel der analytischen Geometrie erläutern werde." Etwas ruhiger fügte er noch hinzu: „Piri, ich würde dir gern die Stifte unter deinen schönen Beinen holen, bloß mein Kreuz erlaubt es mir leider nicht mehr."

Es blieben noch fünfzehn Minuten, um anfangs schwungvoll, später immer gehetzter den neuen Lernstoff vorzutragen. Er hinkte immer dem Lehrplan hinterher. Manche Nebenkapitel wurden einfach übersprungen. Die Klassenarbeiten korrigierte er nicht selten während der Unterrichtsstunde. Als er merkte, daß das Leistungsniveau der Klasse in Mathe sehr niedrig war, geriet er in Zorn und drohte: „Wer dies und jenes nicht perfekt beherrscht, kommt bei mir nicht durch. Nur über meine Leiche! Ich schwör's euch!"

Es blieb jedoch bei purem Schauspiel. Das nächste Mal war keine Spur mehr von seinem Zorn vorhanden. Kaum hereingekommen, dröhnte schon seine Stimme schalkhaft zu Piri hinüber: „Da schießt du schon wieder deine Giftpfeile in mein altersschwaches Herz. Na warte mal, du hinreißende Hexenschönheit", um sich darauf ein paar operettenmäßige Zwitscherminütchen mit seinem Bauernmädel zu gönnen, zumal das Klassenzimmer durchaus eine Operettenbühne für ihn war. Jeder Schüler wurde höchstens einmal im Halbjahr aufgerufen und die Hausaufgaben wurden nie geprüft. Als Lehrer war er ein Luftikus, trotzdem zollten wir diesem ungewöhnlichen Wesen Respekt, wie man einer großen Gestalt Respekt zollte, das intelligent, gebildet und zugleich ungestüm also im besten Mannesalter war. Alle wußten von seinem schlampigen Unterricht, alle fanden, das sei unmöglich, aber alle lachten auch darüber und zuckten schließlich mit den Schultern: „Da kann man nichts machen.“ Und er konnte auch nicht anders, die Schule war sein Seelenventil, um die kinderlose Ehe mit seiner viel jüngeren, strengen und disziplinierten Frau auszuhalten. Er stammte angeblich von der Hortobagyer Puszta, die man mit eigenwilligen Menschen und großer Freiheit der Natur verknüpfte. Die unbändige Freiheit eines Roßhirten hatte er in unserer Schule beibehalten.

Erzählrunden mit Schulkameraden wie früher gab es auf dem Gymnasium nicht mehr. Alles verlief hier städtischer, disziplinierter, in einem strengeren Rahmen, keine Spur mehr vom wilden Landvolk des Perneava-Viertels wie in der Grundschule in der Kossuthstraße.

Tonangeber waren einige Sportfans, die Wettkämpfe der Sportstunden waren sehr beliebt. Dabei wollten wir Jungs vor manchen immer praller werdenden Schönheiten unserer Klasse keinen schlechten Eindruck machen, und so konzentrierten wir uns eher auf körperliche Ertüchtigung. Beim Seilklettern hielt ich mich ganz gut, aber an der Spitze war ein kleiner, schmächtiger Junge. Groß war die Heiterkeit, als bei seiner schönen Leistung ein anderer Schüler einwarf: „Es ist doch klar, sein Vater ist Feuerwehrmann.“

Einmal war ich auch an der Spitze und zwar, als wir unsere Note nach den geleisteten Liegestützen bekommen sollten. Mit vierunddreißig Liegestützen erzielte ich einen Klassenrekord. Am nächsten Tag suchte mich Horga aus der Parallelklasse auf, um mir, dem Leistungskollegen, zu gratulieren. Er hatte nämlich mit vierzig Liegestützen in seiner Klasse einen noch besseren Rekord errungen.

In anderen Disziplinen konnte ich nicht mehr so brillieren. Beim Basketballspiel, das auf eine große Tradition in der Schule zurückschaute, spielte ich noch ganz passabel, beim Fußball jedoch war ich dank meiner langsamen, träumerischen Natur eine Niete. In einer Mischung aus Eifer, Ohnmacht und Wut donnerte ich manchmal den Ball mit der Fußspitze in den großen, ungewissen Raum Richtung Tor, mit dem Ergebnis, daß er dann weit weg auf einem Nachbargelände landete. Es war höchste Zeit, mir eine passendere Sportart außerhalb der Schule zu suchen.

Da ich mich so gern am Fluß aufhielt, lag es nahe, sich bei den Rudervereinen umzuschauen. Es gab mehrere, zwei oberhalb und zwei unterhalb meines geliebten Freibades an der Marosch. Ich landete schließlich im

Verein der Eisenbahner, gleich unterhalb des Freibads. Ein schmuckes, gelbes Palästchen mit spitzen Blechtürmen, dessen Gelände ich noch von früher kannte, als ich die Kasse am Eingang des Freibades wegen Geldmangels umgehen mußte. Es fing an mit dem Üben im „Trog", in einem breiten, stabilen Boot, aber schon bald durfte ich in das Viererboot und im darauffolgenden Jahr kam ich in die Mannschaft des Achters.

In den ersten zwei Jahren war der Deutschlehrer unser Klassenlehrer. Eine kleine, bucklige Gestalt mit einem großen Kopf, ein Jude aus der Bukowina, die vor dem Krieg noch zu Rumänien gehört hatte. Er trug den bei uns ungewöhnlichen Namen Amigo. Damals wusste ich aber noch nicht, was dieser seltsam klingende Name bedeutete. Erst viel später in erwachsenem Alter wurde mir klar, dass der spanische Name meines Klassenlehrers wohl auf die sephardische Herkunft seiner Familie hinwies.

Wie schon sein Name andeutete, hatte er ein goldenes Herz für die Schüler. Bei ihm war es am leichtesten, abzuschreiben, so daß bei den Klassenarbeiten ein ständiges Raunen in der Luft lag. Er hätte es nie übers Herz bringen können, einen Schüler beim Spicken bloßzustellen. Damit war eine aufgebesserte Schlußnote für jeden Schüler sicher. Wie die meisten unserer Sprachlehrer war auch Amigo kein ausgebildeter Lehrer, dennoch sehr bewandt in seinem Fach. Er brachte uns bei, die „Lorelei" und „Sah ein Knab' ein Röslein stehen" zu singen.

In den folgenden Jahren war die Marxismus- und Psychologielehrerin unsere Klassenlehrerin. Sie war eine dünne, junge Frau mit einer Gehbehinderung, die für ihre sachlich wohlwollende Art unsere Achtung genoß. Als wir in Psychologie die vier Charaktertypen: Sanguiniker, Choleriker, Phlegmatiker und Melancholiker lernten, stufte sie mich sofort zu den Phlegmatikern ein. Bei den anderen war sie nicht so ganz sicher, ich soll aber ein ganz klarer Fall gewesen sein. Ich hatte nichts dagegen, denn auch mein Cousin pflegte ein phlegmatisches Verhalten, und damit könne man ganz gut leben, meinte er. Auch heute hätte ich nichts dagegen, ein eingefleischter Phlegmatiker zu sein, denn es würde mir den Schutz einer dicken Haut sichern, um dieser verrückten und chaotischen Welt begegnen zu können. Leider bin ich weit entfernt davon, und der Puls der Zeit überträgt sich in den Wellengang meines Alltags, der bei mir dann auf blankliegende Nerven trifft. Damals konnte ich noch durstig durch die

Welt gehen, dabei half mir wohl auch der Fluß, an dem ich mich wohl fühlte, mich erholte und stärkte.

Physik, Chemie und Biologie waren die Fächer, die am stärksten mein Interesse weckten. In der Biologie bewunderte ich die Entwicklung der Tiere, in der Chemie, wie aus bestimmten Verbindungen neue Stoffe mit ganz anderen Eigenschaften entstanden, wovon ich mich in meinem selbst eingerichteten Heimlabor überzeugen konnte. Bei der Physik fand ich interessant, wie die Anwendung des mathematischen Logikapparates zu neuen Erkenntnissen führte.

Angesichts meiner guten Leistungen schickte mich mein Physiklehrer, der strenge, etwas brummige Herr Fabian, zum regionalen Qualifikationswettbewerb für die Physikolympiade, die in Bukarest stattfinden sollte. So saß ich das erste Mal in einem Raum des anderen großen Gymnasiums der Stadt, genannt Moise Nicoara, das früher von meinem Cousin und sonst generell von Rumänen besucht wurde. Ich schrieb den theoretischen Teil und löste zügig die Aufgabe aus der Optik. Dabei wunderte ich mich, daß das Ergebnis keine schöne, runde Zahl, sondern eine mit vielen Dezimalstellen war.

Wieder zu Hause, setzte ich mich zur Entspannung hin, um von kommenden Lorbeeren und von einer Reise in eine andere Welt zu träumen. Dann plötzlich, wie ein schrecklicher Blitzeinschlag, ging mir auf, warum das Ergebnis der Aufgabe so unschön war. Ich hatte nämlich eine Formel benutzt, die die umgekehrte Brennweite berechnet, und ich Depp beließ sie so, statt sie nochmals umzukehren. Dabei hatte ich Zeit genug gehabt, denn ich war viel früher fertig gewesen, und trotzdem war ich nicht imstande, diese fatale Kleinigkeit zu merken. Bitter und unverzeihbar! Ich spürte, wie eine Stelle in meinem Kopf unangenehm heiß wurde, so daß ich mich auf den Fußboden legen mußte, um den Schock auszuhalten und nicht durchzudrehen.

Die Fächer Geographie und Geschichte des Landes waren eine reine Qual, denn wir mußten sie auf rumänisch lernen, was auch für die Lehrer problematisch war. Die Landesgeschichte war doppelt gefälscht worden: einmal von den Nationalisten, die ähnlich wie viele Ungarn immer die Geschichte des eigenen Volkes glorifizieren wollten; und dann von den Kommunisten, die ihre eigene Rolle und überall eine sozialistische Sicht der Dinge betonen wollten. Fast alle zwei Monate kamen Änderungen, was die Art und Weise der Machtübernahme durch die Kommunisten betraf. Wir hatten dann auf Anweisung des Lehrers einige Stellen im Schulbuch zu streichen und in unser Arbeitsheft die neue Variante zu schreiben. Die letzte Variante lautete: Die kommunistische Partei hätte ohne jeglichen Beitrag der Sowjets die Macht übernommen. Dabei stützte sie sich auf die „Straßengarden" und die „breiten Massen". Dicker könnte man es nicht mehr auftragen.

Zur Literatur hatte ich ein zwiespältiges Verhältnis. Einerseits gefielen mir schon manche Texte von manchen Autoren oder sogar ihr ganzes Werk; ich spürte die große, bewegende Kraft, die von den treffend gewählten Worten ausging. Andererseits konnte ich nicht einsehen, warum ich unbedingt so viele Prosatexte und Gedichte lesen und analysieren mußte, die mir vom Inhalt oder der Ausdrucksweise her widerborstig oder meinem ästhetischen Gefühl einfach zuwider waren. Warum mußte ich die privaten Gefühle, die persönlichen Liebesempfindungen von so vielen Autoren lesen, die viel reifere Menschen waren, und so auf meine in Entwicklung befindlichen Gefühle eher verwirrend und fremdbestimmend wirkten. Ich meinte, man sollte etwas so subjektiv Empfundenes wie Literatur nur auf einer selbstbestimmten Basis unterrichten dürfen, wobei sich jeder freiwillig seine bevorzugten Autoren und Texte aussuchen könnte. War es nicht eine Zumutung, von einem Vierzehn- bis Achtzehnjährigen zu verlangen, daß er sich in die Gefühle eines von ihm nicht gemochten, reifen Menschen zwischen dreißig und achtzig hineinversetzte, in Gefühle, die ihm erst viel später kommen würden. Ach, argumentierten manche, ich wäre zu besorgt um die zarte Gefühlswelt eines Jugendlichen. „Meinetwegen, aber mit Recht", sagte ich dann, denn meine Gefühlswelt wäre meine einzige Basis, worauf ich meine persönliche Integrität aufbauen könne, sei es denn, ich wollte mich andauernd therapieren lassen.

Dabei waren es bestimmt nicht die Autoren, die ihre Werke als Pflichtlektüre sehen wollten. Sie waren oft ganz bescheidene, scheue Menschen gewesen. Es waren die Köpfe im Schul- und Erziehungswesen, die nach ihrem persönlichen Geschmack, nach ihrem ach so hochgeschätzten, reifen Gutdünken die lästigen Pflichtlektüren den duldsamen Schülern aufbrummten. Dennoch gab es mehrere Autoren, die ich gut verstanden und als wunderbar empfunden habe. Gern hätte ich sie beim Schlußexamen gehabt: Gedichte von dem dekadenten Ady Endre, von dem romantischen Vajda Janos oder das Gedicht „Totes Land“ von Jozsef Attila, das auch sehr gut zu dem Zustand des Landes paßte. Oder vom selben Dichter das Gedicht „Holzfäller“, das von einer einsamen, in sich gekehrten sisyphusschen Gestalt, ähnlich einem schweigsam lernenden Schüler, handelte. Aber natürlich zog ich einen bescheuerten Zettel mit einem Autor, von dem ich eher nichts hören wollte. Ich sollte als Achzehnjähriger in einem Gedicht die Gefühle des Autors in Bezug auf seine dreißigjährige Ehe analysieren, nachempfinden und großartig finden sowie das Gedicht noch auswendig können. Bloß weil der Prüfer wegen ähnlicher Lebenslage eine Schwäche für den Autor hatte und ihn auf einen der Zettel schrieb. Unverschämt!

Der erwähnte Jozsef Attila war übrigens ein Proletarierdichter, also scheinbar nicht gerade in meinen K.-u.-k.-Fimmel passend. Zumal sich dieser Dichter sehr jung vor einen Zug geworfen hatte, konnte er uns und andere Schülergenerationen nicht mehr mit seinem „reifen Spätwerk“ beglücken. Einige seiner Verse mochte ich so sehr, daß ich sie oft in Gedanken zitierte, als mich bisweilen ein besonders scharfes Gegenwartsbewußtsein beschlich. Sonst sah ich mich später selbst als einer aus dem akademischen Proletariat, aus dieser großen Masse dürftig ausgebildeter Akademiker, die hier und da jobbten, vergeblich um eine gute Anstellung bettelten und es zu nichts Sinnvollem brachten. Deshalb fühlte ich mich oft zu den Menschen von ganz unten angezogen. Dies war einer der Widersprüche meines Lebens, aber auch sonst schien es in meinem Fall wirklich zu stimmen, daß Gegensätze einander anziehen würden. Vielleicht aus diesem Grund fand ich Hegels Philosophie sehr gut verständlich, wie eine Beschreibung der Art und Weise, wie ich selbst funktioniere.

Im Ruderverein trainierten wir für die Qualifikation in die Meisterschaft in Bukarest. Unser Trainer war der Banater Schwabe Herr Wieser, ein Veteran des Rudersportes, mit einer ehrwürdigen weißbekränzten Glatze. Er feuerte uns zu Höchstleistungen an, indem er uns minutiös schilderte, wie er eine Landesmeisterschaft vor circa dreißig Jahren in Budapest gewann: „Den Gegner immer im Auge behalten, innerlich locker bleiben und alle Kräfte in den entscheidenden Minuten einsetzen!“ Außerdem sollten wir den Verlockungen des Flußes nicht nachgeben, also nicht zu viel baden und uns schon gar nicht sonnen, denn Wasser und Sonne würden nur unsere Kräfte nehmen. Vor uns stand die erste Hürde, die anderen Vereine der Stadt zu besiegen, und dann hätten wir die Chance gehabt, in Temeschburg auf dem schmalen Begakanal für die Endqualifikation zu kämpfen. Es gelang uns, eine ziemlich starke Mannschaft aufzustellen, deren Säulen zwei bärenstarke Rumänen aus einer Berufsschule bildeten. Wir brauchten bloß die Ruderschule zu besiegen, die nur eine deutlich schwächere, allzu junge Achtermannschaft zusammenbringen konnte. Die anderen Vereine hatten derzeit keine tüchtigen Achterboote. Mich reizte schon der Gedanke, bei der Landesqualifikation in Temeschwar dabei zu sein, in unserer großen Nachbarstadt, die ich noch gar nicht kannte, und wo mein Bruder studiert hatte, bis er von der Securitate abgeholt worden war.

Es kam der Regattatag, die Ruderschule setzte schon ihr Boot aufs Wasser, wir mußten aber noch warten. Unser Trainer lief unruhig auf und ab, die zwei Rumänen wollten nicht auftauchen. Dies hatte sich schon im Vorfeld abgezeichnet. Die beiden waren nämlich zu sehr den Vergnügungen am Fluß verfallen, hatten den ganzen Tag am Wasser verbracht und damit ihre Lehre vernachlässigt, die Schule geschwänzt, so daß ihnen ein Abbruch ihrer Ausbildung drohte. Sie bekamen nun ein Verbot aller außerschulischen Aktivitäten, und so warteten wir vergebens auf sie. Wir konnten nicht antreten, und unser einziger Gegner qualifizierte sich mit einer gemächlichen Alleinspazierfahrt durch die Wettstrecke. Es war eine schmerzliche Enttäuschung, denn wir hatten viel zusammen trainiert und ausgerechnet am entscheidenden Tag konnten die beiden nicht mehr kommen.

Im nächsten Jahr fiel unsere Achterbootmannschaft ganz auseinander. Der einzige Trost war, daß wir zum ersten Mai stolz im Vereinstrikot und mit geschulterten Riemen aufmarschierten und somit keine lästigen Fahnen, Spruchbänder oder anderen sonst üblichen Kram tragen mußten.

Eines Nachmittags stand ich, von einer Viererfahrt zurückgekehrt, auf dem Landungsponton und ruhte mich in der kühlen Brise des Abends aus. Meine Muskeln hatten sich inzwischen gut entwickelt, ich muß wohl eine tüchtige Figur abgegeben haben, denn Herr Wieser sagte:

„Mann, du bist noch der strammste Ruderer des Vereins."

„Ja klar, weil die Rumänen nicht mehr kommen", erwiderte ich.

„Ja, so ist es im Leben, mit den Enttäuschungen muß man allein fertig werden", sagte er, mit den Gedanken an die verpaßte Regatta.

„Ich brüte aber darüber lange nach", sagte ich, mit den Gedanken an die verpatzte Physikolympiade.

„Ach Mann, was bist du für ein Schwabe!?"

„Gar keiner, wir stammen aus dem Komitat Eisenmarkt."

„Ja gut, ich weiß doch."

Was für ein Schwabe ich denn sei, darüber dachte ich hinterher lange nach. Der Vater meiner Mutter war doch ein Schwabe aus Neu-Arad gewesen. Er hatte sich, als Mutter noch ein Kind war, von meiner Großmuter scheiden lassen und heiratete wieder. Es gab kaum noch eine Verbindung zu ihm, doch ich hatte ihn einmal in einem Laden hinter der Theke arbeiten sehen, als ich, noch Kleinkind, mit Mutter dort hereinschaute. Er drückte mir eine Tüte Bonbons in die Hand, mehr Zeit hatte er nicht für mich, denn er war unter Streß, die viele Leute zu bedienen.

So reifte in mir der Gedanke, einmal mit dem klapprigen Fahrrad, das mir der Vater der jüdischen Familie Weinberger aus der Kossuthstraße geschenkt hatte, durch die schwäbischen Dörfer entlang der Marosch zu fahren. Am bekanntesten war Glogowatz, fünf Kilometer von Arad entfernt am Nordufer der Marosch. Von dort stammte ein großer Teil des Gemüses und der Milcherzeugnisse auf dem Markt. In manche Häuser lieferten die schwäbischen Marktfrauen in ihrer fein betupften, dunkelblauen Altweibertracht jeden Morgen die frische Milch. Sie war aber für unsere Verhältnisse zu teuer.

Es gab noch viele andere schwäbische Dörfer in der Umgebung, eine ganze Reihe am Südufer der Marosch entlang, flußaufwärts hinter Neu-Arad. Auf einer alten Landkarte des Komitats Arad, die aus einem Lexikon stammte, hatte ich solche Namen wie Schöndorf und Traunau ausgemacht.

An einem langweiligen Oktobernachmittag war es mir wohl nach Abenteuer, weil ich mich rasch entschloß, mit meinem alten, rostigen Fahrrad das noch unbekannte Gebiet jenseits des Flußes zu erkunden. Über die Brücke fuhr ich nach Neu-Arad, einem Stadtteil, den wir kaum kannten, denn es lag ganz weit von uns entfernt auf der anderen Seite der Stadt, jenseits des Flusses. Ich radelte durch die Hauptstraße an der spitztürmigen, weißen Kirche vorbei, wo vermutlich Großvater getauft worden war. Dann bog ich links ab, in eine Straße, die von typisch schwäbischen, weißgetünchten Häusern gesäumt nach Osten führte und bald in eine wellige Wiesenlandschaft mündete. An einem Haus stand eine alte Frau mit einem Eimer in der Hand, sie schien auf jemanden zu warten. Nach dem Stoffmuster ihres Kittels war sie eindeutig eine Schwäbin. Kurz entschlossen stieg ich vom Fahrrad und fragte die Frau, ob sie sich an einen „Hartmann" erinnern könne.

„Welchen Hartmann meinen Sie? Da drüben, etwas weiter, wohnt eine Familie Hartmann, es gibt aber auch noch andere."

Er lebt nicht mehr, und er war ein kleiner runzliger Mann, soweit ich mich erinnere, wollte ich noch sagen, es hätte aber respektlos geklungen vor der Frau, die viele Falten im Gesicht hatte.

„Na dann weiß ich es nicht. In den letzten Jahren ist hier kein Hartmann gestorben."

„Er arbeitete in einem Laden im Stadtzentrum."

„In einem Laden? Meinen Sie den, der ins Gefängnis kam? Der hat aber schon lange nicht mehr hier bei uns gewohnt." Ein alter Mann kam aus einem Haus auf uns zu. „Ach, den können Sie auch fragen", fügte sie noch hinzu.

„Nein, es ist nicht so wichtig, ich muß weiter, vielen Dank", und ich verabschiedete mich schnell, bevor es mir zu peinlich wurde.

Ich fuhr weiter in die sanft hügelige Landschaft hinein. Rechts von mir, nach Süden, nach Temeschwar hin, erstreckte sich das sehr fruchtbare Banater Flachland, mit seinen vielen Schwaben-, Rumänen-, Madjaren- und Serbendörfern. Ich grübelte dem Gespräch nach und dachte, ich müßte Mutter fragen, wie das mit Großvater gewesen war. Mir schien es so, als hätte ich von einem Prozeß gegen ihn schon einmal etwas gehört.

Aus dem bedeckten Himmel fing es an, fein zu tröpfeln. Es tauchte der erste Ort auf, der nach meiner alten Karte Engelsbrunn sein mußte. Nun erfuhr ich auf dem Ortsstein den rumänischen Ortsnamen: Fintînele, eine vereinfachte Rumanisierung ohne Engel des alten Namens, der die Madjarisierung noch überstanden hatte.

Ich rasselte mit meinem klapprigen Rad durch die ausgestorbene Dorfstraße. Das Tröpfeln ging in einen Sprühregen über und begann, die holprige, ausgehöhlte Schotterstraße aufzuweichen. Als ich am anderen Ende der Ortschaft herauskam, erfuhr ich die nächsten Ortsnamen: Frumuseni und Alunis, die Schöndorf und Traunau sein müßten. Ich überlegte nach einer Weile, wie weit ich noch in die nasse Dämmerung hineinfahren sollte, als mit einem Knack von unten die Antwort kam. Denn auf einmal spürte ich keinen Widerstand mehr in den Pedalen, das Tretrad drehte sich frei. Die Kette war gerissen.

Schöne Bescherung! Ich stieg ab, fischte die gerissene, ölige Kette aus einer Pfütze, drehte das Fahrrad um und begann, es mit der triefenden Kette in der Hand zu schieben. Es regnete weiter mit monotoner Intensität. Die Luft wurde weicher, die Pfützen auf der Straße breiteten sich aus, die mich umgebenden Äcker und Wiesen schluckten ergeben das herbstliche Naß. Na schön, jetzt diesen schlammbedeckten Rosthaufen circa zehn Kilometer nach Hause schieben! Ich war es doch, der hierher wollte, in die Landschaft meines Großvaters, nun kann ich sie erleben. Er hatte bestimmt in seiner Jugend Ausflüge in diese Dörfer unternommen, vielleicht Verwandte besucht, bis er meine Großmutter heiratete und nach Arad zog. Ich schaute in den großen, tränenden Himmel der Dämmerung, in der alle Konturen in Auflösung begriffen waren, und bekam einen Hauch Trost von dem großen Tröster da oben.

Wieder auf der Dorfstraße in Engelsbrunn näherte ich mich einem stämmigen Mann, der mich mitleidvoll musterte. Er sah wohl eine jämmerliche Erscheinung mit einer Kette in der Hand ein verdrecktes Fahrrad schieben. Als ich an ihm vorbeikam, sprach er mich an:

„He, warte mal! Ist deine Kette gerissen?"

„Ja", und ich hielt ihm die dreckige Metallschlange hin, als wäre es nicht schon klar genug.

„Ich kann dir helfen, ich habe so was schon repariert." Reparieren? Ich hoffte eher, er hätte eine andere Kette für mich.

„Wie denn? Das wird aber lange dauern."

„Nein, es dauert nicht lange. Komm!"

Ich folgte ihm unsicher. Er führte mich in ein Haus in einer Nebenstraße. Aus der Küche kam seine alte hutzelige Mutter. Sie begrüßte mich mit einer hellen, freundlichen Stimme und bekam von ihrem Sohn auf schwäbisch erklärt, daß er meine Fahrradkette reparieren wolle. Ich schaute dann zu, wie der Mann die losen Enden der Kette zusammenfügte und sie mit einem gekürzten Nagel als Nietersatz festnietete, indem er das gekürzte Ende des Nagels festklopfte. Inzwischen bot mir die Mutter ein Schmalzbrot mit Sauergurke an, das ich dankbar verschlang. Mir war es peinlich, daß ich nichts dabei hatte, um mich zu revanchieren. So bedankte ich mich, so gut wie ich konnte, und wurde darauf herzlich verabschiedet.

Gestärkt trat ich in die Pedale und fuhr durch den Abend des Banater Hügellandes nach Neu-Arad zurück. Als ich dort Asphalt unter die Reifen bekam, beschleunigte sich meine Heimfahrt beträchtlich.

Am nächsten Abend fragte ich Mutter, wie das mit Großvater gewesen war, ob er wirklich ins Gefängnis gekommen war. Sie sagte:

„Dein Großvater hat einen Gemischtwarenladen hinter dem Theater gehabt. Der Laden ist verstaatlicht worden, er konnte aber dort als Geschäftsleiter weiter arbeiten. Das ging so lange gut, bis er nach einigen Jahren wegen Veruntreuung angeklagt worden ist. Zu fünf Jahre Haft verurteilt, ist er ins Gefängnis gekommen und dort nach drei Jahren gestorben."

Ich zog mich grübelnd zurück. Na wunderbar, er starb also auch im Gefängnis wie Vater! Mein Bruder saß immer noch im Gefängnis oder war inzwischen bei der Zwangsarbeit, erfahren konnte man es nicht. Mutter und ich waren noch frei. Frauen und Kinder blieben erstmal verschont. Und wie sah es in unserer Straße aus? Gabors Vater saß schon das zweite Mal in Bukarest im Gefängnis. Vater Stern der jüdischen Familie war fast zwei Jahre im Knast. Beide auch wegen Veruntreuung, in einem Unternehmen, das früher ihnen selbst gehört hatte. Sie waren erklärte Feinde des Sozialismus und gehörten auch noch zu den Minderheiten, deren zu hohe Zahl reduziert werden mußte. Wenn irgendwo solch ein „gefährlicher Volksfeind" frei herumlief, dann sorgte der Staat dafür, daß er bald angeklagt und eingebuchtet wurde. Sie wären schuld daran, daß ihre Geschäfte, ihre früheren Unternehmen nicht mehr so gut liefen, und der Aufbau des Sozialismus nicht voranginge. So einfach war das. Die Gefängnistore des Landes standen angelweit auf und hießen alle herzlich willkommen im rumänischen Sozialismus; besonders uns, die Reste der alten K.-u.-k.-Welt. Die Ideologie-Troglodyten wollten nämlich zu einer noch älteren Welt zurück, zu der Welt der mittelalterlichen Willkür, die sich bereits unter Draculas Herrschaft gut bewährt hatte.

Als Abschied von der Schule zogen wir zum letzten Ausläuten paarweise in feierlicher Kleidung durch die Flure unsrer Schule bis in unser letztes Klassenzimmer. Amigo stellte mich mit Piri, dem hochgewachsenen Bauernmädel, zusammen. Unsere ferne Gemeinsamkeit: sie die Lieblingsschülerin des Lehrers von Mathe, ich der beste Schüler in Mathe. Ihre Banknachbarin, die schöne Juzi, musterte, bevor wir losgingen, meinen Anzug und war damit sehr zufrieden. Den kostbaren Anzug hatte meine Mutter für mich bei einer Anwaltsfamilie in der Nachbarschaft ausgeliehen.

Während der schrillen Klänge der Pausenglocke, die für uns das letzte Mal läutete, führte ich die schweigsame Piri am Arm durch die düsteren Flure der Schule, unter den Tableaus längst vergangener Jahrgänge, von denen unsere Lehrer aus einem zarteren Alter auf uns herunterblickten und uns nun in eine ungewisse Zukunft entließen.

Jahre im Nebel

An einem kalten Tag im Spätherbst stöberte ich mal wieder auf dem staubigen Dachboden. Ich wurde vom Zauber einer Trödelmarktstimmung angezogen. In einer Ecke hatte unser Hausmeister, der Tausendkünstler Onkel Kosma, viel Gerümpel aus seiner Werkstatt gelagert. Alte Nägel und Schrauben, Werkzeuge, Geräteteile und Elektrosachen waren säuberlich in kleine Kästchen sortiert, in denen ich gern herumwühlte. Es war wie auf einer Entdeckungstour unter lauter sonderbaren Gegenständen, deren Bestimmung mir damals so geheimnisvoll schien.

Unsere Sachen waren in ein paar abgewetzten Koffern verstaut. Diesmal verweilte ich hier und öffnete einen großen schwarzen Koffer. Es gab wenig Interessantes in dem alten Kram. Dann blieben meine Augen auf einem verschlissenen Lesebuch aus meiner Grundschulzeit haften. Ich nahm es in die Hand und blätterte hinein in die Schulzeit von vor fünf Jahren. An einem Bild mit einem Gedicht darunter hielt ich inne. Das Bild hatte ich früher sehr gemocht. Es zeigte einen überschwemmten Auwald, die Stimmung des Vorfrühlings zitterte unter dem klaren Himmel. Zwischen den kahlen, schlanken Birken grünte eine einsame Fichte, auf dem Wasser schaukelte ein leeres Boot. Eine milde Märzbrise des Neuanfangs wehte mir damals aus diesem Bild entgegen, als würde das Boot nur auf mich warten, damit ich einsteigen und in ein Traumland fortrudern könnte. Es war eine verkleinerte Wiedergabe eines Gemäldes von Isaak Lewitan; darunter ein Gedicht von der Sehnsucht nach dem Frühling und vom Wind über den endlosen Wiesen. Ich erinnerte mich, wie stark mich diese Stelle damals beeindruckt hatte. Ich hatte versucht, das Bild abzuzeichnen, und hatte Vater nach dem Maler und dem Dichter gefragt. „Ja, Lewitan war ein großer russischer Maler und Janosch Vajda ein ungarischer Dichter der Romantik!“ hatte er gesagt.

Das Traurige des Vergangenen lag jetzt in diesem Bild. Es war immer noch schön, aber das Leben, das mir aus dieser Landschaft damals entgegengeweht hatte, war jetzt nicht mehr da. Das kleine Boot, in das ich so verliebt gewesen war, lag still und erstarrt da. Der Auwald atmete nicht mehr. Und genauso ging es mir mit den Zeilen des Gedichts. Es fehlte das Leben dahinter. Ich starrte auf das Boot, dann wieder auf die Verse, und Vaters Stimme wurde mir auf einmal lebendig. Neben seinen einfachen Worten schrumpfte meine frühere Schwärmerei fürs Bild und Gedicht zum nostalgischen Seufzer eines Kindes. Das Traurige, das ich beim Aufschlagen dieser Buchseite empfand, verschob sich auf die paar Worte meines Vaters, den es nun nicht mehr gab. Der alte Mann, den jeder für meinen Großvater gehalten hatte, war vor einigen Jahren von der Securitate auf Nimmerwiedersehen abgeholt worden. Zu mir war er streng gewesen. In seinem Jähzorn war schnell eine Ohrfeige geflogen, wenn ich etwas angestellt hatte. So hatte ich ihn oft mehr gefürchtet, als geliebt. Er hatte mich aber überall in Stadt und Land mitgenommen, vieles erzählt und erklärt, so daß ich mich mit ihm stark verbunden fühlte.

Daß von Vater sehr viel in mir weiterlebt, habe ich erst viel später im Leben begriffen. Sein altes und doch sehr lebhaft denkendes Wesen hatte ich übernommen und trage es mit seinen Sehnsüchten durch mein ganzes Leben. Sein fortgeschrittenes Alter fühlte ich immer in all meinen Gedanken und Bewegungen. Im Grunde genommen lebte ich innerlich ein Leben lang in ein und demselben Alter: in dem von Vater bei seiner Verhaftung, als ich ihn das letzte Mal gesehen hatte.

Nun war er nicht mehr da. Während seine Seele zu seiner Tochter Ildiko eilte, wurde seine sterbliche Hülle auf dem Gefängnisfriedhof von Galati an einer unbekannten Stelle beerdigt. Auch aus dem Frühlingsgemälde von Lewitan war das Leben entwichen. Der Auwald stand leer und öde da, auf der vergilbten Seite des staubgien Buches. Verlassen und einsam lag das Boot im Wasser. Auch mein Boot trieb einsam auf den Gewässern des Lebens. Nur schwach spürte ich noch die Märzbrise von damals, die mich einlud, ins Boot zu steigen. Wohin sollte nun die Reise gehen? Das stand fest: nach Westen! Denn von Osten, wie uns die Geschichte lehrte, kam meistens der Tod in dieses Land.

*

Es war auch ein grauer, kalter Tag im Spätherbst gewesen, als ich einige lange Jahre zuvor vom Tod meines Vaters erfahren hatte. Es waren kurze Schulferien und ich war um die Mittagszeit noch im Bett, als Mutter ins Zimmer trat. Ich war gerade in meine Phantasiewelt vertieft, als sie weinend zu mir kam und sagte:

„Vater ist gestorben."

„Ja, das habe ich schon gedacht“, sagte ich noch abwesend, nur um etwas zu sagen. Ich war seit Vaters Verhaftung emotional wie gelähmt und konnte auf eine solche Nachricht spontan nicht reagieren.

„Ja wirklich?“ Mutter schaute mich etwas verwundert an und hörte auf zu weinen. Meine unbeabsichtigte Lüge nahm etwas von der Tragik des Geschehens und stoppte ihre schon lange fließenden Tränen.

Mit dem Verschwinden meines Vaters und Bruders war ein Faden gerissen, dessen ich mir so gar nicht bewußt war. Eine Steifheit, eine Hemmung der spontanen Lebenskräfte, breitete sich in mir immer mehr aus. Ich erstarrte allmählich wie mein Vater nach dem Tod seiner Tochter. Mein offenes, zutrauliches Wesen änderte sich langsam. Ich wurde ernster und stiller, verkehrte weniger mit Freunden und verkroch mich in meinen Hobbystudien. Mein verschlossenes Verhalten war wohl auch eine Reaktion auf die mich und meine Mutter bemitleidenden Augen, denen ich mit einer würdigen Haltung begegnen wollte. Im Umgang mit Menschen war ich wortkarg und lachte selten. Von dieser Welt, die meinen Vater verschwinden ließ, war ich gekränkt worden. In ihr hatte ich nicht viel zu reden, geschweige denn zu lachen. Trotzig und erhoben trug ich mein Haupt und musterte die Welt mit anklagenden Augen.

Nach der Schule streifte ich oft allein durch die Stadt. An einem Winterabend stieß ich als Sabotageakt einige Parkbänke und Stühle in den halbvereisten Fluß. Gabor hatte zu anderen Zeiten Unterricht, und als er aufs Gymnasium kam, bewegte er sich in anderen Regionen, so daß wir uns nur noch zufällig sahen. In Tante Hildas Garten trieb ich weiter allein meine Spiele, die hauptsächlich aus Katzen- und Vogeljagd bestanden. Ich jagte die Vögel mit einer Gummischleuder, die Katzen mit langen Ahornspeeren, die ich aus einem frischen Stockaustrieb geschnitten hatte. Ich schleuderte sie in die Büsche, um die dort wildernden Katzen zu erschrecken, ohne sie aber treffen zu wollen. Ein wilder Jagdinstinkt brach aus mir heraus, im Gegensatz zum Alltag, wo ich selber der Gejagte war. Bei der Vogeljagd waren die aschgrauen Wildtauben die begehrteste Beute für eine schmackhafte Suppe. Nach jeder erlegten Beute schnitt ich eine Kerbe in den Schleuderstock, der aus einem Fliederbusch stammte. Ich genoß das Jagdfieber und konnte damals nicht ahnen, daß ich später über diesen Zeitvertreib nur Kopfschütteln übrig haben und mich zu einem überzeugten Vogelschützer entwickeln würde. Dafür mußte ich aber noch die Freiheit des Westens erleben.

Erst nach vielen Jahren wurde mir die große Wandlung bewußt, der ich mich seit Vaters Verlust unterzog. In der würdigen Rolle eines Bemitleideten nahm ich meine Umgebung passiv und resigniert hin, sie war nicht mehr zum aktiven Gestalten da. Ich war praktisch nicht in der Lage, die Menschen um mich herum unbefangen und realistisch zu erfassen. In der Schule wurde mir von den Kameraden große Achtung entgegengebracht, teilweise so groß, daß ich für eine richtige Freundschaft mit niemandem mehr geeignet schien.

Vater und Bruder fehlten mir sehr. Ich konnte meine Zeichnungen, Gedichte und Fortschritte auf verschiedenen Gebieten keinen so vertrauten Personen mehr zeigen, wie sie es mir gewesen waren. Ich konnte sie in vielen Dingen nicht mehr um Rat fragen. So baute ich auf meine eigenbrötlerische Weise meine Burg aus. Ich versteckte mich vor der Gegenwart und träumte mich in die Welt der Vergangenheit hinein. Mein suchender Geist fand schließlich Haus und Nahrung in den Naturwissenschaften. Besonders faszinierte mich die Entwicklung des Lebens auf der Erde. Durch meinen großen Wissensdurst, durch mein stetiges Verlangen nach dem Verstehen der Natur mit ihren Gesetzen wurde ich von den traurigen Realitäten des Landes abgelenkt. Ich las gerne die Philosophie der Antike und meinte, die Einübung einer klaren Vernunft würde mir eine innere Ausgeglichenheit verschaffen und mich vor den Wechselfällen des Lebens schützen. Auf vielen Ausflügen in die Berge zog ich alleine meiner Wege und träumte manchmal von einem Mädchen aus meiner Schulklasse: wie schön wäre es, wenn sie dabei wäre. In der Schule traute ich mich jedoch gar nicht sie anzusprechen.

Berauscht von viel Lob und guten Zeugnisnoten wollte ich im engsten Sinn nach den Sternen greifen und suchte mein Studienobjekt fern vom Alltag in der das ganze Universum erklären wollenden Physik. Nicht nur geistig, auch physisch wünschte ich soweit wie möglich vom Ort der Familientragödie entfernt zu sein. Der erste Schritt dazu war die Auswahl des Studienortes. So begann ich, in der ganz fremden Umgebung der weit entfernten Hauptstadt Bukarest, Physik zu studieren. Die Flucht in die Ferne war nur ein gelegener Aufschub der Probleme: denn es schauderte mich bereits bei der Vorstellung, daß einmal die soziale und politische Wirklichkeit dieses Landes, meine existentielle Teilnahme fordernd, an mich noch konkreter heranrücken würden. Durch eine Kette von glücklichen Fügungen sollte mir das jedoch erspart bleiben.

Ein Schimmer vom Westen

Eines Sommers kam Gabors Onkel Hans mit seiner Familie aus Westdeutschland, um die Ferienzeit wieder einmal bei seiner Mutter und Schwester, d. h. bei Tante Hilda und Bertuschka, in Arad zu verbringen. Er hatte zwei Söhne und eine Tochter, Brigitte, die meine Aufmerksamkeit bereits bei ihrem letzten Besuch vor zwei Jahren geweckt hatte. Damals hatten wir jedoch kaum miteinander gesprochen. Sie waren die wohlhabenden Westdeutschen und ich war nur einer in der grauen Masse eines rückständigen Balkanlandes. So hatte ich es zumindest gefühlt. Die wenigen Besucher vom Westen erschienen uns damals wie Wundergestalten von einem anderen Planeten. Ein Wind von Freiheit und Abenteuer der Wildwest-Romane umwehte sie. Dagegen bei uns: ein Leben in einem grauen, uneffizienten, zermürbenden Arbeitslager. Was konnte man hierzulande schon machen? Man konnte sein Leben nicht in die Hand nehmen. Um etwas zu erreichen, mußte man sich ducken oder sich mit dem roten Parteibuch beflecken. Während ich heranwuchs, bekam ich häufig solche bitteren Einsichten zu hören. Sie waren Nährboden für osteuropäische Ohnmachts- und Minderwertigkeitsgefühle, die in einer Gleichgültigkeit und weit verbreiteten Resignation mündeten.

Brigitte gegenüber wollte ich aber nicht passiv bleiben. Schließlich hatte ich inzwischen in der Schule eine Menge Deutsch gelernt. Seit unserer ersten Begegnung waren wir noch etwas gewachsen und reifer geworden. Nun sahen wir uns wieder im Freibad am Fluß. Sie hatte mit ihrer Familie einen Stammplatz auf der anderen Seite, unter den Weiden oberhalb der Sandbank. Ich setzte mich zu ihnen und machte einen zaghaften Anlauf zu meiner ersten deutschen Unterhaltung mit Brigitte. Ich suchte peinlich lange nach den richtigen Worten, die mir einfach nicht einfallen wollten, und als sie mir schließlich einfielen, sprach ich sie ziemlich unverständlich aus. Ich mußte mehrmals Onkel Hans' Hilfe in Anspruch nehmen, der einzige seiner anwesenden Familie, der gut Ungarisch konnte.

Ich versuchte es mit ein paar Fragen über das Leben in Westdeutschland. Unter anderem fragte ich Brigitte nach den Vergnügungsmöglichkeiten für junge Leute am Abend. Diese Frage schien sie sehr zu amüsieren. Sie lachte hell auf. „Ach, unser Vater sorgt schon für das Vergnügen seiner Kinder am Abend“, und sie wandte sich in hänselndem Ton an ihren Vater. „Janosch fragte mich eben, wie und wo wir uns am Abend vergnügen würden. Ich sagte, du sorgst schon für das Vergnügen deiner Kinder am Abend, nicht wahr Papa?“ Sie genoß schelmisch die wohl seltene Gelegenheit zu einem offenen Vorwurf an den Vater, der, was das abendliche Ausgehen anbetraf, anscheinend sehr streng zu seinen Kindern war und nun leicht erbost eine abwehrende Handbewegung machte.

Sonst sprachen wir nicht viel. Brigitte war nicht sehr gesprächig und ich kein guter Unterhalter. Ich mußte die Sätze schwer ringend aus mir herausbringen. Mein schlechtes Deutsch sowie die gespannten, langen Pausen waren peinlich. Um so mehr war ich überrascht, als Brigitte trotz allem gern mit mir ins Wasser gehen wollte. Ich dachte, die Mädchen würden einem, der so herumstottert wie ich, gleich den Rücken kehren. In unserer Schule hatten nämlich, mit seltener Ausnahme, nur die redegewandten Großmäuler Chancen bei ihnen.

Im Wasser schaute mich Brigitte mit ihren türkisblauen Augen an und erklärte mir, daß sie kaum schwimmen könne. Wie schön, dachte ich, endlich etwas, das ich besser kann als ein unterhaltsames Gespräch zu führen, dazu noch auf deutsch. Ich bot mich gleich als Schwimmlehrer an. So durfte ich sie, im niedrigen Wasser stehend, an der Taille halten, während sie mit Armen und Beinen die Schwimmbewegungen übte. Es ging schon ganz gut, aber im tiefen Wasser hatte sie noch Angst, allein zu schwimmen. Dann schlug ich Brigitte vor, unter meiner Anleitung den Fluß zu durchschwimmen. Sie schaute mir mit einem bezaubernden Blick in die Augen und sagte: „Gut, aber du bleibst bei mir und hältst mich.“

„Selbstverständlich, kein Problem“, erwiderte ich, von Stolz erfüllt, weil ich diese Heldentat ausführen durfte. Es war für mich keine besonders schwere Aufgabe. Ich brauchte sie nur an den Armen zu halten und dabei das Wasser kräftiger als sonst in Querrichtung des Stromes treten, damit wir nicht zu weit abgetrieben wurden. Als wir das Pontonschwimmbecken am anderen Ufer erreicht hatten, schwoll meine Brust vor Stolz.

Viele Jahre später wollte ich unter anderen Umständen eine ähnliche Heldentat vollführen. Ich war mit meinen Studienkollegen an einem See am Stadtrand von Bukarest. Ich ermunterte die schwimmunkundige Freundin eines Kollegen mit mir ins tiefe Wasser zu gehen. Ich dachte, ich würde sie, wie damals in Arad, einfach an der Hand halten und durch das tiefe Wasser ziehen. Diesmal scheiterte ich aber kläglich, und ihr Freund kugelte sich vor Lachen, als er sah, wie wir nach ein paar Metern vergeblicher Schwimmversuche wasserschluckend und verzweifelt zurück zum Ufer strebten.

Was war da geschehen? Meine Erfahrungen im fließenden Wasser, wo ich alle Tücken der Strömung instinktiv zu meinem Vorteil nutzen konnte, galten im stehenden Wasser nicht mehr. Hier hatte ich eine viel größere Anstrengung aufzubringen, wozu ich nur sehr kurz imstande war. Oder hatte Brigitte damals gemogelt und konnte doch besser schwimmen, als sie vorgab? Von meinem unsicheren Anfängerkuß dürfte sie wohl nicht besonders beeindruckt gewesen sein, dennoch war es eine selten schöne Zeit, in der Brigittes türkisblauen Augen vor den meinen leuchteten.

Schatz in den Karpaten

Mit zwölf las ich viele Bücher über die sagenhaften Schätze der Berge, über Mineralien, Edelsteine, prähistorische Funde in den Höhlen, und so träumte ich schon längst davon, selber auf eine Erkundungsreise in die Karpaten gehen zu können. Da keiner meiner Freunde ein solches Vorhaben mit mir teilen wollte, mußte ich wohl allein meine Pläne schmieden. Ich durfte aber ohne Begleitung noch nicht auf Reise gehen. So rang ich meiner Mutter das Versprechen ab und das sogar vertragsmäßig mit Unterschrift , daß ich mit vierzehn die Freiheit zum Alleinreisen bekommen sollte. Nun war diese heiß ersehnte Zeit gekommen, und es wurde daraus ein wirklich heißes Erlebnis. Mutter schüttelte den Kopf, ich zeigte ihr aber unseren Vertrag, und was blieb ihr anderes übrig, als zuzustimmen, wenn sie nicht wortbrüchig werden wollte.

So kam es, daß ich mich an einem heißen Sommertag mit einem Hammer im Gürtel in einem schmuddligen Zugabteil befand, neben mir ein alter Rucksack mit etwas Proviant, um meinen Hals ein russischer Fotoapparat. Die Dampflok fuhr mich in Richtung Maroschtal aufwärts zum westlichen Erzgebirge hin, dort wo ich Halbedelsteine, Amethyste und Achate finden wollte. Viel Staub tanzte im Sonnenschein vor meinen Füßen. Ich hörte ein leise knackendes Geräusch in meinem Kopf, als die schwülheiße Luft meine Stirnhöhle erweiterte, die vom vielen Tauchen und Springen ins Wasser arg in Mitleidenschaft gezogen war.

Nach drei Stunden Zugfahrt stieg ich in Simeria aus. Vom Süden, vom Streital her, wehte ein frischer Wind, ein sanfter Gruß aus der verlorenen Heimat meiner Geburtsstätte. Wer hat mir einmal gesagt „Einmal dem Geburtsort entrissen, wirst du nirgends mehr deine Ruhe finden.“? Ich mußte nun nach Norden und so überquerte ich auf einer Brücke die Marosch, die hier schmaler und viel schneller war als bei Arad. Bald stand mein erstes Ziel vor mir: der Uroiuberg (Goldberg) am Rande des Erzgebirges, ein stumpfer Andesitkegel, den bereits die Römer als Steinbruch benutzt hatten. Auf diesem Berg soll ein berühmter Geologe laut meiner Bücher vierzehn verschiedene Mineralien gefunden haben. In brütender Hitze ging ich auf die steile, schwarze Geröllhalde los, und nach wenigen Minuten schnaufte und stöhnte ich, befallen von einem höllischen Durst.

Alles war schwarz und heiß um mich herum, das lose Geröll unter meinen Füßen geriet immer wieder in Bewegung, und mein Herz pochte so stark, daß ich das Pulsieren der Halsader spürte. Nie hätte ich geahnt, daß mir dieser kleine, in der Mittagshitze glühende Berg, ein Leben lang in Erinnerung bleiben sollte. Jahrzehnte später, als ich den Mythos von Sisyphus las, mußte ich sofort an diesen Berg denken. Das Geröll bestand aus schweren, etwas abgerundeten schwarzen Steinen, die leicht ins Rollen kamen. Und hier in dieser Ödnis sollten vierzehn verschiedene Mineralien zu finden sein? Ich spaltete mit meinem Hammer einige von den schwarzen Kugeln. Sie waren auch innen schwarz anders hätte ich mir es gar nicht vorstellen können.

Mich beschlich das Gefühl, mit dieser Reise, mit meinem ganzen Vorhaben, etwas Sinnloses unternommen zu haben. Ich verwünschte alle Bücher, die mich in dieses schweißtreibende Abenteuer gelockt hatten. Hätte ich es beim Lesen bewenden lassen und mich mit den Abenteuern in den Romanen begnügt, könnte ich jetzt schön in meinem geliebten, kühlen Fluß schwimmen und bräuchte nicht gegen das Verdursten zu kämpfen.

Ich stieg vorsichtig herunter und entdeckte bald, daß der Berg von der Rückseite her einfacher zu besteigen war. Hier machten mir nur die erbarmungslos stechenden und kratzenden Dornbüsche Probleme. Nachdem ich weitere Untersuchungen auf diesem verdammten Steinklotz aufgegeben hatte, schlug ich einen Weg talabwärts unter hohen Bäumen ein, die mir eine angenehme Abkühlung verschafften.

Meine einzige, überhaupt auftreibbare Karte dieser Gegend war eine geographische Karte des ehemaligen K.-u.-k.-Komitats Eisenmarkt, die aus einem achtzig Jahre alten, ungarischen Lexikon stammte. Als ich sie herausholte, erblickte ich darauf eine Mineralquelle, eingezeichnet in der Nähe meines Standortes. Im nächsten kleinen Ort angekommen fragte ich gleich einen alten weißhaarigen Mann nach der Quelle. Er saß allein vor seinem Haus und ein wenig Gesellschaft war ihm offensichtlich willkommen. Aus der Küche schnappte er sich noch eine große Korbflasche fürs Wasser, bei uns „Demijohn“ genannt, und führte mich freundlich plaudernd zu der Quelle. Es war eine kleine, mit Steinen schön ausgelegte Mineralquelle. Das Wasser perlte leicht von der gelösten Kohlensäure und löschte hervorragend meinen brennenden Durst. Der alte Mann forderte mich immer wieder auf, weiterzutrinken, das halb ausgetrunkene Glas auszuschütten und wieder ein frisches zu nehmen. Die Sonnenstrahlen schimmerten bereits milder durch die Blätter der Zitterpappeln, der Tag neigte sich zum baldigen Ausglühen. Mit der aufkommenden Abendruhe begann ich mich wohler zu fühlen und beschloß, im Ort zu übernachten. Die Rumänen, die hier in den Bergen lebten, waren sehr gastfreundlich, und so war es nicht schwer, irgendwo ein Zimmer mit einem Bett zu finden. Meistens wurde man wie ein Ehrengast betrachtet und bekam das schönste Zimmer des Hauses mit dem saubersten Bett. Für die großzügige Gastfreundschaft wollten sie beim Abschied keinerlei Vergütung annehmen.

Am nächsten Tag brach ich nach Sacarimb auf, einem bedeutenden Bergbauort im

Erzgebirge. Der Weg führte durch einen Tannenwald hoch in die Berge. Auf den Steigungen kam ich ins Schwitzen. Wieder war es sehr warm, aber unter den hohen Tannen war es angenehmer als am Vortag.

Ich kam zu einer Bohrstelle im Wald. Die Arbeiter in ihrer grauen Uniformbekleidung schienen gerade nicht viel zu tun zu haben und umringten mich schnell als eine willkommene Neuigkeit. Ich wurde gemustert und wie ein seltener Vogel bewundert. Was könnte ich hier wohl suchen? Mein Fotoapparat, mein Hammer wurden untersucht. War ich vielleicht ein echter Geologe? Es waren sehr einfache Leute, die bislang wohl nur wenige Stadtmenschen gesehen haben mochten. Mein Alter völlig übersehend sprachen sie mich mit Herr Ingenieur an, vielleicht aus Respekt vor dem um meinen Hals baumelnden Fotoapparat.

Ich war das erste Mal im Leben von so vielen neugierigen Erwachsenen umgeben. Obwohl die Leute sehr freundlich und hilfsbereit zu mir waren, fühlte ich mich nicht ganz wohl dabei. Was, wenn ein echter Ingenieur aufkreuzte und mich einer härteren Prüfung unterziehen würde. Außerdem war es mir unangenehm, preiszugeben, daß ich nach Edelsteinen suchen wollte. Ich befürchtete, diese rechtschaffenen Arbeiter würden mein abenteuerliches Vorhaben schlichtweg auslachen. Den Zweck des mitgeführten Hammers mußte ich aber trotzdem verraten. Darauf erzählten sie beflissen: Ja, ja, Achate und Amethyste könne man in den Minen beim Erzabbau finden. Das war enttäuschend für mich, ich glaubte nämlich, ich werde diese Halbedelsteine von den Felsen abklopfen oder in den Bächen finden können.

Ich war froh, die neugierigen Augen loszuwerden, bevor ich mich weiter blamierte.

Verunsichert zog ich weiter. Mit meinen Vorstellungen vom Edelsteine Finden dürfte doch etwas nicht stimmen. Auf jeden Fall hatte ich in diesem Bergbauort keine Lust mehr, etliche Steine am Wegrand anzuklopfen. Mein Weg führte nun bergabwärts ins Tal des Techereu (Schlängelbach), wo ich noch schöne Achate zu finden hoffte. Mein Cousin lachte über diesen lustigen Namen, aber auch über meinen ganzen Expeditionsplan, als ich ihn zum Mitmachen bewegen wollte.

Ich hatte noch eine lange Strecke vor mir. Einmal fragte ich ein junges Bauernpaar, das mit einer Kuh unterwegs war, nach dem Weg. Sie luden mich zu einer Mahlzeit aus Maisbrei mit Sauermilch ein. Dies gehörte zu dem üblichen Bauern- und Hirtenproviant dieser Gegend und bekam mir, obwohl kalt, sehr gut. Vor dem Abschied machte ich noch ein Foto von den beiden, auf dem sie rechts und links von ihrer Kuh standen, wie eine Familie der heiligen Kuh. Ich hatte noch öfters nach dem Weg fragen müssen, und gegen Abend kam ich auf staubigen, von Wagenrädern tief eingeschnittenen Bergwegen in Techereu an.

Bei den ersten Häusern tauchte eine ältere Bäuerin auf, die ihre Ziegen nach Hause trieb. Ihr war gleich klar, daß ich hier nach einem Verbleib suchen würde, und bot mir an, in ihrem Haus zu übernachten. Ich stellte meinen Rucksack bei ihr ab, und obwohl ich schon vor Müdigkeit wankte, eilte ich wieder in die Dämmerung hinaus. Den legendären Bach, der die Achate aus den Bergen spült, wollte ich noch an diesem Tag vor dem Einbruch der Finsternis sehen. Ich erreichte den Bach an einer Stelle, wo offensichtlich das Vieh durchgetrieben wurde. In der sehr fortgeschrittenen Dämmerung konnte ich das weitgehend ausgetrocknete Flußbett mit grauen Kiesbänken erblicken. Ich hob ein paar Kieselsteine auf, die mit einer Schicht von Schlamm bedeckt waren. Ein Mann kam in der Dunkelheit auf mich zu und fragte mich, wo ich meinen Theodolit aufgestellt hätte. „Hab' keinen dabei“, antwortete ich schroff. Mir war diese Ingenieurrolle bereits peinlich und lästig.

Ermattet torkelte ich nach Hause. Meine Wirtin hatte schon für mich einen ganzen Topf Lindenblütentee gekocht. Sie meinte, ihr Tee würde den Durst nach so einem heißen Tag hervorragend löschen, und das konnte ich ihr bestätigen. Da sie die Blüten im Topf ließ, wurde das Getränk mit der Zeit schön rubinrot, und es schmeckte noch besser. Ich trank auch am nächsten Morgen noch davon. Licht gab es nicht im Haus, so gab sie mir eine Kerze, die ich kaum gebrauchte, da ich gleich aufs Nachtlager wollte. Ich hörte noch einen Hund bellen, dann schlief ich wie ein Stein bis zum nächsten Tag.

Am nächsten Morgen bekam ich zu meinem trockenen Brot ein Stück salzigen Schafskäse. Meine Wirtin selbst hatte kein Brot, und einen Laden gab es im Ort nicht. Die Menschen lebten hier sehr bescheiden und aßen, was es gab, und wenn es etwas gab. Daß mir die warmen Mahlzeiten so fehlen würden, damit hatte ich bei der Planung meiner Expedition nicht gerechnet.

Meine Wirtin war schon längst mit ihren Ziegen davon, als ich mich auf der Dorfstraße zum Bach begab, der sich durch die Ortschaft schlängelte. Ich untersuchte noch einmal die grauen Kiesbänke. Wovon ich so viel geträumt hatte, war ein gewöhnlicher Bach wie jeder andere. Ich mußte einsehen, daß ich hier nichts finden würde.

An der Brücke sprachen mich wieder einige Menschen an. Alle schienen an einer Unterhaltung mit mir erfreut zu sein, da sich sonst ein Fremder scheinbar nur sehr selten in diesen Landstrich verirrte. Kaum konnte jemand an mir einfach vorbeigehen, ohne sich erstaunt umzudrehen und mich neugierig anzureden. Freundlich und ermuntert gaben sie mir dann wegweisende Auskünfte. Ich erfuhr, daß die einzige Sehenswürdigkeit des Ortes eine größere Quelle sei. Außerdem gäbe es noch eine Höhle. So machte ich mich auf den Weg zu diesen Zielen.

Die Quelle war wirklich schön: aus einem Loch in zwei Metern Höhe in der Felswand strömte das Wasser in einem breiten Strahl heraus. Leute aus dem Dorf kamen mit Eimern, um Wasser zu holen, und aus dem Gespräch mit ihnen konnte ich entnehmen, wie stolz sie auf ihre Quelle waren. Die Höhle war weniger beeindruckend. Erst befürchtete ich, ohne eine Taschenlampe nicht hineingehen zu können. Diese Sorge erwies sich jedoch als unbegründet, denn die auf den Eingang scheinende Mittagssonne erhellte die weißen Wände des Innenraumes. Eine kühle Luft wehte mir entgegen, und ich konnte die wenige Meter kleine Höhle nur kriechend erkunden. Die Knie taten mir weh, und aus einer Ecke grinste mir ein rotbräunlicher Frosch entgegen. Das war alles.

Aber auch sonst gab es nicht mehr viel zu sehen. Nachdem sich meine

Träume von Edelsteinen in Luft aufgelöst hatten, kam ich mir etwas lächerlich vor. Ich hätte noch weitere Höhlen anschauen oder andere interessante, auf der Karte eingezeichnete Objekte aufsuchen können, aber ein gewisses Eiltempo überkam mich, was das Abhaken der Sehenswürdigkeiten und geplanten Forschungen betraf. Die fehlenden warmen Mahlzeiten und die Hitze am Tag machten mir immer mehr zu schaffen.

Dem brennenden Durst in der Kehle, dem Wunsch nach innerer Kühlung, gesellte sich der äußere Durst hinzu, der Durst meiner Haut, ein sehnlicher Wunsch nach nasser, ganzkörperlicher Kühlung, ein Wunsch, den mir nur mein Heimatfluß, die Marosch, erfüllen konnte. Im Sommer konnte ich nicht glücklich sein, ohne die Möglichkeit zu haben, in die Marosch zu springen und dann bis zum Halse vom kühlenden Naß umgeben zu sein, oder mich auf dem Rücken schwimmend von der Strömung treiben zu lassen. Diese Glücksszene verschob sich, als ich später das Mittelmeer kennenlernte. Eine kleine idyllische Badebucht mit azurblauem Wasser spukte mir seitdem jeden Sommer im Kopf umher.

Erst nach vielen Jahren wurde mir klar, wie abhängig, ja sogar besessen ich vom sommerlichen Wasservergnügen geworden war. Ohne erfrischendes Baden und Schwimmen funktionierten mein Körper und Geist nicht mehr richtig, all meine Fähigkeiten wurden außer Gefecht gesetzt. Hatte ich mich an einem schönen Sommertag einer wichtigen Arbeit zu widmen, oder an einer Vorlesung aufmerksam zuzuhören, so tauchten vor meinen Augen die Bilder des Badegenusses im Fluß auf, die rasch zu einem Ungetüm heranwuchsen. Ich fühlte, wie mein Kopf davon zu schwellen begann, und es wurde mir unmöglich, mich weiter zu konzentrieren. Manchmal hatte ich den Eindruck, ich müsse mit meiner Arbeit sofort aufhören und schnell ins Freie zu einem Gewässer gehen, sonst würde mein Kopf unter dem Druck des übermächtigen Wunsches zerplatzen. Von der Arbeit ganz abgelenkt war ich nur noch ein von Sehnsüchten geplagter Jammerlappen. Daß es sich hier jedoch um eine ganz eine andere, tiefere Sehnsucht handelte, habe ich damals nicht erkannt. Ich brauchte die Jahre meiner inneren Reife, um meine tief verwurzelte Sehnsucht nach einer inneren Befreiung zu erfassen. Bis dahin schrien aber meine Haut, meine Poren, mein Gehirn nach kühlem Wasser. Nach Feierabend raste ich zum nächsten Freibad, im Winter zu irgendeinem Thermal- oder Hallenbad. So lief dieser Badewahnsinn jahrzehntelang fort, bis ich durch das viele Baden, auch über die kalte Jahreszeit hinweg, sehr krank wurde und meine Sehnsucht nach dem kühlenden Element fortan nur mit frisch gezapftem Bier löschen konnte.

Damals, mit vierzehn, war es noch nicht so schlimm. Ich hielt ziemlich viel aus, ohne richtig zu essen, zu trinken oder zu baden. Trotzdem mußte ich meine Alleinexpedition nach drei Tagen abbrechen, da meine Zielpunkte zwar formell erfüllt, aber auch ins Lächerliche gerückt waren. Die Edelsteine lagen also in den Minen, im Bauch dieser Berge, auf deren Rücken ich im sengenden Sonnenschein schwitze. Ich war es leid, tagelang auf glühenden Felsen herumzukraxeln, mich nur mit altem Brot und brennend salzigem Schafskäse zu ernähren und obendrein auch noch den respektablen Ingenieur zu spielen.

Am vierten Tag nahm ich den Bus nach Gyogyerbad, das bereits unten im Maroschtal liegt. Unterwegs sah ich vom Busfenster aus noch einige interessante Felsenhöhlen, so daß ich unruhig wurde. Ich wäre für sie ausgestiegen, hätte der Bus in der Nähe gehalten. Das war ein letzter Funke, wodurch ich meinen mageren Expeditionserfolg vielleicht doch noch hätte aufbessern können. In Geoagiu angekommen nahm ich gleich den ersten Zug nach Arad. Dort trank ich auf dem Bahnhof mehrere Gläser Sodawasser mit Himbeersirup, und dann marschierte ich bepackt mit dem Rucksack unter der unaufhörlichen Hitze direkt zum Freibad am Fluß. Der Holz- und Wassergeruch in der Garderobe versetzten mich schon in einen leichten Trancezustand. Ich taumelte fast vor Glück, als ich endlich in der Badehose war, das Freudengeschrei der Badenden hörte und selber in die Marosch springen konnte. Erst als ich bis zum Halse in dem seidigen Flußwasser war, und mich von der sanften, kühlen Strömung treiben ließ, wurde mein seit Tagen andauernder Durst gestillt. Die Wellen glänzten grünlich im Sonnenschein, vom Ufer winkten mir die Weiden und Silberpappeln zu. Das Wasser kitzelte meine wundgelaufenen Fersen, ich fühlte mich aber restlos glücklich und verwöhnt, wie ein Kind auf Mutters Schoß.

*

Zwei Jahre später fuhr ich wieder in die Berge der Region Eisenmarkt, diesmal aber in die südliche, etwas höher gelegene, heimatliche Gegend des Streitales. Ein älterer Cousin aus Ungarn wollte das verlassene Haus seines verstorbenen Vaters, Onkels Ludwig, in Weißwasser aufsuchen. Unterwegs hielt er in Arad und schlug mir vor, mich zu meinem Geburtsort mitzunehmen. Hier im Hatzeger Land erlebte ich das erste Mal im Leben einen Sommer ohne quälendes Durstgefühl. Die Bauern empfingen uns herzlich, viele kamen, um mich, den sie nur als einjähriges Kind gekannt hatten, zu sehen. Sie erinnerten sich, wo ich überall herumgekrabbelt war. „Durch dieses kleine Loch bist du damals gekrochen“, sagte lachend eine Bäuerin und zeigte mir die Stelle im Gartenzaun.

Ich durfte nun als Sechzehnjähriger unseren verlorenen Heimatort kennenlernen. Aus dem hohen Retezat-Gebirge von Süden stieg eine berauschende, frische Luft herab, die ich mit voller Brust einatmete. Wir gingen zu unserem halbverfallenen Haus. Es diente als Lagerraum für die halbherzig betriebene Kollektivgenossenschaft. Ich schaute mir die geplünderte Familiengruft am Tannenhügel an, ging zum Mühlgraben hinter dem Haus und lief durchgeistigt am Bergbach entlang, dessen stetiges Geplätscher wohl mein Wiegenlied gewesen war.

Mit großem Interesse suchte ich einige Höhlen der Gegend auf, in denen bereits Onkel Ludwig und sein berühmter Paläontologenfreund, der Baron Nopcea, Forschungen betrieben hatten. Nach einigen Tagen Aufenthalt gingen wir in die Berge, und dort kletterte ich auf die hohen Gipfel um die 2500 Meter. Unter der Peleagaspitze badete ich im herrlichen Bucurasee, in dem auch Mutter zu ihrer Zeit geschwommen war. Der rumänische König, der damals in der Nähe auf Gamsjagd war und mit seinem Feldstecher meine badende Mutter entdeckte, schickte angeblich einen Boten, der Mutter sagen sollte: „Die junge Frau soll aufpassen, sonst könnte sie sich im kalten Bergsee eine Erkältung zuziehen.“

Von dem üblichen Sommerdurst spürte ich hier nichts. Anstelle der Marosch streichelte mich der Bergwind. Er war nicht einfach besänftigend und tröstend wie das Flußwasser, er war auch beflügelnd und erbaulich. Der frische Atem der Berglandschaft blies mir alle trüben Gedanken und Sorgen weg und gab mir Kraft und Vertrauen in das Leben. Ich fühlte mich innerlich frei, meine Sehnsucht nach Natur, Ferne und Abenteuer fand in dieser Landschaft ihre Erfüllung. Ich begann, das kleine Glück in der Abgeschiedenheit zu verstehen, das uns hier genommen wurde. Den Schatz der Karpaten, den ich damals auf dem heißen Uroiu-Berg suchte, habe ich gefunden.

Im rumänischen Gulag

Ich saß am Schreibtisch und büffelte für das Abitur, als es am Fenster klopfte. Eine magere, krumme Gestalt mit kahl geschorenem Kopf und einem grauen Bündel auf dem Rücken stand vor unserem niedrigen Häuschen. Der Mann hob seine freie Hand über die Augen, um aus dem blendenden Sonnenschein in das dunkle Zimmer sehen zu können. Mit dem Bündel und dem knopflosen Hemd wirkte er wie ein rumänischer Bauer, der zum Marktag in die Stadt gekommen war. Ich habe die fremde Erscheinung nicht erkannt, dennoch rief ich instinktiv „Miki ist da!" einfach, weil es niemand anders sein konnte. Mutter eilte zu Tür. „Mein teurer Sohn!" Und gleich flossen die Tränen. Mein zwölf Jahre älterer Bruder kehrte nach sechseinhalb Jahren Gefängnis und Zwangsarbeit heim.

In der nächsten Zeit erzählte er sehr wenig, er stand unter dem überwältigenden Eindruck des Lebens ohne Gefängnismauern. Nach Jahren der Abstumpfung in bitterer Not jubelte in ihm das Gefühl, genügend zu essen zu haben und sich frei bewegen zu können. Früher, als wir von einer Reise nach Hause kamen, erzählten wir Mutter noch am selben Tag alles von A bis Z, wie es abgelaufen war, und auf diese Weise erleichtert gingen wir dann schlafen. Diesmal ging das natürlich nicht. Auch nur ein Versuch, das Wesentliche zu erzählen, wäre sehr anstrengend gewesen und hätte unsere erste große Freude sehr getrübt. Deshalb lag eine gewisse Spannung um das Unerzählte in der Luft. Nach und nach, erstmal nur in Bruchstücken, bekamen wir die Geschichte seiner Gefangenschaft zu hören, mosaikartige Erinnerungen, die mein Bruder viel später in seinem „Gefängnistagebuch" zusammenfasste.

Ein Jahr vor seiner Verhaftung in Temeschwar, wo er in seinem letzten Studienjahr die polytechnische Hochschule besuchte, war der Aufstand in Ungarn von den Sowjetpanzern blutig niedergeschlagen worden. Während des Ungarnaufstandes kam es in Temeschwar zu einer Studentenrevolte, die Selbstverwaltung, mehr Freiheit und den Abzug der russischen Truppen forderte. Die Studenten der Maschinenbaufakultät versammelten sich in der Aula und verfaßten ein Zehn-Punkte-Memorandum, adressiert an die Regierung, mit antisowjetischen und antikommunistischen Forderungen. Bei einer Großversammlung in der Mensa am nächsten Tag, zu der der Rektor und ein stellvertretender Minister kamen, rief man: „Solidarität mit den Helden von Budapest!“ Bei der anschließenden Schweigeminute wurde der anwesende stellvertretende Kultusminister genötigt auch aufzustehen. Der Siegesrausch dauerte sehr kurz. Bald wurden die Studentenwohnheime von der Armee umzingelt, die auf den Straßen demonstrierenden Tausenden von Studenten von der Securitate und Armee eingekesselt und auf LKWs zu einem auswärtigen Kasernenhof gebracht. Die meisten, unter ihnen auch Miki, ließ man nach drei Tagen frei. Doch 31 Rädelsführern, vorwiegend von der Maschinenbaufakultät, unter ihnen die Memorandumsverfasser, sollte eine Lektion erteilt werden. Sie blieben verhaftet, wurden angeklagt und zu Gefängnisstrafen bis zu acht Jahren verurteilt. Viele Studenten wurden exmatrikuliert.

Es folgte das Jahr des stillen Nachklanges der Revolten. Pastor Szoboszlay und sein treuer Begleiter, der Baron Huszar, reisten kreuz und quer durch das Land und schauten sich nach Unterstützung für ihre waghalsigen Ideen um, die ihrer regen Phantasie entsprungen waren. Sie meinten, beziehungsweise träumten, die Zeit wäre reif für eine Donauföderation zwischen Wien und Bukarest, für eine Schweiz des Karpatenbeckens mit dem Mittelpunkt in Arad. Sie boten bei ihrem Werbezug bereits die hohen Posten einer künftigen Regierung an und verteilten sogar manche Ministerien- und Botschaftsbesetzungen. Für die zunächst stolzen Kandidaten erwies sich das später als verhängnisvoll. Ein betagter, in Ehren grau gewordener Opa wurde zum Beispiel gefragt, ob er den Posten des UNO-Botschafters annehmen würde. „Warum denn nicht?“ antwortete er gutmütig schmunzelnd, was ihm dann bei dem späteren Prozeß ein Todesurteil bescherte.

Der Pastor und der Baron verkehrten seit einigen Jahren in unserem Haus. Durch die Mitwirkung des Pastors bekam Vater in der Pfarrei eines Dorfes eine bescheidene Stelle. Im Sommer war ich auch da und erhielt vom Pastor den Auftrag, säckeweise Heilkräuter zu sammeln, die er für seine inoffizielle Naturheilpraxis brauchte.

Man sah den Pastor und den Baron oft zusammen wie zwei unzertrennliche Kumpanen, durchgeistigt im Schmieden einer besseren Welt. Sie erkundigten sich bei Vater, ob er zusammen mit meinem Bruder für einen Kurierdienst in den Westen bereit wäre, um den Westen von der kommenden Revolution im Karpatenbogen zu unterrichten. Eine Möglichkeit, in den Westen zu kommen, hielt Miki für gar nicht so schlecht. Vater fand es aber zu abenteuerlich und lehnte es kategorisch ab. Ihnen beiden wurde es langsam klar, daß die ins Kraut geschossene Phantasie des Pastors, die den etwas jüngeren Baron ganz in ihrem Bann hielt und den Träumereien von der untergegangenen K.-u.-k.-Welt so schön schmeichelte, zunehmend gefährlicher würde. Vater und Miki erwogen, die beiden besessenen „Weltverbesserer" am besten zu meiden.

Einen Monat später wollte sich der Pastor mit meinen Bruder in Temeschwar treffen, um ihm seine grandiosen Pläne darzulegen und ihm die Organisation der Studenten zu übertragen. Miki ging unwillig, nur auf das Drängen des Barons darauf ein, eher um zu versuchen, den Pastor zur Vernunft zu bringen. Aber nach dem leidenschaftlichen Vortrag von einer Donauföderation war er nicht in der Lage, sich seinem ehemaligen Religionslehrer zu widersetzen und seine Pläne für irrealistische Spinnereien zu erklären. Er bat um Bedenkzeit. Er kam damit auf eine Liste von fünfzig Menschen: dreizehn katholische und ein orthodoxer Priester, ein Oberstleutnant, viele Bauern, ehemalige Aristokraten, Anwälte, Arbeiter und Studenten, die alle ein Jahr später wegen Verschwörung gegen die innere und äußere Sicherheit der Rumänischen Volksrepublik angeklagt wurden.

Wie der Staatsstreich der „Verschwörer" ablaufen sollte, gehört in den Bereich der Operetteninszenierungen. Am großen Tag, der das Schicksal der Volksrepublik besiegeln und die Geburt einer neuen Donauföderation bedeuten sollte, sollten sich alle Eingeweihten und ihre angeworbenen Kolonnen nachts auf dem Nordbahnhof von Bukarest treffen. Als Erkennungszeichen sollte jeder eine Streichholzschachtel in der Hand halten. Von dort aus sollte die Besetzung der wichtigen Regierungsgebäude und des Rundfunks erfolgen. Der Tag war in einer Zeit gewählt, in der die Armee in den Karpaten exerzierte, so daß die Hauptstadt wehrlos war. Der Pastor und der Baron kamen in Bukarest an und liefen mit Streichholzschachteln in der vorgestreckten Hand die ganze Nacht kreuz und quer durch den Nordbahnhof. Sie begegneten keinem einzigen Menschen mit einer Streichholzschachtel in der Hand, und so mußte die „Machtübernahme" verschoben werden. Nach etlichen Monaten wurde die Aktion nach demselben Plan wiederholt mit dem gleichen Ergebnis. Als Entschuldigung gaben die siebenbürgischen Truppenführer an, sie hätten kein Geld für die Fahrkarten und keine gut erkennbaren Streichholzschachteln gehabt, statt zu sagen, daß sie kalte Füße bekommen hatten und den großen Plan für eine Spinnerei hielten.

Die Staatsanwaltschaft hielt jedoch die Sache nicht für eine Spinnerei. Denn die Partei hatte große Angst um ihre Macht, die sie vor zehn Jahren ohne jegliche Mehrheit, nur durch massive sowjetische Hilfe an sich gerissen hatte. Außerdem gab dieser Prozeß einen guten Anlaß, mit den Resten der alten K.-u.-k.-Welt aufzuräumen und gleichzeitig ein abschreckendes Exempel für Regimegegner zu statuieren.

Mein Bruder wurde im Dezember 1957 in der Pause zwischen zwei Vorlesungen am Temeschwarer Polytechnikum von zwei Securitate-Männern abgeholt. Man verpaßte ihm eine schwarze Brille und führte ihn durch muffige Gänge in ein geheim gehaltenes Securitate- Gefängnis, das den Verhörungen diente. Später fand er heraus, daß es sich um die netzartig verbundenen Kellergänge ehemaliger, vornehmer Familienhäuser handelte, die sich die Securitate unter den Nagel gerissen hatte. Bis zu zehn Stunden dauerten die Verhöre, die beweisen sollten, daß mein Bruder mit den Plänen des Pastors einverstanden war. Unter Kopfschmerzen und Schlaflosigkeit kostete es ihn viel Mühe, dies vor dem ihn stets anbrüllenden Securitate-Offizier zu leugnen, der von allen Einzelheiten seines Treffens mit dem Pastor zu wissen schien. Um ihn einzuschüchtern, kam noch ein Oberstleutnant zu seiner Verhörung hinzu.

„Sie waren mit ihm einverstanden, jawohl. Denn, wenn ich im Zug auf einer Reise höre“, und er hob seine Hände an die Ohren, „daß zwei Menschen ein Komplott gegen den Staat anzetteln, sie aber nicht anzeige, dann bin ich mit ihnen einverstanden, nicht wahr? Sie haben keine Anzeige erstattet, also waren sie mit ihnen einverstanden.“

„Ich habe keine Anzeige erstattet, weil ich gehört habe, der Pastor sei ein Agent der Securitate“, sagte Miki in die Ecke gedrängt. In seiner letzten Verzweiflung schöpfte er aus den hanebüchenen Gerüchten, die um die Person des Pastors Szoboszlay kursierten.

„Unsinn! Sie werden es noch bereuen“, sagte der verblüffte Oberstleutnant und damit endete das Verhör.

Mein Bruder konnte in seine winzige Zelle zurückkehren, die er mit einem anderen Häftling teilte. Der Raum war von dem Etagenbett vollkommen ausgefüllt, so daß man nur in der Türnische stehen konnte. Hier machte er die erste Bekanntschaft mit dem Knastleben in Rumänien: mit dem stets nagenden Hunger und der quälenden, zurückgehaltenen Notdurft, da man nur dreimal am Tag zur Toilette durfte. Die Zelle roch nach Urin und Motoröl. Es war Winter, bitterkalt, zumal die Fensterscheibe vor dem Gitter zur Hälfte fehlte. Das brennende Licht vor seinem Bett drang blendend auch in seine Träume ein und ließ einen längeren Schlaf nicht zu. So vergingen viele Wochen, und er fühlte sich immer mehr auf seine nackte Existenz zurückgeworfen, in der auf einmal jeder Augenblick schmerzlich zu spüren war. Die Außenwelt verwandelte sich allmählich in ein zauberhaftes, verlorenes Paradies. Nach neunzig Tagen im Securitate-Gefängnis wurde er in das Bezirksgefängnis von Temeschwar überführt, wo er in der Gesellschaft anderer ähnlich Angeklagter in einer stickigen, nach Latrine riechenden Zelle auf den Prozeß wartete.

Der Prozeß fand in einem Temeschwarer Theatersaal statt, der dementsprechend umfunktioniert wurde. Auf der Bühne saß das Gericht, darunter die Verteidigung, und in einem improvisierten Holzkäfig saßen die Angeklagten vor dem gefüllten Saal. Der Staatsanwalt legte mit einer außerordentlich dröhnenden Stimme los und bezeichnete die Angeklagten als schlimmste Geschwüre der Gesellschaft, gefährlichste Ungeheuer und verstockte Feinde der sozialistischen Errungenschaften. Darauf malte er ein erschreckendes Bild vom immensen kontrarevolutionären Potential, das diese Leute besäßen, um die Volksrepublik zu zerstören. Nur die heldenhafte Wachsamkeit der Staatssicherheitsorgane habe den gemeinen Versuch der Verschwörer vereitelt. Mein Bruder wartete auf etwas Konkretes, Schwerwiegendes, wenn er schon dafür zu büßen hatte etwa von Panzereinheiten des rumänischen Oberleutnants oder (den Gerüchten nach) des Vatikans, die in Bewegung gesetzt worden seien. Es kam aber nur der fehlgeschlagene Streichholzschachtelplan für die Besetzung der Hauptstadt. Den Oberstleutnant klagte man nur wegen unterlassener Anzeigepflicht seiner Frau gegenüber an, die den Pastor kannte und unter den Hauptangeklagten war. Dann stellte man die Beweisstücke vor zwei verrostete Jagdgewehre von zwei Bauern und eine „heimtückische“ Handgranate aus dem Ersten Weltkrieg, die von der Frau eines Hauptangeklagten als Mörserstößel benutzt wurde.

Es folgte die Vernehmung der Zeugen. Viele von ihnen waren auch vor Wochen verhaftet und im Securitate-Gefängnis verhört worden. Es blieb im Dunkeln, warum manche als Zeugen und andere als schuldige Nichtdenunzianten galten. Eine Frau, in deren Wohnung die geheimen Zusammenkünfte der Hauptangeklagten stattfanden, durfte als Zeugin auftreten. Für die meisten war klar, daß sie die Sache verpfiffen haben mußte.

Die Verteidigung durfte keine Fragen an die Zeugen stellen. Die meisten Zeugen trugen offensichtlich die ausgemachten, eingelernten Texte vor. Zwei Zeugen, die ihre Aussagen ändern wollten, wurden gewarnt und aus dem Saal geführt. Die Inszenierung mußte stimmen.

Nur wenige Anwälte trauten sich, ihren Mandanten mit vollem Einsatz zu verteidigen.

Zunächst fühlten sie sich verpflichtet auf ihre persönliche Verurteilung des schwerwiegenden Falles hinzuweisen und erst dann baten sie um Rücksicht auf ihren Mandanten. Sie kamen einem wie zweitrangige Bittsteller vor. Mutter, die den Prozeß von dem Rang verfolgte, war sehr unzufrieden mit unserem Anwalt und stürzte sich nach der Verhandlung wütend auf ihn. „Was haben Sie da bloß gemurmelt! Sie haben meinen Mann und meinen Sohn gar nicht verteidigt!“ Darauf murmelte der Anwalt etwas Unverständliches, genauso wie bei seiner Rede.

Der Anwalt des Pastors sagte, daß nach dem rumänischen Wörterbuch eine Verschwörung das vollkommene Einverständnis aller Beteiligten impliziere, was der Ausgang des Aktionstages, an dem nur die zwei mit den Streichholzschachteln erschienen waren, nicht bestätige. Dieses Argument wurde mit dem Hinweis zurückgewiesen, daß das Gericht die rumänische Sprache gut beherrsche und darin keine Nachhilfe brauche.

Mit dröhnender Stimme las der Staatsanwalt die im Namen des Volkes beantragten Strafen vor: die Todesstrafe für den Pastor Szoboszlay, auch für den Baron Huszar, trotz mildernder Umstände, weiterhin für ... Es dauerte lang, bis er den letzten der elf Namen verlas, und mein Bruder aufatmen konnte, daß sein Name nicht dabei war. Es folgten die lebenslänglichen Strafen, 25 Jahre Zwangsarbeit und schließlich Zwangsarbeit zwischen 10 und 20 Jahren, als Miki seine 12 Jahre Zwangsarbeit mit gewisser Erleichterung hinnehmen konnte. Vater bekam sieben Jahre als Nichtdenunziant. Zum Schluß klatschten die eingeladenen Parteimitglieder im Saal.

Der Prozeß dauerte eine Woche. Während der langen, in den Nachmittag hinausziehenden täglichen Verhandlungen mußte eine Pause einberaumt werden, in der die seit Monaten in Untersuchungshaft unterernährten Angeklagten etwas zu essen bekamen, um nicht vor dem Publikum in Ohnmacht zu fallen.

Nach der letzten Verhandlung überführte man alle Angeklagten in das Gefängnis von Arad, wo sie eines Tages in ihrer Zelle das Urteil vorgelesen bekamen. Bis auf eine Ausnahme wurden die von dem Staatsanwalt beantragten Strafen bestätigt. Das Todesurteil der Frau des Oberstleutnants wandelte man in lebenslänglich um.

Nun kehrte eine gewisse Alltagsruhe in das Leben der Gefangenen ein. Die Securitate kam regelmäßig in die Zellen, um sich über die allgemeine Stimmung unter den Gefangenen zu informieren. Der eine schaute sich nur schweigsam, mit gehässigem Blick um, der andere benahm sich kumpelhaft zu den Gefangenen. Er scherzte, glättete, beruhigte und lieferte sogar Nahrung für die Amnestieträume, indem er die schweren Strafen als nur einen formellen Akt betrachtete: der Staatsanwalt habe nur getan, wofür er bezahlt sei.

Die Häftlinge lernten, durch Klopfsignale, durch Lauschen mit den gegen die Wand gedrückten Eßschalen und mithilfe feiner Kritzeleien an den Toilettenwänden Nachrichten mit den Nachbarzellen auszutauschen und weiterzuvermitteln. Jedes Geräusch von draußen bekam eine große Bedeutung. Man folgerte, hoffte und lebte aus ihren Deutungen. Besonders eindeutig hörbar war es, wenn sich die in Ketten Gelegten, zum Tode Verurteilten auf den Gängen bewegten.

Die politischen Gefangenen bewohnten den dritten, den obersten Stock des Gefängnisses. Vor ihren Fenstergittern hatte man Holzkisten angebracht, wodurch sie ohne Sicht und ohne genügende Frischluftzufuhr auskommen mußten. Besonders schlimm wurde es im heißen Monat August, als der Platz mit etwas Frischluft am Fenster abwechselnd benutzt werden mußte. Ich ging manchmal im Sommer auf meinem Weg auf dem Flußdeich an dem darunterliegenden Gefängnis vorbei und sah die merkwürdige Holzkistenreihe der obersten Etage. Daß sich dahinter Vater und Bruder befanden, konnte ich aber nicht ahnen.

Es gab nur zufällige Begegnungen mit den anderen nichtpolitischen Häftlingen, von denen sie eher bemitleidet, manchmal sogar mit Gerüchten auf baldige Entlassung getröstet wurden. Die Hoffnungen und

Gerüchte um günstige politische Änderungen, die eine baldige Entlassung nach sich ziehen würden, waren im Mittelpunkt der Gespräche. Am Anfang war Miki unter anderem mit drei zum Tode Verurteilten zusammen, denen es scheinbar noch ganz gut ging, bis sie in Zweierzellen gesondert wurden. Nach der Urteilsverkündung kamen Vater und Bruder in einer Zwanzigerzelle zusammen und das blieb so bis zu ihrer Überführung nach Galati. Ihre Gespräche drehten sich auch um Träume und Hoffnungen von einer wunderlichen Freilassung; vielleicht würde eine amerikanische Superwaffe den Rückzug der Sowjets hinter ihre eigenen Grenzen erzwingen. Die Priester hielten regelmäßige Gebetsstunden. Sonst hielt sie das Singen von Volksliedern bei Laune, um nicht ganz zu verzagen. Es wurde anscheinend von den Wächtern geduldet, denn hier handelte es sich noch um keine echte politische Haft.

Ende September ließen die Geräusche auf Änderungen schließen. Man hörte die rasselnden Ketten von draußen und erfuhr vom Abtransport der zum Tode Verurteilten. Später leerten sich auch die anderen Zellen. Wohin sollte es gehen? Eines Nachts war es soweit, man brachte sie zum Bahnhof. Nach vielen Monaten in der stickigen, übelriechenden Zelle auf einmal in die frische herbstliche Nachtluft was für ein Genuß, der auch neuen Hoffnungen Flügel gab! Die sollten sich jedoch mit umgekehrten Vorzeichen erfüllen. Das Arader Gefängnis blieb noch das beste.

Das Ziel der Bahnfahrt war der Knotenpunkt für die Transporte von politischen Gefangenen: Jilava. Sie war eine aus Wällen, Schanzen und Kasematten symmetrisch angelegte Festung, gebaut von König Karl von Hohenzollern als Teil eines Schutzringes zur Verteidigung der Hauptstadt Bukarest. Sie fungierte wie eine verborgene Hauptstadt aller inhaftierten Regimegegner aus der vorkommunistischen Welt, eingerichtet zu ihrer Ausschaltung. Hier wurden sie sortiert, verteilt, ausgehungert, gefoltert und manche hingerichtet. In den Augen der wild brüllenden Wächter war keine Spur von Mitleid mehr zu entdecken. In Arad waren auch manche grob und gemein, jedoch spürbar aus Pflicht und oberem Befehl. In Jilava blickte man ohne Ausnahme in die dunklen, tief verachtenden Augen der Exekutoren. Einige von ihnen waren auch Henker, die die Todesurteile mit einem Nackenschuß zu irgendeiner Gelegenheit, wie es ihnen paßte, ausführten. Zu ihrem höhnischen Vergnügen befahlen sie den Häftlingen Laufschritt bei jedem Anlaß.

Die Festung Jilava war für die Häftlinge eine Schattenwelt, ohne Aussicht auf baldiges Entkommen. Dennoch war sie auch eine Informationsbörse, wo man am Wegeskreuz von neuen und alten Inhaftierten viel erfahren konnte: Nachrichten aus der Außenwelt, ob X noch lebte oder Y statt Entlassung erneut verurteilt wurde. Es kursierten auch viele falsche Nachrichten von allgemeiner Amnestie und besserer Versorgung, die oft von den Securitate- Offizieren des Politrucs in die Welt gesetzt worden waren, um die Reaktionen der Häftlinge zu testen.

In Jilava trafen die Verurteilten des Szoboszlay-Prozesses auf andere Regimegegner, wie die Vertreter der früheren historischen Parteien. In Mehrheit waren das die Liberalen, aber auch Anhänger der Nationalen Bauernpartei. Ein frisch aus Bukarest gelieferter Nachschub von ihnen, der vor den Augen meines Bruders das graue Kellergewölbe in feinster Hauptstadtbekleidung betrat, zeugte von ihrem aufgesparten Glanz, den die frühere siebenbürgische Aristokratie nicht in Spuren hatte bewahren können. Die Bukarester gruppierten sich um ihre Wortführer, den alten Anwalt Bentoiu und den sehr regen Journalisten Zulescu, die alle meinten, sie seien nur vorübergehend verhaftet worden, bald würde man mit ihnen verhandeln und ihnen sogar Regierungsposten anbieten wollen, die sie dann großzügig verzeihend annehmen würden. Bis dahin sei es wichtig, weiter zusammenzuhalten, denn diese Haft sei nur eine provisorische Situation. Ob der Bauernparteiführer Mihalache noch lebe? Jawohl, zwar erblindet, aber er lebe noch im berüchtigten Gefängnis von Ocnele Mari. Bis man wieder auf freien Fuß gesetzt werde, gelte es, am Ball zu bleiben. Bentoiu erteilte Französisch-, Dumitrescu Englisch- und Zulescu Journalistikunterricht. Vater trug unter gespannter Zuhörerschaft den Ablauf seiner Lustspielpremiere im Budapester Nationaltheater vor und erzählte viel über das Theaterleben und Theaterstücke.

Bald ging die Reise weiter, eng in einen Eisenbahnwaggon gepfercht, nach Galati. Das farbige Gebäude und die vielen Blumen im Gefängnishof täuschten die tatsächlichen Verhältnisse hinter den Mauern. Die Neuankömmlinge trennten sich wieder von der eigenen Bekleidung, die nur für die Reise zurückgegeben wurde, und bekamen dafür viel zu kurze gestreifte Lumpen. Auch die Bukarester Herren mußten ihre eleganten

Jacken, Echtlederschuhe und Pelzhüte gegen schmutzige, vollbeflickte Sträflingsbekleidung tauschen. Bei den meisten reichten die Hosen kaum über das Knie und die Ärmel der Jacken bis zum Ellbogen, was eine Schau von jämmerlichen Vogelscheuchen bot.

Mein Bruder kam in eine Viererzelle mit gelben Wänden, die ähnlich eng wie die im Securitate-Gefängnis von Temeschwar ausfiel. Die zwei Etagenbetten, die den Raum ausfüllten, waren um die dreißig Zentimeter voneinander entfernt. Der Notdurftkübel hatte keinen Deckel. Ein bereits seit zehn Jahren einsitzender Bauer berichtete den drei Neulingen von den hiesigen Umständen. Er erklärte, daß unter den Häftlingen der Wächter „caraliu" (türkisch: der Schwarze), der politische Häftling „bandit", der nichtpolitische „borfaş" (der Lumpige) heißen würden und daß der Wächter mit „tovarăşul maior" anzusprechen sei.

Das Gefängnis war sehr still. Dicke Läufer in den Gängen verschluckten die Schritte, und so konnte der Wärter jederzeit unbemerkt hineinspähen. Das Essen begann mit einer zwei Wochen langen „Heißwasserkur", einer sehr dünnen Suppe mit kaum sichtbaren Gemüsefetzchen drin. Darauf folgte zwei Wochen lang Gerstenbrei und dann wieder die Heißwasserkur und so abwechselnd weiter fort. Den Gefangenen war nicht klar, ob das eine Methode des Aushungerns sein sollte. Es war ein Wechselbad zwischen Verzweiflung und Erleichterung. Mein Bruder mußte sich Ablenkungsstrategien gegen den stets beißenden Hunger ausarbeiten. Er befaßte sich nach einem genauen Tagesplan mit den Naturwissenschaften, der Philosophie und Religion.

Durch einen winzigen Spalt im Blendrost konnte man eine schöne Landschaft sehen: das Ufer des Bratessees, den Bogen der Donau in Richtung Delta und den Flußhafen von Galati. So beobachtete Miki den ausdrucksvollen Wechsel der Jahreszeiten und bezog ihn in seine Meditationen mit ein. In tagelanger Kratz- und Reibarbeit fertigte er aus Drahtstücken drei Nähnadeln an, eine für sich, zwei für die anderen.

Nach drei Monaten fortschreitender Abmagerung und Schwächung des Körpers waren die Ablenkungsstrategien nicht mehr einzuhalten. Die ganze Aufmerksamkeit, die ganze Konzentration mußten dem Eßvorgang gelten, damit jeder Heißwassertropfen und seine Schwebeteilchen dem Körper- und Seelenerhalt dienen könnten.

Einen Hofgang, wie die fünfzehn Minuten Spaziergang in Arad, gab es hier nicht. Frische Luft war nur sehr kurz an dem einzigen Badetag im Winter zu genießen. Dann war aber große Eile geboten, sonst mußte man noch halbeingeseift die Rückkehr antreten. In der Zelle, zwischen dem Notkübel und Wasserkrug, war eine freie, einen Quadratmeter große Fläche, die von den Insassen abwechselnd zum „täglichen Spaziergang" benutzt wurde.

Eine der Nachbarzellen war eine Sterbezelle. Sie wurde mit einem Sterbenden und einem anderen Häftling belegt, der den Eintritt des Todes durch Klopfen an der Tür dem Wächter kundzumachen hatte. Der Wächter überzeugte sich dann durch das Guckloch und sagte, wann der Tote abgeholt würde. Bei einem Tod am Abend oder nachts war das erst am nächsten Morgen möglich.

Vater kam In eine Zwanzigerzelle, die mit Klopfzeichen nicht erreichbar war, so daß ein direkter Kontakt zu ihm nicht möglich war. Ein borfaş, der die Schöpfkelle bei der Essenszuteilung bediente, richtete meinem Bruder aus, daß es Vater gut ginge und er ihn grüße. Bei weiteren Begegnungen sagte der Mann immer das gleiche: Mein Bruder wurde etwas stutzig, daß auf seine Fragen keine konkreten Antworten kamen, trotzdem wollte er daran glauben, daß es Vater wenigstens gut gehe. Die freundlich und wohlwollend überbrachte Nachricht flößte ihm Zuversicht ein und bewahrte ihn vor abgründiger Verzweiflung.

Erst nach fünf Monaten, gegen Ende April, gab es den ersten Ausgang an die frische Luft. Das hieß: fünf Minuten lang in einem Käfig im Gefängnishof herumspazieren. Die arg geschwächten Beine waren nur zu kleineren Schritten fähig und bewältigten nur mit Hilfe der Arme die Treppenstufen auf dem Rückweg.

Ganz selten reichte man Dessert in die Zelle hinein. Das war ein ca. vier Kubikzentimeter großer Marmeladenstreifen, dessen Verteilung unter einer unheilvollen Spannung erfolgte. Ähnlich problematisch war die Verteilung der täglichen Brotscheiben, die nicht gleich groß waren, weswegen jeder kleine Unterschied oder herabgefallene Krümel für die stets Hungrigen viel bedeutete.

Durch die Wände kamen gegen Mitte April hoffnungserweckende Nachrichten von russisch-chinesischen Spannungen und einer chinesischen Atombombe, dann aber auch vom Tod des liberalen Journalisten Zulescu, des großen optimistischen Redners, der am Ende keine Medikamente mehr bekam und nicht mehr aß. Damit schrumpften auf einmal die Hoffnungen aller Häftlinge im unheimlichen, stillen Gefängnis. Besonders im Mai grassierte der Tod unter den geschwächten, älteren Häftlingen. Die Heißwasserkur begann Wirkung zu zeigen. Dazu trug auch der Umstand bei, daß viele Kranke keine Behandlung und keine Medikamente erhielten. Dumitru, der treue Nachrichtenvermittler aus der Nachbarzelle, starb. Der andere liberale Optimist, der siebzigjährige Bentoiu, starb später im August. Vor einem halben Jahr träumten sie noch von ihrem Freikommen, vom Aufschwung des Landes, sie hielten ihre Verurteilung für absurd und konnten nicht ahnen, unter welchen erbärmlichen Zuständen sie bald würden sterben müssen.

Draußen entfaltete sich ein sinnesbetörender Frühling. Feiner Blütenduft drang manchmal durch den Fensterspalt in die Zelle. Man konnte beobachten, wie ein Bauer mit einem Pferdepflug den Landstreifen zwischen Donau und Bratessee ganz langsam, Tag für Tag umackerte. Es zog sich über eine Woche hin, bis er damit fertig war.

Vom Vater erhielt mein Bruder immer noch die Nachricht: es gehe ihm gut, viele Grüße. Es dauerte bis zum Aufbruch ins Arbeitslager im September, bis ein Ungar, bei dem die Ehrlichkeit Vorrang hatte, dem makabren Spiel ein Ende setzte, indem er ihm ohne Umschweife sagte, daß sein Vater längst tot sei. Er habe sich nach einem unbehandelten Schlaganfall nicht mehr erholen können und sei wohl der erste Tote in der benachbarten Sterbezelle Ende November gewesen. Seine Todesmeldung durch das Türklopfen des Mitbewohners und die später erfolgte Abholung muß mein Bruder gehört haben, ohne zu wissen, wer es gewesen war.

Es kam der heiße Sommer mit einem fünf Minuten langen Frische-Luft-Spaziergang im Monat und durch den Fensterspalt mit schönen, Fernweh reizenden Segelschiffen auf der Donau, die Kurs auf das Donaudelta und Schwarze Meer hielten.

Nach der Freude über die erste ungewöhnlich große Portion Bohnensuppe bekam mein Bruder am nächsten Tag die Ruhr. Das bedeutete Krämpfe, blutiger Stuhlgang und Fieber. Er konnte nur noch Brotrinde essen. Nun schwanden auch die seelischen Kräfte. Die Erinnerung an Angehörige, an geliebte Personen, verblaßte. Die warme Jahreszeit zeigte sich auf einmal von ihrer höllischen Seite. Der Blick auf die Landschaft vor dem Spalt verlor jeglichen Reiz. Miki hatte noch die Fähigkeit, an pure geometrische Figuren zu denken, bis auch das erlosch und einer Gleichgültigkeit allem gegenüber Platz machte. Es blieb nur der Instinkt zur Selbsterhaltung beim Essen.

Im August erfolgte eine große, landesweite Verhaftungswelle unter den Bauern, die sich der Zwangskollektivierung ihrer Felder widersetzten. Bewaffnete Securitate-Einheiten drangen in viele Dörfer ein und verprügelten und verschleppten unnachgiebige Bauern.

Die Gefängnisse des Landes waren schon zum Bersten voll. Anders sei das Zwangssystem, das in der breiten Bevölkerung keine Unterstützung fand, nicht aufrecht zu erhalten, meinte die Staatsmacht. Um ein bißchen mehr Platz in den Gefängnissen zu verschaffen, amnestierte man die Sexualverbrecher. Auch nach Galati kamen neue Häftlinge, und viele Betten wurden doppelt besetzt. Ausgerechnet im heißesten Monat, wenn die Luft in der Zelle kaum zu atmen war, schubste man noch zwei Häftlinge in die Viererzelle meines Bruders. Sechs Personen auf sieben Quadratmetern; das Atmen ging manchmal nur noch hechelnd. Außerdem pochte man überall an die Tür, weil das Wasser im Krug nicht mehr ausreichte, und es dauerte lang, bis der wasserspendende Schlauch durch das Spähloch hineingereicht wurde.

Eines Tages im September hieß es für viele Gefangene: packen, es geht weiter. Man trieb Hunderte von Gefangenen in der früheren Gefängniskirche zusammen, so daß sie zum Ersticken voll wurde. Unter diesen Umständen erfuhr mein Bruder von Vaters Tod. Nach einer alptraumhaften Nacht wurden sie auf Lastern zur Donau gefahren. Unter strenger Bewachung durch Securitate-Truppen mit Maschinenpistolen lud man die Menschenfleischmasse in Lastkähne, die sich wie Konservendosen füllten. Es war sehr heiß, die Menge schrie nach Wasser. Die Reise flußaufwärts auf dem Nebenarm der Donau dauerte bis zum Sonnenaufgang am nächsten Morgen. Während der Fahrt, die man stehend bewältigen mußte, bestand die Versorgung allein aus dem trüben Wasser, das man direkt aus der Donau schöpfte.

Das Ziel war Salcia, eines der vielen Arbeitslager wie Periprava, Grind, Luciu-Giurgeni, Stoinesti … auf der großen Donauinsel südlich von Braila. Die Kolonie bestand aus niedrigen stallungsartigen Bauten, die verschiedene Funktionen wie Schlafsaal, Küche, Krankenhaus und Isolierungshaft erfüllen sollten. In den nächsten Tagen kamen weitere

Transporte von Häftlingen, so daß ihre Gesamtanzahl auf ungefähr zweitausend wuchs. Der Politruc ernannte eine Reihe Gefangener, die vor ihrer Verhaftung in der Partei oder Parteinähe gewesen waren, zu Brigadeführern. Sie stellten dann ihre Brigaden von je fünfzig bis sechzig Häftlingen zusammen. Die Brigaden waren in zehnköpfige Gruppen mit einem Gruppenführer unterteilt. Die Brigadeführer sollten nur beaufsichtigen und bekamen dafür doppelte Eßrationen. Andere privilegierte Stellen gab es für die Zubereitung und Verteilung des Essens, für Arzt- und Spitzeltätigkeiten. Durch die Privilegierten und Spitzel erschwerte man von Anfang an die Bildung einer Solidaritätsgemeinschaft unter den Gefangenen.

Die erste Woche verging noch in Muße. Der Deich sollte erhöht und verlängert werden. Als der Caraliu unter den Weiden einschlief, machten die Häftlinge auch eine Pause. Der Ordenspater Lenz war ein guter Schillerkenner, dem Miki gern zuhörte und von dem er das Schiller-Gedicht „Die Hoffnung" lernte. Seine Gesundheit bereitete ihm aber Probleme. Er verzichtete auf das Trinken von Donauwasser, das hier als Trinkwasser diente, trotzdem wollten die Durchfälle seit der Ruhrinfektion in Galati nicht aufhören. Der Maisteig mit heißem Wasser angerührtes, grobes Maismehl war für ihn und viele andere schwer verträglich. Der Magen brannte, sie bekamen Koliken. Im Nachbarbett wand sich ein kleiner Mann zwei Tage lang in fürchterlichen Krämpfen, seine freien Körperstellen waren schwarz bedeckt von Fliegen, die er nicht mehr verscheuchen konnte, bis er dann starb.

Die Erde zur Aufschüttung des Deiches hob man unterhalb des alten Deiches aus. Eines Tages stießen die grabenden Häftlinge auf den Schädel eines Menschen. Kurz darauf kamen zwei komplette Skelette zum Vorschein. Auf der ausgetrockneten Kopfhaut waren kurze, geschorene Haare zu sehen: sie mußten also ebenfalls Häftlinge gewesen sein. Die Toten brachte man nämlich auf Brettern zu flach ausgehobenen Gräbern vor das Lager, wo man sie beerdigte, ohne die Stelle zu kennzeichnen. So war auch Vaters Grab in Galati gemäß der Antwort des Gefängnisses auf Mutters Nachfrage nicht mehr zu finden.

Nach der Schonwoche ging es gulagmäßig richtig los. Auf den Pfiff des caraliu zum Aufstehen um fünf Uhr folgte eine verrückte Rennerei zwischen Ziehbrunnen, Küche und Latrinen. Brot, Marmelade und Getreidekaffee wurden verteilt. Die meisten froren in den dünnen, abgetragenen Lumpen. Miki konnte noch gar nicht ins Brot beißen und schon hieß es: antreten, mehrmals durchzählen und Abmarsch. Bereits der Marsch zur Arbeitsstelle war für ihn erschöpfend. Die voll beladene Schubkarre auf den Deich zu befördern, nahm seine ganze Kraft in Anspruch und es gelang ihm nur mit einem großen Anlauf. Wenn er sehr müde war, passierte es manchmal, daß die Schubkarre auf den schmalen, wackelnden Brettern, auf dem halben Weg nach oben, umkippte. Manchmal mußte er, von Durchfall geplagt, hinter die Büsche. Sie arbeiteten in der prallen Sonne, er konnte aber kein Wasser trinken und hatte mit der Flüssigkeit vom Morgenkaffee und der Mittagssuppe auszukommen. Ihm wurde klar, daß es so nicht weitergehen könne, wenn er überleben wollte. Für ein paar Tage nahm man ihn im Krankenhaus auf, aber Durchfälle und Abmagerung galten nicht als ernste Krankheit. Er war nur noch Haut und Knochen und machte einen gespenstischen Eindruck. Seine erbärmliche äußere Erscheinung und eine Portion Glück halfen ihm, nach vielen Hindernissen in die Behindertengruppe aufgenommen zu werden, die zu leichteren Arbeiten wie dem Hoffegen und Fässerreinigen herangezogen wurde. Die letztere war eine von den Häftlingen besonders begehrte Beschäftigung. Man prügelte sich regelrecht um die Fässer, denn die von der Faßwand abgekrazten, trockenen Essensreste wanderten direkt in den Magen der Glücklichen.

Gearbeitet wurde bis spät in den Abend und auch an Sonntagen, wenn ein großer Lastkahn mit Baumaterial kam. Eines Sonntags teilte man die Behindertengruppe mit meinem Bruder zur Entladung des Lastkahns ein. Schon unterwegs ahnten sie, daß die Erfüllung dieser Aufgabe problematisch sein könnte. Auf dem tiefen Boden des Kahns lagen zentnerschwere Zementsäcke, die über eine Leiter nach oben gefördert werden sollten. Keiner der Häftlinge war in der Lage, den 50-Kilo-Sack so weit hochzustemmen, daß man ihn von oben abnehmen konnte. So luden sie nur die leichteren Werkzeuge aus. Der zurückgekehrte Caraliu geriet in Wut und prügelte mit einer abgebrochenen Weidenrute auf die Häftlinge los. Dann meldete er beim Politruc, daß die Häftlinge gestreikt hätten. Die Behinderten sollten von einem Arzt untersucht werden, um festzustellen, wer so krank oder behindert sei, daß er zum Tragen der Zementsäcke nicht fähig war. Dabei stufte man Miki als Nichtkranken, also als Arbeitsverweigerer, ein. Zur Strafe sollte er fünf Hiebe bekommen, die von dem Handschuhe tragenden Gigerl, dem ministerialen Politruc-Hauptmann Georgescu, auf zehn Hiebe erhöht wurde. Die Hiebe erfolgten auf den, mit einem feuchten Betttuch bedeckten Rücken. Sie fühlten sich an wie Donnerschläge, die immer näher kommen und immer stärker werden. Zum Schluß schärfte man ihm ein, daß die Strafe wiederholt würde, wenn er morgen auf dem Deich die Arbeitsnorm nicht erfüllen sollte.

Am nächsten Tag setzte Miki alle seine Kräfte ein, um nicht auf die Liste der „Faulenzer“ zu kommen. Jeder erhielt einen Abschnitt zugeteilt, dessen steinharte Erde zuerst mit der Spitzhacke zu bearbeiten war, um anschließend den Aushub auf den Deich zu befördern. An der Tiefe des ausgegrabenen Loches war die Leistung abmeßbar. Tatsächlich gelang es ihm, die Norm zu erfüllen und damit sogar eine extra Portion Heißwassersuppe zu bekommen, jedoch mit dem Ergebnis, daß seine Beine in den nächsten Tagen schmerzhaft anschwollen. Am Abend an der Krankenstation drängelten sich Hunderte mit allerlei Gesundheitsproblemen vor dem Eingang. Dranzukommen war aussichtslos.

Bei einer erneuten Untersuchung der Kranken und Behinderten hatte mein Bruder das Glück, den Status der „Halbbehinderten“ anerkannt zu bekommen, die in einer Brigade für leichtere Arbeiten eingesetzt werden sollten, etwa das Lager sauber zu halten, Futterrrüben zu ernten oder Mohrenhirse zu entkernen. Dabei bot sich die Möglichkeit, die karge Kost mit rohen Kartoffeln, Zuckerrüben und Hirsekernen zu erweitern, mit denen ihre Taschen abends bei der Rückkehr in die Kolonie vollgestopft waren. Außerdem gab es eine Reihe wilder Pflanzen, die von den Häftlingen als eßbar eingestuft und gesammelt wurden.

Gegen Ende November kamen der Regen und der Wind, und sie verwandelten die Landschaft in eine kühle, klebrige Schlammwüste. Zum Kampf gegen den Hunger gesellte sich der Kampf gegen die Kälte. Die frierenden Häftlinge nähten allerlei Lumpen auf ihre Bekleidung und polsterten sie mit Bettlaken aus. Abends bei der Rückkehr riß das Wachpersonal am Tor die Extralumpen wütend ab und warf sie auf einen Haufen.

Das naßkalte Wetter erschwerte die Arbeit auf dem Deich, doch die Eßration blieb die gleiche, sie schien eher geschrumpft zu sein. Durch das System „Der Faulste der Brigade kriegt Prügel“ trieb man sie zu verzweifelten Höchstleistungen. Die Arbeit der Halbbehinderten-Brigaden auf verschlammten Feldern war aber auch nicht zu beneiden. Es bedeutete einen langen Marsch, bis man dort durchnäßt ankam, um dann in der nassen, klebrigen Bekleidung stundenlang eiskalte Zuckerrüben und Maiskolben zu ernten. Unterdessen lief der Caraliu, stets seine Weidenrute schwingend, zwischen ihnen hin und her, und schlug sie damit an empfindliche Stellen, um sie zu mehr Tempo anzutreiben.

Gestärkt von der Naturnahrung befielen meinen Bruder bisweilen seltsame Visionen. Er sah seine Umgebung wie ein harmonisches, monumentales Gemälde: die schweren, grauen Schatten der niedrigen Bauten vor dem von Stacheldrahtzaun zerhackten Horizont, die Ruten schwingenden, brüllenden Caralius und Politrucs, von denen die Herde der Entrechteten hin- und hergetrieben wurde; wie eine Erbschaft der römischen Sklavenhaltung. All das besaß eine solch perfekte Einheit, daß es anders gar nicht mehr vorstellbar gewesen wäre. Ein anderes Bild war das Ochsengespann mit den Suppenfässern, drum herum die langen Reihen der wartenden, ausgemergelten Häftlinge vor dem Hintergrund der allgegenwärtigen braunen Erde. Viele dieser Bilder prägten sich so stark in das Bewußtsein meines Bruders ein, daß er später nach seiner Freilassung zu malen begann und aus diesen Eindrücken einen ganzen Zyklus von Ölgemälden schuf.

An einem Abend wollte eine Gruppe ihre Kartoffeln in der Glut eines kleinen Feuers backen. Unter ihnen auch Pastor Müller, der sich getreu seiner Devise: „Immer anständig arbeiten!" zuletzt jedes Mal mit einem Stoßgebet mehr Kraft einflößen wollte, wenn er die schwer beladene Schubkarre auf den Deich zu schaffen hatte. Entkräftet und ganz geschrumpft landete er schließlich in der Halbbehinderten-Brigade. Nun starrten sie alle wie gebannt auf ihre Schätze in der Asche, als sie von dem gefürchteten, besonders groben Caraliu, Fieraru, überrascht wurden. Er schlug mit einer Eisenstange auf die ein, die nicht fliehen konnten, und erwischte dabei den Pastor.

Nach einer Weile kehrten die in alle Richtungen geflohenen Häftlinge vorsichtig zurück, um nach ihren ersehnten Backkartoffeln zu schauen. Davon waren aber keine mehr da, der Caraliu nahm sie alle. Auf dem Boden lag, still vor sich hin weinend, Pastor Müller. Er konnte nicht aufstehen. Ein Hieb mit der Eisenstange auf seine Wirbelsäule hatte ihn für den Rest seines Lebens zum Krüppel gemacht.

Um den Kältetorturen auf den schlammigen Feldern zu entkommen, fügte sich Miki mit einem Blechstück eine große, tiefe Wunde an der rechten Hand zu. Damit kam er in die Krankenstation, die, als die größte Krankenstation der Insel, auch für die anderen Arbeitslager zur Verfügung stand. So begegnete er hier Gefangenen aus den anderen Lagern und erfuhr, daß die dortigen Zustände teilweise noch schlimmer waren. Es gab Orte, an denen die Häftlinge in grasbedeckten Erdlöchern lebten.

Unterwegs zum Arzt ging mein Bruder jeden Tag am Zimmer der Sterbenden vorbei. Die meisten hatten infolge der schweren Arbeit bei Kälte und Mangelernährung Tuberkulose bekommen. Er konnte fast täglich den Abtransport der Leichen auf einem Ochsenkarren beobachten.

Zu seiner Erleichterung kam er aus der Krankenstation als Behinderter in das Isolationshaus. Er mußte nun nicht mehr in die Kälte zur Arbeit, dafür aber in die Enge eines überfüllten Raumes. Die rostigen Eisenbetten wurden von je zwei Häftlingen belegt, und er mußte als Grünschnabel den ganzen Tag stehend warten, bis ein alter Hase, der das Vorrecht auf das Bett besaß, ihm endlich Platz machte. Er hatte aber das Glück, ein eigenes Bett zu bekommen, als sie ins „Schlangenhaus“ umzogen. Dieses Haus scheinbar von den Schlangen beliebt hatte einen unebenen Lehmfußboden, modrige Stützpfeiler und ein einziges eingeschlagenes Fenster. Sein Bett bestand aus einem Eisenrahmen mit einigen Metallbändern und Drähten quer darüber. Strohsack und Querbretter fehlten der Grund, warum es keiner haben wollte. Trotzdem war er glücklicher damit als mit einem doppelt belegten, stabileren Bett. Mit gefundenen Drähten und einem Brett gelang es ihm, das Bett etwas bequemer zu machen.

Mittlerweile meldete sich der Winter mit Schneestürmen, gefolgt von starkem Frost. In einer der kalten Winternächte hatte Miki einen schönen Traum, in dem sich in dramatischen Bildern der Verlust unseres Zuhauses in der Akazienstraße abspielte.

Der Traum: Im Schaufenster eines Fotoladens sieht mein Bruder eine Reihe bunter Fotos. Auf dem ersten scheint die Sonne durch die Bäume des Gartens in das kleine Zimmer und läßt ein schönes Licht- und Schattenspiel auf den Möbeln entstehen. Auf dem nächsten Bild ziehen einige Wolken über die Stadt hinweg. Eine leichte Brise, der Vorbote eines Sturms, braust durch die Rosen und Narzissen des Gartens und bewegt die Gardinen. Dann rast eine bedrohliche Wolke über den Himmel. Durch das zerbrochene Fenster fliegen Unmengen von Blumenkränzen ins Zimmer. Auf dem letzten Bild ist es wieder ruhig. Vaters Schreibtisch ist voll von Blumen und Kränzen bedeckt.

Der Traum holte Vaters nicht stattgefundenes Begräbnis nach, mit symbolischen Bildern für die schicksalhafte Zeit der Familie.

Interessant, daß ich etwas Ähnliches träumte, nachdem ich in den Westen geflohen war und mir bewußt wurde, daß ich diese Wohnung nie wiedersehen würde. Ein Unterscheid war, daß in seinem Traum der Verlust des Zuhauses mit Vater, während in meinem (darüber noch später in den „Nachtwanderungen") mit Mutter in Verbindung stand. In beiden Träumen verwandelte sich die Wohnung mit den antiken Möbeln in eine schöne, gleichwohl erstarrte Erinnerung.

Mit kleinen Unterbrechungen baute man weiter am Deich, während mein Bruder im Nachtdienst Kartoffeln schälte. Die draußen Arbeitenden hatten es nun besonders schwer bei dem Aushacken der harten Erde, in Matsch und Kälte, in zerschlissenen Schuhen und dünner Bekleidung. Abends schleppte sich ihre lange Kolonne ganz langsam heimwärts, um beim Ankommen gleich das „Eismonster" zu stürmen. Das war das Wasserfuhrwerk mit dem Donauwasser, das mittlerweile durch die immer mächtiger gewordenen Eiszapfen zu einem Ungetüm fror. An die Wasserfässer oben auf dem vereisten, rutschigen Fuhrwerk schafften es nur wenige. Die meisten mußten sich mit den abgebrochenen Eiszapfen zum Lutschen begnügen. Einige spuckten auf den Boden, um zu testen, ob es schon blutig sei. Dann durften sie sich nämlich dem Siechtum in der Krankenstation hingeben.

Diese Umstände führten zur drastischen Vermehrung der Tuberkulosekranken in der Station, so daß ein Teil von ihnen die beschwerliche Reise mit dem Lastkahn zu einem weit entfernten Krankenhaus antreten mußte.

Die existentielle Abhängigkeit von der Lagerkommandantur gepaart mit der seelischen Zermübung brachten bei manchen Gefangenen sonderbare Verwerfungen in der Beziehung zu ihren Gebietern hervor. Die anfängliche Furcht vor ihren Peinigern verwandelte sich in Respekt und schließlich in Ergebenheit. Manche fingen an, Verständnis für die desolaten Lebensbedingungen zu haben und etliche „nette Kerle" unter den

Caralius und Politrucs auszumachen. Sie suchten die Schuld bei sich selbst und unter den Gepeinigten wie in einer Gläubigengemeinschaft.

Im Februar stellte man die Arbeiten auf dem Deich ein. „Der Boden ist so gefroren, daß ihn keine Spitzhacke mehr aufbrechen kann. Alle Brigaden sind in den Baracken eingesperrt. Wir verbringen die Zeit zu zweit im Bett, zitternd unter der dünnen, zerfransten Decke, Stunde für Stunde, Tag für Tag. Das Essen besteht aus Weißkohlsuppe eigentlich nur Brühe ohne Weißkohl", heißt es im nachgetragenen Tagebuch.

Die Datierungen der Aufzeichnungen meines Bruders machen nun immer größere Sprünge, von anfänglichen fast tageweise über monatsweise bis zu jahreszeitweise vorhandenen Eintragungen. Im Dauerelend des Arbeitslagers stellte sich eine gewisse Ermattung und Abstumpfung ein, so daß die Eindrücke nicht mehr so intensiv zurückblieben wie im ersten Jahr.

Im Frühjahr kursierte die Nachricht von einem Treffen zwischen dem Präsidenten Eisenhower und Nikita Krustschow. Milde im Verhalten des Wachpersonals und leicht besseres Essen schienen es zu bestätigen. Das politische Tauwetter, das sich in der Behandlung der politischen Gefangenen niederschlug, war jedoch nur kurz. Mit dem Abschuß des amerikanischen Spionagefliegers U2 war alles bald vorbei, und Kommandant Malanceanu schwang erneut wütend seine Peitsche vor den Häftlingen am Deich. Rumänien war damals mit Bulgarien der treueste Vasallenstaat der Sowjetunion. Das große Vertrauen führte später zum Abzug der sowjetischen Truppen aus dem Lande, und dies machte den Weg für den darauffolgenden außenpolitischen Alleingang Rumäniens frei.

Die Brigaden wurden neu aufgestellt, und man setzte den Bau des Deiches fort. Mein Bruder kam wieder in eine Brigade für leichtere Arbeiten. Das bedeutete: von morgens bis abends die Sonnenblumenfelder von Disteln zu säubern, im Spätsommer Zuckerrüben zu ernten und im Herbst einen tiefen Graben quer durch die Insel zu ziehen, wobei man auf wertvolle, eßbare Wurzeln stieß.

In einer Nacht im November bekam mein Bruder starke Kopfschmerzen und Fieber. Am nächsten Morgen stellte der Arzt Typhus bei ihm fest. Mit neunzehn anderen Erkrankten brachte man ihn nach Stoinesti, in die „Leprastation" der Insel. In dieser Kolonie landeten alle Rattengelbsucht- und Typhuskranken sowie die extrem geschwächten, sogenannten

Dystrophiker, die nicht mehr als „wichtigster Besitz“ des Systems galten. „Unser wichtigster Besitz ist der Mensch“, hatte nämlich der Politrucleutnant lova während des Tauwetters gesagt, was wie eine sarkastische Entschuldigung für die von ihm angeordneten Prügelstrafen klang.

Die Ställe, in die die Kranken eingesperrt wurden, waren in viel schlimmerem Zustand als in Salcia. Gerade Linien, Wand- und Dachziegel waren hier unbekannt. Stattdessen gab es stark gewölbte Lehmwände und windschiefe Reetdächer. Der Wasserpegel des Brunnens glich immer genau dem Jauchepegel in der acht Meter entfernten Latrine. Am Stacheldrahtzaun entlang konnte man eine ganze Reihe von früheren Brunnen und Latrinen erkennen, die man stets gleichzeitig ausgehoben und irgendwann aufgegeben hatte. Merkwürdige Zustände an einem Ort, wo Typhus und Rattengelbsucht behandelt werden sollten, Krankheiten, die gerade von verunreinigtem Trinkwasser verursacht werden.

Die kranken Häftlinge, die meisten sehr gebildet hielten spannende Erzählrunden ab, die bisweilen von dem Caraliu drastisch unterbrochen wurden. Er hielt die Unterhaltung für eine konspirative Sitzung und als Strafe kettete er die „Banditen“ paarweise mit Handschellen zusammen, die bei jeder Bewegung immer enger wurden und in das Fleisch schnitten. Dies war aber eine Kleinigkeit gegenüber dem Leiden am eiskalten Wind, der durch den Raum sauste und in der Nacht Schnee durch das verfaulte Reetdach auf die oberen Betten wehte.

Im Sommer ging es zum Jäten auf die Zuckerrüben- und Erbsenfelder. Sie lagen mitten in einer feuchten, dampfenden Moorlandschaft im Süden der Insel. Die Aufgabe war, die mannshohen Silberdistelgewächse mit bloßen Händen auszureißen, unter dem steten Anfeuern und Schimpfen der Caralius und Brigadeführer. Der gelbe Lößboden war ganz durchgeweicht. Stellenweise stand man im kniehohen Wasser. Doch beim Kriechen auf der feinen, feuchtwarmen Muttererde, die zärtlich die Haut der geschundenen Beine streichelte, empfand man etwas Tröstliches.

Ein besonderes Ereignis war eine totale Sonnenfinsternis. Als der wärmende Himmelskörper ganz verschwand, kam ein kalter Wind auf und die Krähen flatterten unruhig über den Reetdächern des Lagers hin und her. Auf einem tiefblauen Hintergrund leuchteten auf einmal die Sterne auf. Ein Gefühl der Angst vor einer Apokalypse breitete sich in den ausgemergelten, immer frierenden Häftlingen aus, bis hinter dem schwarzen

Kreis am Himmel die Sonne als stärkstleuchtender Stern wieder hervorkam.

An einem Abend stellte man die Abwesenheit des gutmütigen Optimisten Iancu fest. Als man nach einiger Suche mit einer Taschenlampe auch in der Latrine nachschaute, sah man zwei Schuhe umgeben von schwärmenden Würmern auf der Oberfläche der übelriechenden Jauche schwimmen. In einer Ecke unter einem Balken entdeckte man dann auch den völlig verschmierten Kopf des Gesuchten. Er war zwar sehr benommen, konnte jedoch noch glücklich gerettet werden.

Eine Unruhe erfaßte die Häftlinge im Herbst. Etwas mußte geschehen, so konnte es nicht weitergehen. Sie träumten davon, endlich hinter dicke Gefängnismauern zu kommen, wo man vor Wind und Kälte geschützt war. Und tatsächlich hörte man, daß die Typhuskranken bald in ein Gefängnis auf dem Festland kämen.

Im November führte man sie in einem tagelangen Marsch über die Distelfelder nach Salcia zurück. Man sperrte sie für ihre letzte Nacht auf der Insel in einem der Ställe ein. In der Nacht erwachte mein Bruder durch seltsame dumpfe Geräusche. Er sah auf dem Boden den blutverschmierten Brigadeführer, drei andere traten auf ihn ein. Nun schlug nämlich die Stunde der Verräter, Spitzel und Politruc-Freunde, infolge deren Meldungen viele mehrfach die Prügelstrafe bekommen hatten. Zwei andere verhaßte Widerlinge kamen auch dran, einem anderen gelang die Flucht durch das Fenster. Der hatte einen Wachsoldaten angezeigt, der den Brief eines Häftlings an seine Familie weiterleitete.

Am nächsten Morgen zog eine merkwürdige Kolonne zum Hafen am Donauarm. An der Spitze marschierten in Ketten gelegt die drei Häftlinge, die sich einmal zu zeigen trauten, wer hier wirklich Prügel verdient hatte. Ganz hinten schleppten sich drei weiße Mumien voran, die drei in Verbände gewickelten Verräter.

An der Mole stand der Caraliu Neagu, eines der herrschenden Monster von Salcia, heute als Zerberus vor dem Tor zu den höllischen Kolonien der Insel. Er schaute gleichgültig über die Köpfe der typhuskranken Häftlinge hinweg, die in einen kleinen Schlepper stiegen, um die Insel zu verlassen. Sein Job war es, die baldigen neuen Transporte von „gefangenen Banditen“ entgegenzunehmen.

Nach den ersten drei schweren Jahre folgten für meinen Bruder dreieinhalb relativ leichte Jahre im Gefängnis von Gherla, im Norden Siebenbürgens, bis er mit vielen seiner Kameraden nach einer Laune der Herrschenden begnadigt wurde. Er arbeitete dort in verschiedenen Werkstätten einer Möbelfabrik, und in den letzten zwei Jahren durfte er Karten mit vorgegebenem Text schreiben und Pakete mit bestimmten Lebensmitteln erhalten. Der alte Diktator ließ die strengen Haftbedingungen lockern. Sogar die schlimmstens brüllenden und zuhauenden Wächter hatten freundlicher zu werden. Das kostete sie große Überwindung und ihr Gesicht bekam einen recht dämlichen Ausdruck, als sie auf höhere Anordnung hin auf einmal die Arbeit der Häftlinge lobten oder sich nach ihrem Wohlbefinden erkundigten.

Vor seiner Freilassung warnte noch ein beleibter Securitate-Offizier der offensichtlich mit seiner Betreuung beauftragt war meinen Bruder, er solle aufpassen, was er tue, denn sie (die Staatsmacht) blieben auf der Hut. Er wurde nicht amnestiert, nur begnadigt, und das hieß in diesem Fall, daß er jederzeit für seine Reststrafe herangezogen oder neu verurteilt werden könnte, wie das damals sehr oft vorkam, denn viele der Häftlinge waren zermürbte Wiederinhaftierte.

Nun stand das Leben in Freiheit vor meinem Bruder, mit vielen Plänen, Sorgen und Aufgaben, zwar alles im sozialistischen Korsett, aber immerhin nicht mehr das Leben eines Häftlings in einer grausamen Schattenwelt. Im Fernstudium absolvierte er die Fakultät für Hydrotechnik und fand Arbeit an verschiedenen Baustellen. Später nach meiner Flucht in den Westen gelang es ihm, mit seiner Familie nach Deutschland auszuwandern.

Wenn er manchmal über seine Gefangenenjahre nachdachte, leuchtete ihm ein, daß er auch viel Glück gehabt hatte, sie zu überleben. „Stell dir vor", erzählte er mir, „damals, als mir der Pastor Szoboszlay bei unserem Gespräch in Temeschwar seine Pläne von der Machtübernahme schilderte, fragte ich ihn, was mit Gheorghie Dej, dem stalinistischen Diktator des Landes, geschehen solle. ‚Ach, der Huszar war ein guter Schütze als Jäger. Er kann ihn bei Gelegenheit niederknallen. Vielleicht am Tag der nationalen Befreiung auf der Tribüne', antwortete er kühn phantasierend." Ein Glück, daß dies nicht in den Generalplan einging zumal der Baron Huszar gar kein Jagdgewehr mehr hatte und daß beim Verhör nichts davon herauskam. Das hätte ihnen der alte Diktator nie verziehen und von einer Begnadigung nach sechseinhalb Jahren wäre nie die Rede gewesen. Denn in einem hatte der Pastor recht, wie er in seinem letzten Wort vor dem Gericht bemerkte: In diesem Land scheint es lebensgefährlich zu sein, sich zu unterhalten." Die zehn Todesurteile waren noch im Herbst 1958, im Jahre der Gerichtsverhandlung, vollstreckt worden.

Unter den Schichten der Geschichte

Siebenbürgen, wo ich geboren, und das Banat, wo ich aufgewachsen bin, gehörten bis zum Abschluß des Vertrags von Trianon 1920 zu Ungarn, genauer gesagt zum ungarischen Teil der Donau-Monarchie, danach fielen sie an Rumänien. Unsere Familie lebte in diesen Landesteilen und war dementsprechend in die Geschichte des K.-u.-k.-Reiches verwickelt und von dessen Untergang betroffen. Wie bereits erwähnt, war Arad, als Hinrichtungsort der dreizehn Revolutionsgeneräle, die Heldenstadt der 1848er-Revolution, deren Erinnerung von den geschichtsbewußten Ungarn sehr gepflegt wurde. Man könnte fragen: Warum dieser große Hang an ein so weit zurückliegendes Ereignis? Es war nämlich das letzte Mal in Ungarns Geschichte gewesen, daß ein Kampf für die Freiheit so breite Massen der Bevölkerung erfaßte. Auf den Aufruf des Revolutionsführers Kossuth und des patriotisch beseelten Dichtergenies Petöfi schlossen sich alle Schichten der ungarischen Gesellschaft dem Aufstand an, um für die Unabhängigkeit des Landes mit großem, leidenschaftlichen Einsatz zu kämpfen. Deshalb reden die Ungarn von einer Revolution, wofür woanders von einem Aufstand gegen die Habsburger Herrschaft die Rede ist. Zwei meiner Urgroßonkel väterlicherseits waren bei den 48/49er Kämpfen gefallen. Fast in jeder Stadt des K.-u.-k.-Ungarns wurden später Straßen nach Kossuth, nach Petöfi und nach den Arader Märtyrern benannt.

1967 kam es zum Ausgleich mit dem Herscherfeind: die Magyaren krönten den österreichischen Kaiser zum ungarischen König. Bei dieser Versöhnung sollen, wenn man Heimatfilmen Glauben schenkt, auch die Kaiserin Sisi und die Schwäche der Ungarn für zierliche Frauenzimmer eine Rolle gespielt haben. In Wirklichkeit ging es darum, daß Österreich nach dem Verlust seiner Westgebiete seine Ostgebiete durch diese Allianz konsolidieren wollte. Dadurch war die K.-u.-k.-Monarchie Österreich-Ungarn entstanden, die Ungarn mit der Einführung des technischen Fortschritts einen großen Aufschwung brachte. In der Familie herrschte eine Gutgläubigkeit der K.-u.-k.-Monarchie gegenüber. „Melde dich so schnell wie möglich, damit Du am künftigen Ruhm des Landes teilhaben kannst", schrieb mein Großvater meinem Vater 1914 nach dem Ausbruch des Krieges. Die baldige Ernüchterung klang aus einem Brief meiner Großtante

Wilma: „Ich lese viel von heldenhaften Kämpfen und großen Schlachten, aber so gut wie gar nichts von klaren Siegen." Und sie war für ihre Ehrlichkeit sehr bekannt, wie es die an ihre Schwester gerichteten Zeilen kurz nach ihrer Heirat bezeugen: „Ich mußte erfahren, daß wir Menschen doch Tiere geblieben sind."

Das Ende des Ersten Weltkriegs bedeutete das Ende der Donau-Monarchie. Mein Vater kehrte nach zwei Jahren mit vielen Auszeichnungen und verwundet von der russischen Front zurück. Die Auszeichnungen haben seltsam vertrackte Namen: die bronzene und die silberne Militärverdienstmedaille am Bande des Militärverdienstkreuzes sowie das Karl-Truppenkreuz, deren Urkunden mit anderen noch übriggebliebenen K.-u.-k.-Erinnerungen als letzte Reste der Familiengeschichte in einer Schublade schlummern. Fotos zeigen Vater in stolzer Husarenuniform zu Pferd an der verschneiten russischen Front. Sein Radetzky-Husaren-Regiment Nr. 5 wurde später an die italienische Front verlagert und an der Piave aufgerieben. Mein Großvater, im fortgeschrittenen Alter Reservist, wurde gegen Ende des Krieges zur Leitung eines italienischen Gefangenenlagers in Österreich einberufen, wo er noch zum Oberstleutnant befördert wurde. Sein Bruder war als Generalleutnant Grenzschutzkommandant an der Ostgrenze. Die Militärkarriere war damals der Normalfall in den Kreisen unserer Familie.

Von den Stellungskämpfen zermürbt kamen die Soldaten von der Front heim und bekamen auf den Straßen der Städte Wein ausgeschenkt. Linke Gruppierungen riefen 1918 in Budapest die Volksrepublik aus, deren Regierung keine Soldaten mehr sehen wollte und die Auflösung der Armee einleitete. Die nationalen Minderheiten witterten die Gunst der Stunde, auf Kosten des K.-u.-k.-Reiches eigene Nationalstaaten zu gründen. Die rumänische Armee drang bis nach Budapest vor und besetzte die Hauptstadt. Die linke Regierung schickte zu Verhandlungen mit der Entente eine bunt bekleidete, junge Delegation. „So weit seid ihr schon gesunken?" sagte angeblich der französische General, als er den seltsamen Haufen sah, und diktierte darauf ohne Verhandlungen seine Bedingungen.

Bezeichnend für die damaligen Zustände war die folgende, von meinem Vater erzählte Geschichte. In einem Zugabteil saß ein heimkehrender, vom Krieg abgestumpfter Offizier. Ein kleiner, rothaariger Revoluzzer trat ins Abteil, ging zu dem Offizier und sagte zu ihm: „Mein Herr, gestatten

Sie es mir im Namen der Revolution", und machte sich daran, mit einer Schere die Rangabzeichen und verschiedene Zierate an der Uniform des Offiziers abzutrennen. Statt den anderen zu ohrfeigen, ließ der Offizier lethargisch alles mit sich geschehen.

1919 riefen sowjetfreundliche Kommunisten noch die Räterepublik aus, die nur wenige Monate lebte, bis Admiral Horthy in Budapest einzog. Es sah so aus, als wollte das Land in kurzer Zeit alle Gesellschaftsformen durchtesten. Offiziere und Soldaten im Trübsinn, das Land unter chaotischer Führung; das Ergebnis war das Diktat von Trianon. Daraus folgte das ungarische Trauma: ein Verlust von zwei Dritteln der Landesfläche an die umgebenden Staaten. Dabei wurden nicht nur die gemischt bevölkerten Grenzlandgebiete zur Gründung neuer Nationalstaaten, sondern auch große Gebiete dem ungarischen Kernland auf der pannonischen Ebene entrissen. Allein das an Rumänien abgetretene Gebiet war noch beträchtlich größer als das übriggebliebene Ungarn.

Unsere Familie konnte ihren Besitz in Weißwasser bis 1946, bis zur kommunistischen Machtübernahme, behalten. Der Graf Kendeffy, ein Nachbar von uns im Hatzeger Land, war ein alter, hagerer Mann, als ich ihn Anfang der 70er Jahre in Brüssel aufsuchte. Bei einem Portwein sagte er: „Was uns, den Landadel, betraf, ging es unter dem rumänischen König fast genauso weiter. Als aber die Sowjets und die Kommunisten kamen, mußten wir schleunigst weg. Wir flohen über die Berge nach Klausenburg." Sein schönes Schloß ist inzwischen ein Luxushotel geworden.

Bis zu dieser Zeit lebte unsere Familie auf ihrem Landgut in Weißwasser (rumänisch Rîu Alb, ungarisch Fehérvíz) in der Abgeschiedenheit der Südkarpaten, fern von der Unruhe des Weltgeschehens. Dieses Hatzeger Land ist eine Gegend von idyllischer Geborgenheit, ein kleines Becken von 20 bis 25 Kilometer Breite, an allen Enden umgeben von blauen Bergen mit bis zu 2500 Metern Höhe. Wenn man von den Hängen der Karpaten die winzigen Dörfer des Hatzeger Beckens erblickt, steigt einem das Gefühl des Wohlgebettetseins in der Natur auf, und man versteht, daß man eine solche Landschaft nur unter Zwang verlassen kann, um sie dann ein Leben lang im Herzen herumzutragen.

Im Mittelalter der Erdgeschichte war das Hatzeger Land eine Insel, auf der viele Kleindinosaurierarten lebten. Mit ihren fossilen Resten hatte sich der berühmte Paläontologe Baron Nopcsa beschäftigt. Er, ein Nachbar und guter Freund unserer Familie, hatte ein sehr abenteuerliches Leben gehabt, indem er sich für den albanischen Freiheitskampf gegen die Türken verpflichtete und ihm daraufhin Südalbaniens Königsthron angeboten wurde. Sein Großvater soll der „Fata Neagra", ein Schinderhannes des Hatzeger Landes gewesen sein. Die anderen Adligen hatten bescheidenere Liebhabereien, sie begnügten sich mit der Gemsenjagd im Sommer, mit den Besuchen auf des Nachbars Landsitz, oder sie spielten Geige, wie mein Onkel Ludwig. Besonders reich waren sie nicht, viele lebten wie Großbauern mit Adelstitel und mußten ihr Land gut bewirtschaften, um über die Runden zu kommen. „Adlige mit sieben Zwetschgenbäumen" hießen sie auf ungarisch, die sehr an ihrem begehrten Titel hingen und sich von „sieben Zwetschgenbäumen" ernähren mußten. Eine solche adlige Schloßbesitzerfamilie war sehr hoch bei den Nopcsas verschuldet und auf eine Begleichung bestand keine Aussicht. Als sie einmal mit ihrem ganzen Personal auf der Jagd waren, besetzten die Nopcsas mit Gefolgschaft das Schloß und blieben für immer. So kam das Geschlecht der Nopcsas zu ihrem schönen Schloß in Săcel.

Ein beträchtlicher Teil der ungarischen Adligen dieser Gegend hatte eine rumänische Herkunft, wie der große siebenbürgische Türkenbezwinger Wojwode Johann Hunyadi, der Namensgeber dieses Komitats, der Hunyad oder Eisenmarkt hieß. Über die rumänische Herkunft redete man nicht, es war jedoch auffällig, daß der Name „Bágya" meiner ortsansässigen Großmutter in der rumänischen Entsprechung „Badea" in der Gegend häufig vorkam und es sogar eine rumänische Bauernfamilie gab, die Bágya hieß. Im Stammbaum dieser Großmutter von Weißwasser sieht man einen Zweig der ungarischen kleinadligen Mara (der um die Ecke zu dem berühmten Tibetisch-Gelehrten Körösi Csoma Sándor führt) und den Zweig Bágya, der zurück bis ca. 1400 dokumentiert ist und zu urzeitlich klingenden Namen wie Baluzin, Balota und Tatul führt. Diese seltsamen Namen könnten, wenn man bedenkt, daß Samizegetusa – das Zentrum des antiken Dakiens – im östlichen Hatzeger Land lag, dakorumänischer Herkunft sein. Sowohl im Familienwappen von Mara als auch von Bágya befindet sich ein säbelhaltender Arm, bei Mara noch mit einem bluttriefenden Türkenkopf darunter. Es ist anzunehmen, daß in der fernen Vergangenheit einige dakorumänische Familien durch ihren hohen Rang in der Gemeinde oder für ihre Verdienste im Kampf gegen die Türken von dem ungarischen König Ländereien zugeteilt bekommen hatten und mit madjarisiertem und ergänztem Namen (bei uns „Fejérvízi Bágya“, d. h. Bágya von Weißwasser) in den Adelsstand erhoben wurden. Sie übernahmen die Sprache der ungarischen Verwaltung und gaben sie in der Erziehung ihrer Kinder weiter. Ähnlich könnte sich der Name unseres Nachbars, des Grafen Kendeffy, zu dem rumänischen Namen „Cíndea“ verhalten. Schließlich leitet sich der Name „Nopcsa“ eindeutig vom rumänischen „Nopcea“ ab. All diese Adligen residierten in einem der kleinen Dörfer des Hatzeger Landes, dessen Bevölkerung vorwiegend aus rumänischen Bauern bestand. In eine solche eingesessene, kleinadlige Familie heiratete mein Großvater ein, unter Verzicht auf seine weitere Militärkarriere, was zur Bedingung gestellt wurde. Er stammte aus der Familie eines schlesischen Bergbauingenieurs, Peregrinus Pietsch, der Ende des achtzehnten Jahrhundertes in das siebenbürgische Erzgebirge nördlich vom Hatzeger Land kam.

Der durch die Rote Armee importierte Sozialismus setzte dem ländlichen Idyll der Familie ein jähes Ende. Ein Jahr nach meiner Geburt mußten wir unseren schönen Besitz gegen ein ausgehändigtes Enteignungsprotokoll eintauschen:

„Heute, am 4. November 1947, die Unterzeichneten ... haben auf Grund des Erlasses ... als Folge des Beschlusses der Zentralen Kommission des R. A. Bukarest, die völlige Enteignung und Übergabe an den rumänischen Staat bzw. ... durchgeführt. I Land, 1. drei Grundstücke mit Obstbaumbepflanzungen ... 2. Garten über dem Fluß ... 3. Ackerstreifen ... 4. Land mit erlesenen Sorten von Obstbäumen ... II. Wohngrundstück, 1. Wohnhaus aus Steinmauern und Holz, gedeckt mit Ziegeln, in gutem Zustand ... 2. Stall aus Baustein für 20 Kühe ... 3. Ein Speicher aus Bausteinen ... 4. Ein Brunnen ...“ so steht es auf einem dicht beschriebenen Blatt, was das Heim einer Familie nach Hunderten von Jahren Geschichte mit einem Schlag vernichtete.

Jeder Staat handelt aus nationalen Interessen des eigenen Staatsvolkes, und das Staatsvolk war immer für Ideen, die den nationalen Ruhm mehren wollten, sehr anfällig. So führte die Verstümmelung Ungarns nach dem Ersten Weltkrieg zu Anfeindungen zwischen den Ungarn und den Nachbarvölkern. Um sich die große territoriale Kriegsbeute zu sichern, gründeten die Ungarn umgebenden Staaten außer Österreich die Kleine Entente. Im Falle Rumäniens konnte man auf eine Mehrheit der rumänischen Bevölkerung im annektierten Gebiet hinweisen und auf die Tatsache, daß die Rumänen bis dahin in Siebenbürgen nur den Status eines geduldeten Volkes hatten, ohne Mitspracherecht in Verwaltung und Regierung des Landes. Das ist ein schwerwiegendes Argument, worüber man nicht einfach hinwegschauen kann. Ich wollte mir vorstellen, was es bedeutete, damals in Siebenbürgen als Rumäne geboren zu werden. Die Rumänen bevölkerten damals vorwiegend das Bergland und lebten von der Viehwirtschaft. Der Weg in die Städte, die alle von Siebenbürger Sachsen und Ungarn gegründet worden waren, war an sich schwierig, in manchen Städten gar unmöglich.

Jede Volksgruppe, die nicht die Amtssprache des Staates zu eigen hat, hat schon viele Nachteile im sozialen und politischen Leben, bei der Erziehung und Ausbildung. Die Deutschen Siebenbürgens und des Banats litten nach dem Ausgleich zwischen Österreich und Ungarn 1867 unter der Madjarisierung, nach 1920 und besonders nach dem Zweiten Weltkrieg unter der Rumanisierung. Ich habe als zusätzlich großen Streß empfunden, daß teilweise schon auf dem Gymnasium und später an der Universität der Unterricht nicht mehr in meiner Muttersprache stattfand. Wie einfach hatten es die Menschen, die alles in der Muttersprache lernen durften, und denen die Fremdsprachen wie eine vergnügsame Abwechslung, wie ein freiwilliges Hobby dienten.

Man wird durch die Geburt in ein Land, in eine Muttersprache und in eine Religion geworfen. Die Religion hatte glücklicherweise und nicht zuletzt dank der K.-u.-k.-Tradition, die Religionsfreiheit gewährte, bei uns kaum zu Feindseligkeiten zwischen den Volksgruppen beigetragen. Mit der Sprache war es aber anders. Die drei siebenbürgischen Sprachen unterscheiden sich beträchtlich voneinander, zumal sie zu verschiedenen Sprachfamilien gehören. Sie klingen alle ganz anders, und rufen dementsprechend verschiedene Gefühlsnuancen und Befindlichkeiten hervor. Die Verbindung zu der Muttersprache ist einem jeden Menschen sehr innig. Als Kind konnte ich mir nicht vorstellen, daß zum Beispiel ein Baum, auf ungarisch „fa", auch mit einem anderen Wort als „fa" benannt werden könnte. „Fa" war für den Baum das Urwort. Ich habe als Kleinkind das Wort mit dem bezeichneten Objekt gleichgesetzt, als wären sie ein und dieselbe Sache. Ich dachte, ein rumänisches Kind würde beim Zeigen auf einen Baum zuerst auch an „fa" denken, nur ihre Eltern würden ihm sagen, daß es ihn „arbore" nennen sollte. Ein Baum hieß für mich nicht „fa", sondern er war ein „fa".

Für mich, der ein beständiges, treuherziges Gemüt besaß, war es sehr schwer, mich mit einer ganz fremd klingenden Sprache vertraut zu machen. Die Fremdheit der Worte, die harte rumänische Aussprache, empfand ich schon akustisch beinahe als schmerzhaft. Als ich auf dem Gymnasium viel rumänische Literatur, außerdem Geographie und Geschichte auf einmal auf rumänisch lernen mußte, fühlte ich mich unter großer Belastung. Wir hatten rumänische, ungarische und russische Literatur sowie Französisch, später Deutsch und ein wenig Latein zu lernen. Ich verfluchte die Sprachvielfalt der Welt, weil sie mich hinderte, mich ganz den Naturwissenschaften zu widmen.

Nur mit der unersetzlichen Vertrautheit in der Muttersprache konnte ich mir erklären, warum ich es später in der Physik, die ich an der Universität auf rumänisch studieren mußte, zu nichts Nennenswertem brachte. Auf dem Gymnasium mochte ich die Physik und Mathematik, hatte die besten Noten, und als ich bei der Aufnahmeprüfung für das Studium in Bukarest glänzend abgeschnitten hatte, dachte jeder, ich stünde vor einer großen Karriere. Die Physik an der Universität, von nun an auf rumänisch, war jedoch für mich eine andere Physik. Die Vertrautheit, die ich zu der Materie besaß, war auf einmal weg. Ich konnte natürlich alles weiter auf rumänisch lernen, es war aber nur ein fremdes Nachplappern, ohne ein klar und vertraut empfundenes Verständnis; meine Fähigkeit zu tiefen Analysen und meine ganze Phantasie für die Kreativität waren dabei nicht angesprochen, sondern eher gehemmt.

Das muß auch mein Quantenmechanik-Professor, der berühmte Titeica jr., an einem kleinen Fehler von mir bei der Prüfung erkannt haben. Ich hatte alles richtig an die Tafel gemalt, bloß über dem Spinsymbol fehlte ein Pfeil, ein Zeichen, das auf einen Vektor hindeutet. Als er mich darauf aufmerksam machte, korrigierte ich es mit einer geringschätzenden Handbewegung. Der Fehler war aber nicht so gering, zumal es sich um eine vektoriale Gleichung handelte, und beim Nachhaken konnte ich ihm die Bedeutung des Symbols nicht gut erklären. Der Professor hatte gemerkt, daß ich alles nur auf die Tafel malte, ohne damit vertraut zu sein, was mir bis dahin gar nicht so bewußt gewesen war.

Die Oberflächlichkeit beim Lernen rührte von der Unsicherheit in der fremden Sprache her. Ich hatte Mühe, die Worte mit den richtigen Endungen zu versehen, die mir wie Zungenbrecher vorkamen. Die Leute korrigierten mich oder schmunzelten über mich, und ich biß die Zähne zusammen, denn ich wollte fehlerfrei Rumänisch sprechen, was trotz meiner Bemühungen nicht ging. Ich klage vielleicht zu viel über meine Sprachprobleme, aber mit solchen unnötigen äußeren und inneren Reibereien der Mehrsprachigkeit ist mir eine Menge Energie, eine Menge Leben geklaut worden, während sich die anderen weiterbildeten oder vergnügten.

Wie damals die Rumänen Siebenbürgens gehaßt haben müssen, daß sie als „geduldetes Volk“ bezeichnet und behandelt wurden, so haßte ich zu meiner Zeit den offiziell gebräuchlichen Ausdruck für Minderheiten: „die nationalen Minoritäten“ und den damit verbundenen Status. Es bedeutete, daß man zu einer der vielen Minderheiten gehörte: Ungarn, Deutschen, Juden, Roma, Serben usw., die zwar großzügig geduldet, d. h. nicht mehr verschleppt und vertrieben wurden, für den Staat jedoch wenig bedeuteten, weil er ganz rumänisch werden sollte. Darin steckte auch die Meinung: Als Minderheit sollst du kuschen. Wo es hier lang geht, das bestimmt die Mehrheit. Die vielen Volksgruppen als eine Bereicherung für das Land zu sehen – nicht die Spur, eher als eine Last für den Nationalstaat wegen der möglichen Autonomiebestrebungen. Schweizer „Minderheiten“: Franzosen, Italiener, Rätoromanen; wie gut habt ihr es doch als gleichberechtigtes Volk! Dabei hatte ich in meiner Kindheit in Arad gar nicht den Eindruck, einer Minderheit anzugehören. Rumänisch war damals auf unseren Straßen viel seltener als Ungarisch zu hören.

Einmal in einer Bukarester Abendgesellschaft wendete sich eine vornehme Dame großzügig lächelnd an mich, um mich in einem affektierten Ton zu fragen: „Zu welcher Minorität gehören Sie denn?“ Die Herablassung war für mich unüberhörbar. Zu welcher der vielen, kleinen, unbedeutenden Minoritäten gehöre ich denn. Zu welcher Kuriosität, die bald im Museum ausgestellt werden soll. Ist es nicht egal, wenn alle bald verschwinden sollen? hätte ich antworten müssen.

Durch gezielte Ansiedlungen von Rumänen aus anderen Landesteilen waren die Ungarn und die Deutschen auf ihren Stammgebieten, in ihren selbst gegründeten Städten zu Minderheiten gemacht worden. Die Minderheiten sollten verstreut werden, damit ihre lokale Stärke abnehme. Das hehre Ziel war, eine möglichst homogene, rumänische Masse im Land zu erreichen, in der sich die Minoritäten zwangsläufig auflösen, und in einigen Jahrzehnten nur merkwürdig klingende, rumanisierte Namen an die Gründer der Orte erinnern würden. Damit wollte man auch eine gefälschte Geschichte vollenden, die die „Kontinuität der rumänischen Urbevölkerung" auf diesem Boden bezeuge. Mitten im Arader Stadtpark auf einem Gebiet, wo in der fernen Geschichte nachweislich viele Wandervölker durchgezogen waren, bis Deutsche, Ungarn und Rumänen kamen ist ein Denkmal in orthodoxer Ikonenschrift für die angeblich rumänischen Urbewohner dieses Bodens errichtet worden. Die Verhältnisse sind gründlich umgekehrt worden: der sozialistische Staat diktierte die Geschichte und eine Rumanisierung, die im Ergebnis viel effizienter war als die frühere Madjarisierung.

Angehöriger einer Minorität zu sein bedeutete, ein Leben lang zuzuschauen, wie die eigene Volksgruppe allmählich verschwand. Man hatte die gleichen Rechte, wenn man es schaffte, sich zu verleugnen, zur Majorität überzutreten und deren Kultur gegen die eigene zu pflegen. Manchem Opportunisten konnte so etwas passen. Die meisten blieben aber ihrem Tradition pflegenden Instinkt treu, wie der Wissenschaftler, der sich abmüht, trotz widriger Umstände ein seltenes Insekt vor dem Aussterben zu retten. Und warum? Weil er irgendwie spürt, daß die Arbeit der Natur, die die Mühe vieler Generationen bedeutete, zu respektieren sei.

Als Angehöriger einer Minderheit fühlte man sich stets gezwungen, eine ausgleichende Vermittlerrolle zwischen den verschiedenen Gesinnungen und Anfeindungen zu spielen. Eine derartige Rolle war auf die Dauer stressig und schizophren. Wie sollte man dem Dauergejammer der Ungarn über die verlorene große Heimat begegnen? Sie bezogen sich auf eine ruhmreiche Vergangenheit, die gut fünfhundert Jahre zurücklag, seitdem sie nicht mehr in der Lage waren, das Land aus eigenen Kräften zu verteidigen. Oder der Klage der Siebenbürger Sachsen und Banater Schwaben, die ihre schönen, alten Häuser in ihren Städten und Dörfern, die sie selbst gegründet und aufgebaut hatten, zurücklassen mußten, und sogar noch Lösegeld für ihre Ausreise bezahlten, weil sie die Minderheitenpoltik satt hatten und dem Sog des Westens. nicht widerstehen konnten. Oder dem Zynismus mancher nationalistischen Rumänen, die schulterzuckend sagten: „Geht nur, wenn es euch hier nicht paßt, dieses Land gehört ja den Rumänen!" Da tat es einem wohl, nach Ceausescus Sturz einen rumänischen Sprecher des Radio Free Europe in München zu hören: „Brüder aus Transsylvanien, vergessen wir endich die alten Feindschaften, das verlogene System ist gestorben, wir sollen einander die Hand reichen!"

Für viele Menschen war es schmerzlich, zur Kenntnis zu nehmen, was Europas veränderte Landkarte nach einem Krieg für sie bedeutete. Das Volk der Verlierer wurde in abgetrennten Landesteilen zu einer geduldeten Minderheit herabgestuft oder aus seiner Heimat gnadenlos vertrieben. Mit dem Wiederaufbau wurden die Erinnerungen ein bißchen getröstet, doch in den Augen der ehmaligen Bewohner standen manche restaurierten Häuserreihen wie traurige Denkmäler des Krieges und der Vertreibung da.

Man kann nicht in eine Welt, die aus vielen Erinnerungen lebt, aus dem Gedächtnis tilgen, man muß aber begreifen: die Kriege, die Waffen, das politische Interessengeflecht der Nationen haben gesprochen und entschieden. Viele Völker der Erde haben das Schicksal der Heimatvertriebenen hinnehmen müssen und dabei erfahren, daß die heimatliche Scholle unersetzlich und über ihren Verlust kein Trost zu finden ist.

Entsprechend der drei ganz unterschiedlichen siebenbürgischen Sprachen waren auch die Menschen der drei Volksgruppen sehr verschieden, wie ich sie damals kennenlernte.

Die Rumänen zeigten überall eine große Lebendigkeit und Geistesgegenwart. Sie waren, wenn es um Hilfsbereitschaft ging, an erster Stelle. Es kam aber darauf an, aus welchem Landesteil sie stammten. Die Moldauer waren gelassener, die Oltenier gerissener. Bei Gesprächen hörten sie sehr aufmerksam zu, als könnten sie etwas Wichtiges verpassen. Bei Diskussionen hatten sie die Neigung, einander in der harten Aussprache der Worte übertreffen zu wollen. Ein Nicht-Rumänisch-Muttersprachler wie ich hatte keine Chancen, bei einem Schlagabtausch von harten Worten mitzuhalten. In solchem Fall ließen sie jedoch Milde in der Aussprache walten, gegenüber dem Armseligen mit einer weichen Zunge.

Besonders laut und agressiv kam mir zuweilen die Anrede „Măi!“ mit der Bedeutung „Du!“ vor. Ein Physikprofessor appellierte bei seiner ersten Vorlesung an die Studenten, sie sollten hier in der Hauptstadt das „Măi!“ nicht so laut wie zu Hause verwenden, weil es keinen guten Eindruck machen würde.

Die rumänischen Bauern, die ich während meiner Wanderungen in den Bergen Siebenbürgens traf, waren ruhige, ehrliche Menschen, die in ihrer Gastfreundschaft alle meine Erfahrungen woanders in der Welt übertrafen. Sie waren stets dazu bereit, ihr sauberstes Zimmer dem Gast zu überlassen, ohne dafür Geld nehmen zu wollen.

Die wenigen Deutschen, die ich kannte, waren eher zurückhaltend, hörten ruhig zu und sagten sorgsam abwägend das Notwendige. Sie waren mehr an sachlichen Unterhaltungen interessiert. Gesprächig waren sie nur unter sich, deshalb hatte ich kaum Kontakt zu ihnen.

Die Ungarn kannte ich natürlich am besten. Sie redeten gern über das globale Weltgeschehen, aber noch lieber erzählten sie sich lustige Geschichten, in denen alltägliche Begehenheiten mit der Familie, den Freunden und Bekannten zu Komödien stilisiert wurden. Das Erzählen konnte ins Endlose gehen, so daß Tag- und Nachtwechsel und damit verbundene Bedürfnisse, außer dem Trinken, ganz ignoriert wurden. Der Vortragende war meistens ein Mann, jung bis zum besten Alter, für den das Endloserzählen als Bewährungsprobe galt; in einem latenten, verbal ausgetragenen Wettkampf der „tollen Köpfe“. Dabei ging es darum, wie überzeugend und wie lange einer das große Wort führen konnte. Sollte das auch früher so gewesen sein, dann ist gut verständlich, warum die Ungarn in den letzten fünf Jahrhunderten ihr Land nicht verteidigen konnten und alle Kriege verloren haben. Sie erzählten die ganze Zeit Geschichten, während andere ihr einstiges, großes Land zu Geschichte machten.

Ich selbst konnte bei den Erzählwettkämpfen nicht mithalten. Nach einer erfolgreich erzählten Geschichte war ich schon meistens erschöpft und froh, abgelöst zu werden. Meine doch stilleren, deutschen Großväter schlugen bei mir an dieser Stelle durch. Eine unangenehme Eigenschaft mancher materialistischer Ungarn war es, beim Gespräch „in fremden Taschen zu wühlen“, wie es in einem ungarischen Film hieß. In Budapest angekommen, noch im Taxi, fragte mich ein Verwandter nach der Höhe meines Einkommens, meiner Miete und anderen Ausgaben aus. Da ich mein Geld immer gleich für Reisen ausgegeben hatte und mich sonst von Job zu Job hangelte, war es mir peinlich, zuzugestehen, daß ich unter dürftigen Verhältnissen lebte. Sonst waren die Ungarn sehr friedfertige Menschen, die ruhig im Wohlstand leben wollten nachdem sie sich ausgeredet hatten. Sie fühlten sich als Stiefkind der europäischen Geschichte und hingen um so mehr an der katholischen Kirche, von der sie Trost und Hilfe nach den historischen Ungerechtigkeiten erwarteten.

Ich kannte einen Menschen, der die Eigenschaften dieser drei siebenbürgischen Volksgruppen in sich vereinigte und dabei die Unannehmlichkeiten eines Zuwanderers gut bewältigte. Er war geistesgegenwärtig, hilfsbereit, erzählte gern lustige Geschichten, aber konnte auch lange schweigsam sitzen und sachlich nachdenken. Er warb in Gesprächen unbewegt für einen praktischen Sinn der menschlichen Handlungen. Er war mein Halbbruder.

Außer meinem zwölf Jahre älteren Bruder hatte ich nämlich noch einen vierundzwanzig Jahre älteren Halbbruder aus der ersten Ehe meines Vaters. Ihn hätte ich nie kennengelernt, wäre ich nicht in den Westen geflüchtet. Während des Krieges studierte er an der Technischen Universität in Budapest, die wegen der vorrückenden Sowjetfront nach Breslau ausgelagert wurde. Von dort mußte er bald erneut wegen der vorrückenden Roten Armee mit den großen Flüchtlingskolonnen in Richtung Westen fliehen, so daß er in Dresden landete. „Da ging ein entsetzliches Bombardement auf uns nieder. Das zu überleben, war ein Wunder!" erzählte er schaudernd von der Erinnerung. Es folgte eine Zeit der Not mit „Organisieren, Hamstern und Tauschen" im Nachkriegsdeutschland. Einmal lud ihn ein Freund zu einem Geburtstag ein. Als die Torte angeschnitten wurde, wunderten sich die Gäste, wie fremd die Torte schmeckte. Der Gastgeber erklärte: „Kinder, ich habe alles reingehauen, bloß Zucker war nicht aufzutreiben!"

In München schloß mein Halbbruder sein Studium ab und versuchte später sein Glück in Frankreich. Nach einer kurzen Anstellung reiste er weiter durch Spanien nach Tanger, das damals noch spanisch war. Dort eröffnete er ein Ingenieursbüro und hatte gleich Glück mit einem Großauftrag. Er sollte für die dortigen Militärattachés Stallungen bauen. Sein Ansehen war gestiegen, so daß er um die Hand der Tochter des Postmeisters von Ceuta anhalten konnte. Er heiratete, bald kamen die Kinder und auch die Sorgen. Die Aufträge verebbten. Einer Schnappsidee folgend begann er mit der Entwicklung eines neuen Baumaterials zu experimentieren. In einem selbstgebauten Ofen versuchte er, verflüssigten Glasabfall mit Kohlendioxyd aufzuschäumen und daraus Keramikplatten zu backen. Nach vielen Versuchen klappte es einigermaßen, so daß er es zum Patent anmelden konnte. Inzwischen siedelte er mit seiner Familie nach Madrid um, wo er mit Krediten eine kleine Fabrik zur Herstellung von Schaumglas baute. Am Anfang mit vielen Schwierigkeiten, später schon viel besser, lief das Geschäft, so daß er sich vergrößern konnte.

„Sonst, was Glück und Elend, Freud und Leid betrifft, das war bei mir unter dem Schlußstrich eine große Null und ich denke, darüber kommt keiner hinaus“, schloß er seine Lebensschilderungen bei unserer ersten Begegnung im Frankfurter Hof Hotel.

Von uns drei Brüdern war er der einzige, der den Großvater väterlicherseits noch gekannt hatte. So konnte er mir manche kuriosen Geschichten aus jener Zeit erzählen. Großvater, alt und kränklich, saß in seinem Sessel vor dem Ofen. Sein Enkel, mein Halbbruder, fragte ihn nach einem schwarzen Loch in der Wand über dem Ofen.

„Von dort steigen abends sieben Hexen heraus“, sagte Großvater. „Die erste schimpft auf dich, die zweite hört nicht auf dich, die dritte sieht dich nicht, die vierte kocht dir schlecht ... und die siebente hat alles zusammen: Sie ist deine Tante Bärbel, meine Schwiegertochter.“ Onkel Ludwig und Tante Bärbel lebten nämlich wie Hund und Katze zusammen, und davon wurde auch Großvater in Mitleidenschaft gezogen.

In einer anderen Geschichte ging es um einen roten Opel, den Vater Mitte der zwanziger Jahre gekauft hatte. „Der Kühler leckte ständig und manchmal löste sich vorn ein Rad. Einmal war es so weit weggerollt, daß man es nur mit Hilfe einiger Bauernjungen in einem Maisfeld finden konnte.“

Mein spanischer Halbbruder lebt seit zwanzig Jahren nicht mehr, seine Kinder führen die erweiterte Fabrik, stöhnen bei der verantwortungsvollen Arbeit und staunen über ihren Vater mit dem großen schöpferischen Geist. Wie konnte er das alles bloß hinkriegen? Und ich staunte auch. Wie konnte er so unerschütterlich im Leben nur vorwärts gehen? Natürlich war er unter ganz anderen Umständen aufgewachsen, im Wohlstand, mit einem strengen Vater. Dann schaute er nicht viel nach rechts und links, es kümmerte ihn wenig, daß er in einem fremden Land lebte, Empfindlichkeiten behandelte er sachlich oder gar nicht. Er lernte und tat immer nur das Wesentliche, um weiterzukommen.

„Es ist wichtig, daß du zu den Leuten eine klare Sprache sprichst, die sie zum Beispiel überzeugt, warum sie deine Ware kaufen sollten. Sie wollen Fakten hören und ihre eigenen Vorteile davon. Dabei mußt du gut gekleidet sein, sonst beachtet dich keiner", so sprach der erfolgreiche Fabrikant aus ihm.

Er war immer tipptopp gekleidet und versuchte mich auch einzukleiden. Abends schleppte er mich durch die Kneipenwelt Madrids, wo ihn viele Freunde und Bekannte begrüßten. Nun kam mir mein Rumänisch zu Hilfe, denn Spanisch war damit leicht zu lernen. Ein großer Teil des Wortschatzes dieser Sprache schien mir mit kleinen Änderungen gemeinsam zu sein. Nach längerem Aufenthalt bei seiner Familie kamen Spannungen zwischen uns auf. Er, der geistige Frische und Kreativität schätzte, konnte meine schwerfällige, sinnierende Art nicht leiden. „Wozu die vielen Träumereien?! Du sollst lieber deinen Kopf über eine neue Entdeckung zerbrechen! Wenn du Erfolg hast, werden dich auch die Frauen schätzen."

So angsporn übte ich mich zwei Wochen lang in Kreativität und kam auf die Idee eines Koffers mit Rädern, der dann leichter zu schleppen sei. Mein Halbbruder lächelte darüber und sagte: „Na schön, das ist ein Anfang, das meiste steht noch bevor: einen Prototyp bauen, dann Herstellung und Vermarktung. Edisons Genialität bestand nicht aus der Erfindung der Glühbirne. Ähnliches gab es nämlich schon, sondern aus der klugen Vermarktung. Seine Biographie müßtest du lesen und nicht romantische Märchen!"

Ich hatte die Sache mit meinem Radkoffer schon vergessen, hätte ich nicht nach zehn Jahren überall auf Reisen die Rollkoffer auftauchen sehen. Mir war es natürlich unmöglich, in seine Fußstapfen zu treten. Seine Ratschläge klangen einfach, aber gerade das Einfache war für mich das Schwierigste. Ich konnte nicht den geraden Weg gehen wie er. Von seinem Charakter aus einem Guß war ich weit entfernt. Ich war eine Mischung aus K.-u.-k.-Romantik und Balkantradition. Der Weg zu meinen Zielen war meistens ein endloser Hürdenlauf, dem ich nicht gewachsen war. Sachen, die ich anpacken wollte, verloren durch die massiven Hindernisse ihre Attraktivität. Was blieb mir anderes übrig, als den lästigen Vorsatz wie ein kopflastiges Buch, ein schäbiges Porzellan oder einen alten Schuh auf Balkanart hinzuknallen. So warf ich zeitweise mein unaufhörliches Sinnieren um Traumziele wie einen überflüssigen Ballast ab, zusammen mit der ewigen Frustration, daß nichts so gelang, wie ich es mir vorgestellt hatte. Denn Werfen in jedem Sinne, seien es nur die Abfälle aus zwei Meter Entfernung in den Mülleimer, blieb mir als eine traditionelle Lieblingshandlung aus der Kindheit.

Nachdem ich so ein Vorhaben verworfen hatte, legte ich oft eine Kasette, später eine CD mit Wiener Caféhausmusik auf und dachte an eine schöne Frau, in die ich jahrelang verliebt gewesen war, ihr in Gedanken die schönsten Komplimente machte, ihr alles zu Füßen legen wollte, von all dem sie aber nichts erfuhr, weil ich Angst hatte, etwas aufs Spiel zu setzen, das zwar sehr bescheiden aber schön war, und wesentlich aus dem Lächeln bei ihrem Gruß bestand.

Als ich schon lange in Deutschland war, schaute ich mir manchmal einen Film wie „Der Radetzkymarsch“ oder „Die Kapuzinergruft“ an und dachte an meinen Vater, der in der K.-u.-k.-Zeit ein stolzer Husar zu Pferd gewesen war. Oder ich schaute mir einen alten blaustichigen Heimatfilm mit Marianne Hold an und dachte an mein Alter im Entstehungsjahr dieses Films, als mich dieselbe Luft umwehte, mich dieselben Sonnenstrahlen berührten wie im Film und als ich noch so viel naiven Enthusiasmus in meinem Herzen trug wie die Helden des alten, etwas verkitschten Streifens. Mit dem gleichen naiven Enthusiasmus mußte ich später im Leben scheitern.

Zweiter Teil

Studentenromantik auf rumänisch

Mein erstes Studienjahr in Bukarest verging unter den vielen neuen Eindrücken sehr schnell. Ich war das erste Mal im rumänischen Kernland, und so gab es viel zum Kennenlernen und zum Entdecken. Ich besuchte fleißig die Vorlesungen und Seminare und redete mit jedem, der mich freundlich anlächelte oder gerade meinen Weg kreuzte. Ich konnte noch gar nicht erkennen, wen ich aus dem großen, neuen Bekanntschaftskreis mehr schätzen und mögen würde. In den Sommmerferien erholte ich mich an unserem Heimatfluß in Arad, und aus der Fülle der Eindrücke meines Studienanfangs blieb mir kaum ein Gesicht in besonderer Erinnerung. Dennoch, als die Zeit der Rückkehr nach Bukarest nahte, tauchte aus der Masse der Endrücke ein Gesicht auf, das mich zunehmend zu beschäftigen begann. Es war Dana, eine Studienkollegin aus unserer vierzehnköpfigen Gruppe, mit der wir zusammen die Laborstunden und Seminare besuchten. Sie war mittelgroß, sehr schlank, hatte eine verspielte, träumerische Natur und stammte aus einer Lipovanenfamilie, einem russischen Volksstamm, der um das Donaudelta lebte.

In Bukarest waren fast alle auswärtigen Studenten in Wohnheimen untergebracht, die streng nach Frauen und Männern getrennt waren. Unser Männerwohnheim, ein großer achtstöckiger Klotz, lag im Zentrum der Stadt, neben der Universität. Dort teilte ich im siebten Stockwerk ein Zimmer mit fünf anderen Studenten. Außer den vielen Betten gab es in unserem Zimmer einen Tisch und zwei Stühle. Abends saßen wir auf dem Bett, tauschten unsere Tageseindrücke aus und erzählten Geschichten. Viele davon handelten von Frauen. Jeder hatte erotische Storys auf Lager, in denen er selber die Heldenrolle spielte. Diese Geschichten standen mit der öden Wirklichkeit des grauen rumänischen Alltags im krassen Widerspruch und spiegelten eher die Wunschträume des Erzählers wider. Denn in Wahrheit verbrachten die meisten Studenten ihre Studienzeit ohne eine einzige Freundin. Angesichts dieser Tatsache griffen die großen Maulhelden und Möchtegern-Casanovas auf Geschichten aus der Schulzeit im Heimatort zurück. So konnten sie ihre angeblich vielseitigen Erfahrungen mit Frauen deftig garniert darlegen, niemand vermochte etwas davon nachzuprüfen oder zu widerlegen.

Wenn manche Studenten eine Freundin hatten, bedeutete das nichts weiter, als daß sie sonntags schön brav händchenhaltend durch einen Park spazierten und vor dem Abschied auf einer Bank knutschten. Sollten die beiden in ein schweres, vergeistigendes

Studium verwickelt sein, so konnten sie aneinander beobachten, wie mühsam eine abgestumpfte, zäh gewordene Studiosi-Seele auftaute. So ging das Jahre, bis sie davon müde wurden und entweder heirateten oder sich trennten. Unter solchen Umständen war es nicht verwunderlich, daß sich in den Bewohnern des Studentenwohnheims beträchtliche, unkanalisierte Energien gestaut hatten. Zur Staulösung dienten oft Massenkrawalle mit viel emotionaler Entladung. Nicht zuletzt, weil sich das Werfen von Gegenständen im Lande bekanntlich großer Tradition erfreute, war das beliebteste aller krawallartigen Ereignisse die „Borcaniada“, d. h. eine Olympiade im Werfen der Gurken- und Kompottgläser, auf rumänisch der „Borcane“. Das Werfen dieser Gläser ließ sich vorzüglich aus den Fenstern der obersten Stockwerke des Studentenwohnheims realisieren. Die sonst zum Trinken benutzten Borkane wurden dabei, um eine bessere Wirkung zu erreichen, halb mit Wasser gefüllt. Als Auslöser diente irgendein kleines abend- oder nächtliches Gepolter unten auf der Straße, ein lallender Betrunkener oder eine lautere Unterhaltung. Irgendwo oben wurde dadurch ein empfindsames Studentenohr so unangenehm gereizt, daß ein sinnlos herumstehendes Gurkenglas schnellstens auf eine Flugbahn in Richtung Lärmquelle befördert werden mußte. Beim Aufschlag auf das Pflaster zerbrach das Glas mit einer mehrfach gesteigerten Lautstärke des Ursprungslärms. Gleich darauf erschienen mehrere Köpfe an den Fenstern und riefen laut johlend und anfeuerend: „Los, hau zu, gib’s ihm, dem Schweinehund!“ Dann holten sie ihre bereit gehaltenen Borkanen und schleuderten sie mit größtem Vergnügen auf die Straße. Obwohl dort längst keine Menschenseele mehr zu sehen war, drängten sich weitere Studenten an die Fenster, während andere, herumtaumelnd und aus ihrem ersten Schlaf gerissen, nach ihren Gläsern oder irgendeinem werfbaren Gegenstand tasteten. Nach einiger Zeit legte sich der Aufruhr. Die schlafgestörten Studenten hauten sich wieder ins Bett, mit einem zufriedenen Lächeln, daß man nach dem öden Alltag der Vorlesungen und Seminare doch etwas Bewegendes erlebt hatte.

Bisweilen warf man die Borkane ohne jeglichen Anlaß in den Innenhof, in dem sich eine mit Wellblech bedeckte Sporthalle befand. Dementsprechend höllisch dröhnte es beim Aufprall der schweren Gläser auf dem Blechdach. Der gewaltige Krach war in jedem Zimmer des Hauses zu hören. Manche Bewohner der untersten Etagen, die ganz dicht über der Sporthalle schliefen, waren angeblich aus dem Bett gefallen, als die Wasserglasbombe in ihrer Nähe aufschlug.

Der Name des Wohnheims „Carpati“ (Karpaten) war also schon ganz nahe an der Realität – genau genommen hätte es natürlich „Zu den wilden Karpaten“ heißen müssen.

*

Die Universität und unser Sutdentenheim gegenüber lagen sehr zentral an der Kreuzung von zwei großen Boulevards, die ganz gut in Gregor von Rezzoris Beschreibung der Stadt Metropolsk paßten. Sein lustiges Buch „Maghrebinische Geschichten“, das ich natürlich erst später im Westen las, schildert das Leben in einem historischen Balkanland, das eindeutig das frühere Vorkriegsrumänien mit seiner Hauptstadt Bukarest zur Inspirationsquelle hatte. Demnach lag die Hauptstadt Maghrebiniens, Metropolsk, an der Kreuzung der „Straße der Räuber“ und der „Straße der Taschendiebe“. Diese beiden Straßen entsprachen ganz gut den erwähnten Boulevards im Stadtzentrum.

Auf dem „Boulevard 6 Martie“ (heute „Bulevardul Mihail Kogãlniceanu“) reihten sich viele Kinos aneinander, vor deren Eingängen man bisweilen durch die Menschenmenge drängeln mußte. Bei manchen begehrten italienischen, französischen oder amerikanischen Filmen gab es Tumulte, und es war ganz schön riskant, dort unbekümmert mit viel Geld in der Tasche vorbeizukommen. Man wurde dauernd angesprochen: „Haben Sie vielleicht noch eine Kinokarte übrig?“ eine Sitte, die ich nirgends sonst in diesem Maße gesehen hatte, als hätte man richtig Spaß daran, auf diese Weise an eine Karte zu kommen. Die Kinokassen standen unter einer regelrechten Dauerbelagerung, um vielleicht eine reservierte und noch nicht abgeholte Karte zu ergattern.

Der breitere Boulevard (heute „Bulevardul Ion C. Bretianu“), der je nach dem Abschnitt einen anderen Namen hatte, verlief quer zu dem „Bulevardul 6. Martie“ und war viel breiter, mit vielen imposanten Bauten, darunter auch Luxuskinos. Hätte ich damals im ersten Studienjahr gewußt, daß jener Bouelvard Rezzoris „Straße der Räuber"entspricht, wäre ich viel vorsichtiger gewesen, als mich dort ein kleiner, hutzeliger Mann ansprach, ob ich Feuer hätte. Mit meinem „Nein, es tut mir leid!" lieferte ich ihm durch meinen Akzent gleich einen Hinweis auf meine Herkunft, so daß er mich nochmals fragen konnte, ob ich ein Transsylvanier sei. Als ich das bejahte, zitierte er mir ein paar Zeilen aus einem Gedicht, die ich nicht ganz verstand. Darauf sagte er:

„Das ist aber von Coşbuc. Du weißt doch, unser Coşbuc. Auch ein Transsylvanier."

Cosbuc war ein rumänischer Dichter aus Siebenbürgen, von dem ich das Gedicht „Mutter" kannte. Zu Hause hatten wir nämlich eine Gedichtsammlung, die sich beim Aufschlagen immer bei diesem Gedicht öffnete. So hatte ich oft in die Zeilen hineingelesen, bis sie mir gefielen.

„Über Steinen tost das Wasser, in einem wilden Gejage,
Espen der feuchten Dämmerung flüstern die stille Klage.
Vorn an der Mühle, wo sich die Pfade kreuzen,
da seh' ich dich Mutter in einem schlichten Häuschen", so meine Übersetzung der Anfangszeilen. Die ungarische Übersetzung vermittelte ein sanfteres Bild, das rumänische Original die herbe Schönheit der Umgebung. Genauso wie im Bild dieser ersten Strophe war ich selbst an einem tosenden Bach, in der Nähe einer Mühle geboren worden. Als ich vor zehn Jahren das Dörfchen besuchte, fand ich da eine golden schimmernde Espen-Allee, und um unser schon längst verfallenes Haus flüsterte eindeutig eine stille Klage. Das klingt kitschig, ich weiß. Es war aber wirklich so, daß es in meinem Leben neben Mühle und Bach auch noch kitschig klingende Namen gab, wie etwa: Marika, Janosch und Amigo, unser jüdischer Klassenlehrer aus Tschernowitz; Namen, die ich nicht ändern möchte.

So kam es, daß solche Worte wie Coşbuc und Transsylvanier meine Empfindlichkeiten trafen und damit ihren Zweck nicht verfehlten. Das scheinbar bescheidene und beklagenswerte wurde mir zunehmend vertrauenswürdiger, und ich ging ihm unaufhaltsam auf den Leim. „Komm, wir trinken ein Bier hier gegenüber", lud er mich ein, ein Bier in einem leeren Restaurant auf meine Kosten zu trinken. Er bot mir Zigaretten an und erzählte spannende Sachen für einen Naivling wie mich, über seine vielen Verbindungen zu Leuten aus der Literatur, Kunst und Politik. Unter anderem würde er das siebenbürgische Zentralkomiteemitglied Fazekas kennen. Ich war ganz berauscht vom Bier und von der starken Zigarette. Dann bat er mich um Geld, weil er einem Künstlerfreund ein Geschenk kaufen wolle und sein Geld zu Hause vergessen habe. Er würde mir das Geld in einer Stunde wiedergeben können, nachdem wir uns da und da wieder getroffen hätten. Dann ging er, kam aber kurz zurück, um mir noch etwas Geld für eine Tasse Kaffee unterwegs abzuknöpfen. Er hatte ein sehr leichtes Spiel mit mir. Ich habe ihn natürlich nie wiedergesehen. Nur hinterher war ich wütend auf ihn und auf mich, ich mußte jedoch einsehen: Das war das Lehrgeld, um endlich das heiße Pflaster unter meinen Füßen zur Kenntnis zu nehmen.

Spuren von Rezzoris Maghrebinien waren also zu meiner Zeit eindeutig vorhanden, die Tradition der „Straße der Räuber“ hatte bei mir seine nette Aufwartung gemacht. Vorhanden war zweifellos auch die Tradition des Schmierens. Der „Ciubuc“ oder „Bakschisch“ galt immer noch als bewährter Türöffner. „Denn wie unmenschlich wären die Gesetze ohne das mildernde Mittel des Bakschisch.“ heißt es in „Maghrebinische Geschichten“.

Vermissen mußte ich aber die von Rezzori so oft gepriesene „Ruhe und Gelassenheit der Seele“. Im sozialistischen Maghrebinien war nämlich die Herrschaft der Familien Pungaschij und Kantakukuruz von einem Diktator, dem zurückgekehrten Dracula, abgelöst worden, der mangels Türken jetzt das eigene Volk drangsalierte. Auf den Straßen liefen stirnrunzelnde, desorientierte Menschen, die viel Mühe hatten, sich mit der sozialistischen Dressur abzufinden und nach Lust und Laune des Diktators zu tanzen. Die Gelassenheit äußerte sich in einer trägen Duldsamkeit, wodurch der Diktator zunehmend dreister wurde und es schaffte, allmählich ins Mittelalter, ohne Strom, Licht und Heizung zurückzukehren.

Ich hatte das Glück, oder vielleicht die Ehre, hier auf der „Straße der Taschendiebe“ bloß einmal bestohlen worden zu sein. Ich nahm an der Belagerung einer Kinokasse vor dem Filmbeginn teil, was man eigentlich eher lassen sollte. Ich holte mein letztes Geld aus dem alten Geldbeutel, den ich dann sorglos wieder in meine Hosentasche steckte. Bald war ich der glückliche Besitzer einer Kinokarte und schaute nun entspannt der Gratisvorstellung im Kassenfoyer zu. Eine dichte Menge schlug sich noch vor dem Schalter um die letzten Karten. Manche stellten sich mehrfach an, um dann die Karten auf der Straße vor dem Kino viel teurer zu verkaufen. Andere Jugendliche hatten einfach Spaß am Drängeln. Sie kamen ausgelassen herein, stets auf der Suche nach einer Freibühne für Gaudi und Geblödel. Die Kinofoyers waren wie dafür geschaffen, denn man sah wilde Begrüßungen mit gegenseitigen Püffen am Oberarm, die sich in der Intensität so weit hochschaukelten, daß der eine in die anstehende Masse flog. Es kam zu heiteren Balgereien, zu inszenierten Scheinraufereien, bei denen auch Unbeteiligte zu Boden gingen, die nicht gerade die unbändige gute Laune der Jungs teilten. Die lachten aber, schrien, kicherten und prusteten in schnellem Wechsel. Manche solide Erscheinungen ärgerten sich darüber, und wollten die Jugendlichen in die Schranken weisen, was hier aber fehl am Platze war, denn sie wurden gleich auf den Arm genommen.

„Haste gehört, was dir der Genosse Onkel sagte, du sollst seriös sein", sagte einer zu seinem Gaudifreund und gab ihm einen erneuten Stoß, so daß er das Gleichgewicht verlor und gegen den besagten Genossen Onkel fiel. Der Gestoßene geriet nun in Wut und fing an, den anderen wild durch das Foyer zu jagen, bis sich der Gejagte an der Kartenabreißerin vorbei in den dunklen Kinosaal rettete. Ob das so abgesprochen war?

Die Gaudi ging während der Filmvorstellung weiter. Jugendliche nahmen bevorzugt auf dem Balkon Platz, falls einer vorhanden war. Bei fliegenden Wurfgegenständen war es dort günstiger. Aus diesem Grund nahm auch ich dort Platz. Nach freudlosen Tagen kopflastiger Arbeit kam mir das rauhe Geblödel der Jungs recht entspannend vor. Als sie sahen, daß ich mich über ihre Vorstellung amüsierte, nahmen sie mich auf, indem sie zeitweilig zu mir hinüber schmunzelten.

Im Sitzen entlud sich ihre frische Energie vorwiegend verbal, abgesehen von jähen Ellenbogenschübsen an die Nachbarn. Die Filmszenen wurden laut kommentiert, die langweiligen mit Pfiffen, die kämpferischen mit Anfeuerung und die erotischen mit lüsternen Seufzern. Am Höhepunkt der Bettszene rief der eine: „Hai Rapidul!" Darauf ein großes Gelächter: der Rapidul war nämlich eine beliebte, aber eher schwache Fußballmannschaft in Bukarest, die schon die Anfeuerung seiner Fans brauchte. Die faden Passagen, die langweiligen Dialoge füllten sie mit Selbstinszenierungen aus: „Also Leute, bis die da wieder poppen, machen wir unsere Werbung für den Rapidul!"

Nach dieser reichlichen Ablenkung entdeckte ich erst wieder im Studentenheim, daß mein Geldbeutel nicht mehr in meiner Hosentasche steckte. Na und? sagte ich mir. Ich habe doch zwei Vorstellungen genossen, die zweite war für einen leeren Geldbeutel noch sehr preiswert.

Am Tag darauf machte ich meinen gewohnten Spaziergang durch den Cismigiu Park, dessen Eingänge der Kinozeile auf dem Bulevardul 6 Martie folgten. Mein in den Himmel schweifender Blick nahm oben an den Gitterstäben des Tores einen dunklen Gegenstand wahr. Bei genauerer Betrachtung machte ich dort meinen abhandengekommenen Geldbeutel aus. Der enttäuschte Dieb mußte ihn wohl in seinem Ärger über die wertlose Beute dorthin geschleudert haben. Der zerfledderte Geldbeutel blieb nun mehrere Tage in der windigen Höhe, denn durch Klettern war er nicht zu erreichen. Es fehlte nur ein Schild darunter: „Bulevardul der Taschendiebe".

Wenn ich an diese stürmischen, vor Lebenskraft strotzenden, jungen Leute denke, kann ich besser verstehen, wie Ceausescu bei seiner verhängnisvollen letzten Rede so gnadenlos ausgepfiffen wurde. Die Jungen von damals sind um die vierzig geworden, noch nicht resigniert, eher trugen sie eine geballte Wut, genährt von dem vielen angeordneten Mist des Despoten, den sie schlucken mußten. Der vergreiste Diktator nahm gar nicht mehr wahr, daß ihm keiner mehr zuhören wollte, was er von Gehaltserhöhungen der Staatsbediensteten schwatzte, und er klopfte noch an dem vermeintlich deffekten Mikrophon. Vor dem Publikum war seine Zeit endgültig abgelaufen, wenn nicht schon längst überzogen. Er brauchte bloß weggekickt zu werden.

Das letzte der Kinos auf dem Boulevard 6 Martie war ein kleines Kino, hauptsächlich für Zeichentrickfilme. Es war das Schwulenkino, was ich aber nicht wußte. Ich saß einmal darin bei einem lustigen Film über die Pariser Katzen, als ich unterhalb meines Nackens eine Hand an der Kante der Rückenlehne spürte. Ich drehte mich um und sah einen unbekannten jungen Mann, der mich, statt sich zu entschuldigen, anstarrte. Leicht verärgert wechselte ich darauf den Platz. Ich war jedoch nicht der einzige, der wenig über das Publikum dieses Kinos wußte. Ein anderes Mal ging ich, unterwegs zum Park, hier vorbei, als unter lauter Schimpfen ein kleinerer Mann von einem etwas größeren aus dem Kino auf die Straße gezerrt wurde. Ein älterer Herr hielt an, um ihn anzuhören.

„Rufen Sie die Polizei, aber sofort, bevor er abhaut! Ich saß im Kino, als ich auf einmal merkte, daß jemand an meinem Hosenschlitz fummelte. Da hab' ich ihn gleich gepackt!"

Einige Passanten blieben stehen. Der beschuldigte, kleine Mann stand schweigend, verängstigt da, der andere hielt ihn am Handgelenk fest. Er tat mir leid. So zappelte ich auch schon einmal in der Hand eines Polizisten oder der Securitate. Es war offensichtlich, daß er auch aus einer „Minorität", deren ausgeübte Veranlagung sogar strafbar war, kam. Der gutgekleidete ältere Herr, zu dem der größere Mann redete, verlor rasch das Interesse an der Aufregung und ging, ohne ein Wort zu sagen, weiter. So taten es dann auch die anderen. Die Polizei zu rufen schien hier nicht sehr populär zu sein, stellte ich erfreut fest.

Einmal stand ich am Ende einer Schlange vor einer Kinokasse und freute mich auf zwei entspannende Stunden eines französischen Films, als mich ein massiger Polizist ansprach, ich solle ihm folgen. Auf meine Frage nach dem Grund entgegnete er:

„Den wirst du schon erfahren, erst mußt du mir folgen. Du siehst doch meine Uniform, also mach keinen Unfug." Ich begleitete ihn aufs Revier. In einer Ecke saß ein alter Bettler mit einem großen Rauschebart. Ein Polizist sprach auf ihn ein:

„Du willst also nicht deinen Bart abrasieren." Der Bettler schüttelte apathisch den Kopf. Mein Polizist nahm mir den Personalausweis ab und sagte zu mir:

„Erst wenn du beim Friseur warst, kriegst du deinen Ausweis wieder. So kannst du nicht rumlaufen."

„Meine Haare sind aber gar nicht lang", erwiderte ich, „die sind nur sehr dicht, wie ich sie von meiner Mutter geerbt habe."

„Ich habe es dir gesagt, dein Ausweis bleibt so lange hier, und du mußt die Konsequenzen tragen."

Schöne Bescherung! Statt Kinobesuch ein überflüssiger Friseurbesuch, weil ein Scheißkerl es so wollte. Diese primitiven Herrscher des Landes! Ach, wenn ich mal in ihre verdammten Metzgerfratzen treten könnte! Fluchend und wütend suchte ich in der Nähe ein Friseurgeschäft auf, das natürlich gut besucht war.

Am nächsten Tag erzählte ich einer Dame vom Studentensekretariat, wie mein Kinobesuch vergällt wurde. Ich nannte dabei den Polizisten einen Rüpel.

„Also wenn Sie so von einem Polizisten sprechen, dann wundert es mich nicht, daß man Sie aufs Revier gebracht hat. Er hat bestimmt recht gehandelt."

Ach nein, da bin ich an eine Falsche geraten. Aber langsam wird es mir eng in diesem Land, dachte ich.

*

Der Frühling kam und ich lief überall mit einem von Verliebtheit flimmernden Herzen herum. Bei Vorlesungen, Seminaren, auf Spaziergängen und Busfahrten hatte ich immer das eine im Kopf: ein Bild in tausend Varianten, ausgemalt um die zierliche Gestalt von Dana mit ihren kastanienbraunen Haaren und schalkhaft lachenden Augen. Bei jedem schönen Erlebnis, waren das nur ein Zipfel blauen Himmels oder Sonnenstrahlen, die durch das Blattwerk goldig schimmerten, lachte mir Dana entgegen. Mein schwärmender Blick hüpfte in den Wipfeln der blühenden Bäume, und ich hätte so gern alles mit ihr geteilt in der Gewißheit, daß auch sie daran große Freude haben würde. Ich war völlig eingenommen von ihrer offenherzigen Sprache und ihren kindisch verspielten Bewegungen. Ich stellte mir viele Szenen vor, wie ich mit Dana lachend und tanzend durch den blühenden Frühling wandeln würde. Tag und Nacht träumte ich von ihr, und überall, wo Post im Bereich der Universität auslag, schaute ich wie verhext nach, ob nicht vielleicht für mich ein Brief von ihr dabei sei.

In Danas Anwesenheit war ich wie elektrisiert und in meinem Kopf sprossen dutzende von lustigen Einfällen und Bonmots, mit denen ich sie unterhalten und zum Lachen bringen wollte. Als sie dann darüber wirklich lachte, jubelte mein Herz, von einem glitzernden Glückstrahl erfüllt. Aber den Mut zu einem ehrlichen, vertraulichen Wort, das einem Geständis gleich gekommen wäre und meine Zuneigung zu ihr entblößt hätte, hatte ich nicht. Die frotzelnd witzige Art, die ich mir indessen so gut und erfolgreich eingeübt hatte, konnte ich aus eitlem Stolz nicht mehr aufgeben. Ich hoffte vielleicht, Dana würde sich auch in mich verlieben, dann könnte alles leichter gehen. Sie fand mich zwar unterhaltsam, als sie aber mein offenkundiges Interesse für sie bemerkte, ließ sie mir, dem unbekannten, von weit her gewehten Vogel, gegenüber eher Vorsicht walten. Erst nach Jahren zeigte sie kleine Zeichen einer Vertraulichkeit und keimenden Zuneigung zu mir, allerdings zu einer Zeit, als mein Herzflimmern längst schon abgeflaut und meine schwärmerischen Sinne abgestumpft waren.

Mehr Vertrauen hegte Dana zu Sandu, einem anderen aus der Gruppe. Er war ein großer gutmütiger und eher stiller Bursche, der fast jeden freundlich anlächelte. Sie neckte sich gern mit ihm. „Oh, dein sprießender Bart gefällt mir immer mehr." oder „Wie sehr ich es mag, Sandu in die hellbraunen Augen zu gucken!" sagte sie unverfroren und lachte herzlich offen dabei. So ging es in den Pausen zwischen den Vorträgen und Seminaren in unserer Gruppe recht lustig zu, zumal da auch andere hübsche Kommilitoninnen herumstanden, wie zum Beispiel Luminita (Lichtlein), ein nettes, hellblondes Mädchen, eine ihren Namen nicht verleugnende Erscheinung. Viel neckerische Schwärmerei, keimende Verliebtheit schwirrten im Raum.

Als unser drittes Studienjahr im Herbst anfing, war Sandu nicht mehr unter uns. Während eines Ferienausflugs an der Donau war er ertrunken. Auf unsere ausgelassenen, heiteren Pausen vom Vorjahr hatte sich ein Schatten gelegt.

*

Ich hatte in den fünf Jahren in Bukarest wenige Menschen, mit denen ich mich einigermaßen austauschen konnte. Manuel, ein schöner, netter Junge mit einer kräftigen Sonnenbräune und einem weich federnden Leopardenschritt, suchte mich öfters auf, um mit mir durch die Parks und den Botanischen Garten spazierenzugehen. Er stammte aus Braila, wie der großartige Panait Istrati, der wunderschöne Erzählungen über diese Stadt und über seine Abenteuer um das Mittelmeer schrieb. Wie für Istrati war es auch für Manuel ein großes Vergnügen, im Sommer durch die Donau zu schwimmen. Beim Studium war er nicht so gut, ein Jahr mußte er wiederholen. Wir redeten über entspannte Belanglosigkeiten, über die Pflanzen und die großen Parkbäume, an denen wir gerade vorübergingen; im Farbenrausch des Herbstes schwärmten wir von unseren Erlebnissen in der Natur. Der Badespaß in einem Fluß war unsere gemeinsame Leidenschaft. Ich versuchte ihn mit Fragen über Dana, die er noch aus der Schulzeit in Braila kannte, zu löchern. Da er immer nur nette Antworten gab, halfen sie mir auch nicht weiter. Er hörte sich an wie ein stets verliebter, naturverbundener Junge, er mied kopflastige Gespräche und bei den kleinsten Unsicherheiten sagte er: „Es tut mir leid, ich weiß es nicht." Keinen hörte ich das „Mãi" (Du!) das man eher laut und kräftig aussprach so weich aussprechen, wie Manuel es tat. Ich habe diese Freundschaft nicht ganz verstanden. Wir haben uns nicht geöffnet und trauten uns nicht, über eigene Probleme zu reden. Oder hatte er gar keine? Er schien meistens zufrieden und selbstvergnügt zu sein. Nur, zueinander nett zu sein, stets auf der Hut, dem anderen nicht den kleinsten Kratzer beizufügen, war mir mit all meinen Problemen im Hintergrund – auf Dauer ein steriler Zeitvertreib.

Später als ein sehr intelligenter, älterer Romanist um seine Freundschaft warb, dachte ich, es könnte sich hier um einen Schwulen auf Partnersuche handeln, denn nur an Gesprächen mit ihm könnte der gebildete Romanist kaum interessiert sein. Über so etwas sprach man aber nie, denn keiner hätte sich getraut, einen anderen im rauhen Umgangston des großen Studentenheims bloßzustellen. Wieso kam der schöne Manuel so lange zu mir für unsere belanglosen Spaziergänge? Ein Beauftragter der Securitate konnte er auch nicht gewesen sein, denn er fragte nie, was ich sonst machen oder was mich beschäftigen würde. Er war ein einfacher, netter Junge, dem meine Anwesenheit aus irgendeinem Grunde angenehm war, was ich jedoch nicht ganz verstand, weil ich nicht so ausgeglichen war wie er.

Ein Homosexueller hätte die Situation besser verstanden. Oder auch nicht. Habe ich nicht selbst zwei- oder dreimal erst später erfahren, daß ein Mädchen in mich verknallt war? Und umgekehrt, habe ich nicht jahrelang von einem Mädchen geträumt, dem ich wohl ganz egal war, denn sie nahm kaum Notiz von mir? Jahrelange Träumereien an eine Person verschwendet zu haben, der du egal warst oder die dich gar nicht mochte, das war nicht nur töricht, das war auch eine Beleidugung an die Leute, für die du noch etwas bedeutetest dachte ich mir später in selbstbewußten Stunden. Für sie nämlich, die dich brauchen konnten, warst du gar nicht da, sondern in deiner sinnlosen Träumerei. Das ist aber auch so eine nutzlose Einsicht, weil der kleinste Hoffnungsschimmer reichte, daß die Angebetete dir nur ein bißchen näher rückte, und schon pochte dein Herz in deinem ganzen Hirn, deine Phantasie schoß ins Kraut, und du maltest dir aus, was du ihr alles zu Füßen legen würdest. Besonders in Sachen Liebe zeigte sich immer meine wohl aus der K.-u.-k.-Zeit geerbte Naivität eines Spätromantikers.

Müßiges Reden, denn ich drehte mich dabei immer im Kreis. Ich stellte mir einfach zu viele Fragen, weshalb es in meinem Kopf bisweilen ziemlich verrückt zuging. Diese Begabung, dachte ich, konnte mir in der wissenschaftlichen Forschung zugute kommen; doch die Frage, wie man einem verdammten Elektron beikomme, interessierte mich auf einmal nicht mehr; wie ich dem Objekt meiner Sehnsucht beikommen könnte, schon eher.

Ich kann mir gut vorstellen, wenn Manuel heute bei mir auftauchen würde, könnte er mich genauso nett und ruhig wie damals auf einem Spaziergang begleiten, mich reden lassen und sich dabei schlicht an der frischen Luft erfreuen weil er nicht viel Überflüssiges zu denken brauchte. Sein fast zart gesprochenes „Măi Fehri“ habe ich immer noch im Ohr. In Bukarest hieß ich nämlich bei den Kommilitonen „Fehri“, das von Franz abgeleitet wurde. Ich beließ es dabei, weil ich meinte, Janosch würde in dieser Umgebung zu fremd klingen, und die rumänische Variante „Ioane“ nicht mochte. So viel also zu Manuel, dessen schöne, gut proportionierte Figur vor meinen Augen geblieben ist, wie ein Symbol der Jugend, das gut in eine Erzählung des Panait Istrati passen könnte.

Ein anderer Kommilitone für etwas tiefschürfendere Gespräche war Aurel. Im vierten Studienjahr teilte ich mit ihm und zwei anderen, die beide Vaste hießen, ein Zimmer. Oft blieben wir tagsüber auf dem Zimmer, hockten im Pyjama mit irgendeiner Beschäftigung auf dem Bett. Vasile las Romane und Makarenko, Aurel schrieb manchmal Gedichte und ich malte mit Farben meine Skizzen von Bukarester Straßenecken aus, denn irgendwie hat mich diese spröde Metropole des nördlichen Balkans gepackt. Eines von Aurels Gedichten versuchte ich ins Deutsche zu übersetzen. „Ich wollte das Silber der Sterne einfangen, das Blau der Meere mir einspeichern …“ So fing es an und endete mit „… mir ist aber alles unter den Händen zerronnen, alles zerronnen.“ Ich behauptete, das Gedicht würde auf deutsch sogar besser klingen, wofür er freilich kein Verständnis hatte. Zur Begutachtung zeigte ich dem Banater Schwaben Willi meine Übersetzung. Der große, ruhige Mann mit roten Haaren und Sommersprossen im Gesicht schaute sie kurz an und sagte: „Ja, das ist schon in Ordnung." Für so etwas hatte er gar kein Interesse, es lag außerhalb des Studiums, dem er sich widmete.

Diese Zeit war eine relativ sanfte Phase der kommunistischen Diktatur. Mitten in meiner Studienzeit starb der alte Diktator, offiziell der erste Parteisekretär, Gheorghe Gheorghiu Dej, und der neue kam, Nicolae Ceausecu, der am Anfang noch kaum präsent war. Er brauchte viele Jahre, um einigermaßen verständlich reden zu lernen und damit gleichzeitig sein Selbstbewußtsein zu steigern. Das letztere ist ihm dank seiner Frau sogar gelungen, so daß er richtig Geschmack an der Macht fand. Ihm ging nämlich auf, daß er alles machen durfte, was ihm einfiel, weil der ganze Apparat bereits so eingerichtet war, daß alles nur auf seine Anordnungen wartete.

Ich ging öfters zu Ausstellungen, von denen es viele gab, von ausländischen und einheimischen Künstlern. Als Naturliebhaber interessierte mich zum Beispiel, was die Maler aus dem üppigen Farbenspiel der Jahreszeiten machen. Ich erinnere mich an eine schöne Aquarellenausstellung der baltischen Künstler aus der Sowjetunion, an eine Ausstellung amerikanischer Künstler mit Andy Warhol und Roy Lichtenstein und an die Plastiken von Henry Moore. Als am Ende einer Sitzung der Kommunistischen Jugend UTC nach weiteren Vorschlägen gefragt wurde, sagte ich, wir sollten zusammen die Ausstellung des schottischen Bildhauers Henry Moore besuchen. Zu meinem Unverständnis brach darauf ein großes Gelächter aus. Obwohl ich es ganz ernst gemeint hatte, klopften sie mir auf die Schulter für den gelungenen Witz. Schon wieder zeigte sich, daß ich anders tickte als die Mehrheit.

Für einen ganz privaten Austausch hatte ich niemanden, das war jedoch bei den anderen Studenten nicht anders. Es gehörte nicht zu dem Studentenleben. Es gab aber Orte, wo ich mich gut fühlte, wie bei einem älteren jüdischen Ehepaar, das ich hin und wieder besuchte. Die Frau stammte aus Arad, sie kannte die Familie meines Cousins. Sie waren beileibe keine Schönheiten, dafür aber gute, warmherzige Menschen. Emmy war spindeldürr, grauhaarig, mit einem großen Mund. Jean klein, mit Glatze und kugelrund. Sie hatten schon sehr lange allein gelebt, ohne Aussicht auf einen Partner, bis Bekannte die beiden zusammenführten. Vor ihrer ersten Begegnung waren sie angeblich sehr gespannt aufeinander, und dann die Enttäuschung: „Ach, so einer!" und „Ach, so eine!"

seien ihre Ausrufe gewesen. Nichtsdestotrotz kamen sie nachher sehr gut miteinander aus, und nach dem Tod des Mannes schrieb mir Emmy: „Es ist zum Verrücktwerden, ohne Jean zu leben." Ich fühlte mich bei ihnen herzlich aufgenommen, konnte dort die Telefonate mit den Interessenten auf meine Anzeige für Nachhilfestunden abwickeln und manchmal baden. Während dieser Telefonate, als ich mit den Anrufern die Termine der Nachhilfestunden ausmachte, drehte ich standig nervös mein Handgelenk zu mir, um auf meine Armbanduhr zu schauen, als müßte ich bald zu dem eben ausgemachten Termin eilen. Emmy guckte anfangs noch belustigt zu, später jedoch, entnervt von meiner übertriebenen Geschäftigkeit, packte sie mein Handgelenk und drückte es während des Gesprächs gegen die Armlehne, damit es ruhig bliebe.

Noch eine Bekanntschatft aus der alten Welt lebte in Bukarest, der Ex-Ehemann der Baronin Solymosy aus Arad, der Oberst a. D. Praporgescu ein Name, der bei allen Bukarester Bürgern Ehrfurcht auslöste. Sein Vater, General Praporgescu, gefallen im Ersten Weltkrieg, war nämlich ein bekannter Nationalheld, nach dem noch vor der Kommunistenzeit ein Dorf und Straßen in etlichen Städten benannt worden waren. Dessen Sohn besuchte ich also in meinem ersten Studienjahr, der zwar auch den geschichtsträchtigen Namen des Vaters trug, doch für die Baronin einfach das „Schatzerl" war. Er war ein kleiner, magerer, alter Mann mit verhärmten Zügen, der dafür, daß er zu der alten Garde gehörte, der Rumänien seine heutige Größe zu verdanken hatte, recht beschämend wohnte. An seinen Wohnverhältnissen war erkennbar, daß die Kommunisten nur sich selbst als Träger der Geschichte und der Zukunft des Landes sehen wollten. Er war in eine schäbige Kammer einer großen Wohnung verdrängt worden. Dort zeigte er mir sein extrahartes Bett, das sein Rücken wegen der Spondylose-Erkrankung benötigte. Wo er so kerzengerade dasaß, stellte ich mir vor, daß es vermutlich gerade die stramme Haltung während seiner Offizierskarriere gewesen war, die zu seiner Rückenkrankheit geführt hatte. Wir redeten über mein Studium und über die Baronin, von der ich erzählte, daß sie es mir nicht leicht gemacht hatte während ihrer Besuche bei uns. Ich meinte damit, wie sie meine etwas lockeren Eßmanieren rügte und von uns verlangte, nach ihrem ersten Ehemann, dem Grafen Maximilian von Büdingen, als Gräfin angeredet zu werden. Der alte Oberst verzog das Gesicht. „Ach, mach dir keine Gedanken darüber, du weißt doch, wie sie ist schrecklich dünkelhaft", sagte er und machte eine wegwerfende Handbewegung. Sichtbar war ihm sein hartes Bett lieber denn ein antikes Himmelbett und als „Schatzerl" von der robusten Baronin herumkommandiert zu werden.

Wäre ich nicht stets beschäftigt gewesen, hätte ich die Fremde als viel belastender empfunden. Im Gegensatz zum bekannten, ruhigen Völkergemisch von Arad lebte ich hier in einer homogenen, hektischen Fremdenmasse, die mir oft unheimlich vorkam. Innen fühlte ich mich einsam, doch ich ließ mich standhaft von dem Karussell der Jahreszeiten tragen und ihre Niederschläge auf mein stolzes Haupt herabrieseln, genauso wie die großen Bäume der Parkanlagen, an denen ich vorbeiging, und ihr würdevoller Anblick meine einzige treue Freundschaft beschwor. Während ich so redete wie viele andere um mich herum, die in Klischees plapperten, täuschte ich mich darüber hinweg, daß ich zu einer unbeliebten Minorität gehörte, indem ich mit niemandem darüber sprach. Für viele war ich eben ein transsylvanischer Rumäne mit merkwürdigem Akzent.

Ich hatte einen schlechten Schlaf. Man stelle sich vor, ich schlief drei Studienjahre lang in einem Sechsbettzimmer, das in zwei Studienjahren auch noch ein Durchgangszimmer war, mit meinem Bettkopf an der Durchgangstür. Im Zimmer gab es einen Lautsprecher für Durchsagen und mit Anschluß an die örtliche Radiostation. Einige Mitbewohner, wie auch ich, wollten den Lautsprecher in der Nacht ausschalten, andere wollten sich von Musik in den Schlaf wiegen lassen. Oft entzündete sich ein Streit darüber. Ein genervter Nachtmusikgegner riß einmal im kalten Winter das Fenster auf, machte wieder das Licht an und wollte solange noch bei Licht weiterlesen, bis der Lautsprecher wieder ausgemacht werden würde. Ein anderer, der nur schlafen wollte, warf dann mit seinem Schuh nach der Glühbirne. Die traf er aber nicht, und der Schuh landete auf dem gegenüberliegenden Schrank, mitten in den gesammelten Gläsern, im „Borcane-Arsenal", und richtete dort eine große Verwüstung an. Daraufhin kamen zwei Studenten aus dem Nachbarzimmer herein, um sich zu erkundigen, ob wir mit der „Borcaniade", also mit dem Borcane-Werfen, loslegen wollten. Gleichzeitig kam ein anderer barfuß, in ein Badetuch gewickelt von der Dusche und wollte unser Durchgangszimmer passieren. Plötzlich schrie er auf, da er in eine Glasscherbe getreten war.

„ Ihr spinnt wohl?! Ihr knallt eure Borcane auf den Fußboden statt auf die Straße!“ schimpfte er und warf verärgert einige Scheiben durch das offene Fenster. Die Gäste vom Nachbarzimmer halfen ihm, den Rest vom Schrank hinterherzuschmeißen, zumal die größeren, wenig beschädigten Gläser beim Aufprall vom siebenten Stockwerk einen viel volleren und damit befriedigerenden Krach erzeugten.

Wenn jemand neben sich zu stehen schien, sagten wir, er habe zu viel Quantenmechanik gelesen. Ich brauchte dazu keine Quantenmechanik, denn allein die fremden Menschenmassen um mich herum bereiteten mir bisweilen so viel Aufregung, daß meine Wahrnehmung der Realität verrückt spielte.

Als einmal mitten im Semester ein Kommilitone nach Hause fahren mußte, wollte ich ihm etwas für meine Mutter mitgeben, denn ich meinte, er komme aus Arad. Ich hatte das Bild vor Augen, als mich Mutter zu Semesterbeginn in Arad zum Bahnhof begleitet hatte. Damals, in der Straßenbahn, sah ich diesen Kommilitonen zum ersten Mal in Arad. Er war auch mit seiner Mutter und einem Koffer in der Hand unterwegs. Ich dachte, er sei auf das andere, rumänische Gymnasium gegangen, so daß wir uns nicht kannten.

Als ich nun dabei war, ihm den Wohnsitz meiner Mutter zu beschreiben, schaute er mich verständnislos an und wollte mir dann seinen Wohnsitz erklären, was ich wiederum nicht verstand. Irritiert fing er die Beschreibung wieder an:

„Also verflixt nochmal, wenn du mitten in Craiova stehst auf dem ...“

„Wieso Craiova?“ unterbrach ich ihn: „Du kommst doch aus Arad. Wir haben uns in der Straßenbahn gesehen.“

„Was? Ich bin nie in Arad gewesen.“

Ich muß die Begegnung in der Straßenbahn geträumt oder ihn einfach verwechselt haben. Der war übrigens ein sehr intelligenter Kommilitone, den ich um seine guten Englischkenntnisse beneidete. Nach diesem Vorfall eilte er immer an mir vorbei.

*

Der Zustand der langen unerfüllten Verliebtheit versetzte mich in eine emotional ziemlich einsame Überspanntheit, so daß meine Entzückung immer mehr einer Abstumpfung mit zunehmender Bitterkeit wich. Die öden Tanzveranstaltungen der Universität, die ich lange Zeit so treu besucht hatte, brachten mir nicht die erwünschten Frauenbekanntschaften ein. Die Frauen kamen meistens in Grüppchen mit ihren Kommilitonen und wollten nur miteinander plaudern. Eine Abneigung gegen die studentischen Blaustrümpfe stieg in mir auf. Ich träumte nun von einem einfachen, gesunden Mädel, dem ein junger angehender Akademiker imponieren müßte. Ich dachte, mit meinem ernst klingenden zukünftigen Beruf, garniert mit ehrlichen Treuebeteuerungen würde ich auf ein einfaches, aber hübsches Mädel einen guten, soliden Eindruck machen. Der schalen Oberflächlichkeit der so weit verbreiteten, albern witzelnden Boheme-Quasselei wäre sie wohl schon längst überdrüssig. Dabei kam mir gar nicht in den Sinn, daß diese einfachen, hübschen Mädels auch von einer Schar einfacher, hübscher Männer umringt sein würden, die sich viel besser in ihrem Stand auskennen, und dementsprechend auch eine attraktivere und überzeugendere Figur abgeben könnten. Ich war aber zuversichtlich, denn ich glaubte, ein ganz gut aussehender Bursche zu sein, und davon meinte ich mich zu überzeugen, als gelegentlich in den Läden die jungen Verkäuferinnen meine Erscheinung mit einem leisen „Oh, là, là“ und Austausch von anerkennenden Blicken untereinander quittierten.

Ich begab mich also in neue Reviere, und an einem Samstagabend ging ich zu der Tanzveranstaltung eines Kulturheimes am Rande der Stadt. Das Publikum bestand größtenteils aus Roma. Das war mir jedoch am Anfang noch nicht klar. Bald brach eine wilde Schlägerei aus, Bierflaschen und ihre Splitter flogen durch die Luft, Frauen schrien, und alle suchten nach Deckung. Nachdem sich die Lage wieder beruhigt hatte, hörte ich einen der in der Nähe stehenden Burschen sagen:

„Mann, da haben sich aber die Rumänen geprügelt!“ Sagte er „Români“ oder „Romani“ (Römer)? Vielleicht verstand ich es falsch. Römer, Roma, Rumänen im Kneipenlärm klingt all das auf rumänisch sehr ähnlich. Bloß um meinen Mund aufzumachen, sagte ich darauf unvorsichtig plump witzelnd:

„Was denn für Rumänen? Das waren doch Zigeuner!“

„Hast du das gehört, was er sagt? Nicht Rumänen, sondern Zigeuner hätten sich geprügelt“, und sie tauschten funkelnde, wilde Blicke miteinander aus. Mir wurde klar, daß ich den richtigen vertraulichen Ton nicht getroffen hatte und meine spaßig gemeinten Worte hier fehl am Platz waren.

„Entschuldigt, ich habe es nicht so gemeint", rief ich ihnen zur Beschwichtigung noch eilig zu und und machte mich davon.

Nun dachte ich, ich muß erst das Millieu studieren, bevor ich mich auf unbekanntes Terrain begebe. Ich war jedoch durch eine Kette von Ereignissen auf einmal mittendrin. Es begann mit einem Spaziergang in einem Außenrevier. Ich stand an einer verkehrsreichen Haltestelle, wo sich mehrere Straßenbahnlinien kreuzten. Auf einer Bank saßen einige junge Leute und belustigten sich mit spontanen Albernheiten. In der Mitte saß kerzengerade ein auffälig strammes Mädchen: dunkle Haut, pechschwarze Haare, in rotem Kleid mit blendendem Dekoltee, wie eine eben aufgegangene Rose. Auf einmal sprang sie auf, kam geschwind zu mir herüber, hakte sich bei mir ein und sagte laut:

„So, ich will jetzt mit diesem hübschen Jungen gehen."

So wie ich auch aus heiterem Himmel überrascht war, bemühte ich mich, es nicht zu zeigen. Ich behielt die Fassung und ging mit gespielter Leichtigkeit, aber unter heftigem Herzklopfen auf ihr spontanes Spiel ein. Ihr Benehmen ermutigte mich, so daß ich ihren Arm leicht an mich drückte und mich dabei anfeuerte: Sei doch jetzt kein dämlicher Tollpatsch, und enttäusche sie nicht! Zeig, was du wert bist!

„Ich heiße Marianna. Und du?" fragte sie.

Ich gab mir einen Ruck, sagte meinen Namen, daß ich Student sei und fing sogar an, über das Studentenleben und die schweren Prüfungen zu schwatzen. Am Ende, als wir nach einer kurzen Runde wieder zu ihren Leuten zurückkamen, fragte ich sie, ob wir uns wiedersehen könnten.

„Ich arbeite bei Refacerea, gleich hinter der Operette", sagte sie, „du könntest mich dort nach Feierabend abholen. Es würde mich sehr freuen."

„Ja, ich werde dich abholen!" versicherte ich.

Ihre Straßenbahn kam, wir trennten uns, und damit saß der abgeschossene Pfeil fest in meinem Herzen.

Ich ging in den nächsten Tagen zu dem genannten Fabriktor, wartete und wartete, bis alle Leute nach Feierabend herauskamen, meine rote Rose war aber nicht unter ihnen. Vielleicht war sie schon früher gegangen, oder ich hatte sie übersehen so suchte ich den Fehler zuerst bei mir.

Am nächsten Tag widerholte sich das gleiche. Am dritten Tag fragte ich nach kurzem Zögern einige der herauskommenden Leute, ob sie eine Marianna kannten. Sie überlegten eine Weile, waren etwas unsicher bei so vielen Kollegen, doch schließlich verneinten sie es.

War sie vielleicht krank geworden? Unvorstellbar. Nach einer ratlosen Woche blieb mir nichts anderes übrig zumal der Dorn tief in mir saß und schmerzend stach mich zu der verhängnisvollen Straßenbahnhaltestelle unserer Begegnung zu begeben, dort stundenlang zu warten, in der Nähe herumzuschweifen und zu hoffen, daß sie einmal aufkreuzen würde. Und tatsächlich, nach zwei Tagen vergeblichen Wartens erblickte ich sie, wie sie aus einer Straßenbahn stieg.

Ich trat zu ihr, gab mich gelassen und locker bei der Begrüßung:

„Hallo! Wie geht es denn? Ich habe einmal an deinem Fabriktor vorbeigeschaut, du kamst aber nicht."

„Du, ich arbeite dort nicht mehr. Es tut mir leid, wenn du da gewartet hast. Wir könnten uns aber zum nächsten Tanzabend im hiesigen Kulturheim verabreden. Hast du Lust?"

„Oh ja! Schön!" Mein Herz pochte gewaltig bei der Vorstellung, daß ich sie in meinen Armen halten würde.

Daß meine Tanzkenntnisse sehr dürftig waren, wollte mich gar nicht zu bekümmern. Da ich sie sehr mochte, müßte es schon irgendwie gehen. Ich irrte mich aber gewaltig.

Es war dasselbe Kulturheim, in dem ich die Schlägerei erlebt hatte. Als ich am kommenden Samstag das Haus betrat, sah ich sie mitten in ihrem Bekanntenkreis von Roma. Die tanzenden Paare wirbelten schwindelerregend durch den Saal, so daß es mir ganz bange wurde: Wenn von mir auch so etwas erwartet werden sollte, wie könnte ich es mit diesen Turboflitzern aufnehmen? Es würde alles irgendwie von selber kommen, wenn ich ihre Nähe spürte, beruhigte ich mich. Wir begrüßten einander und ich forderte sie bald zum Tanz auf. Ich setzte eine gutmütig grinsende Grimasse auf und versuchte mein Bestes zu geben. Wie betäubt fühlte ich ihren kräftigen Körper und bald mußte ich feststellen, daß meine lahmen Schritte im krassen Gegensatz zu den flinken Tanzbeinen der anderen waren. Marianna warf amüsiert zwinkernde Blicke zu ihren Bekannten. Um mir einen Ruck zu geben und endlich Leben in meine Beine zu hauchen, sagte ich auf einmal „So, jetzt aber los!", als wäre ich bis dahin nur zerstreut gewesen.

„Ja, los!“ wiederholte sie ironisch meine Selbstermunterung mit erneuten zwinkernden Blicken zu ihren Leuten. Je mehr ich mich anstrengte, um so lächerlicher wurde ich. Ich Tölpel wollte aber nicht zugeben, daß ich hier absolut am falschen Platz war und mir eine schäbige Niederlage bevorstand. Trotz allem wollte ich brav durchhalten, unter dem einfältigen Motto: Fleiß und Ausdauer würden schließlich belohnt werden. Meine jämmerliche Tanzleistung schien Mariannas gute Laune noch zu fördern. Sie schmiegte sich an mich und sagte in schmeichelndem Ton:

„Du, ich würde mal gern mit dir auf dein Zimmer gehen. Hast du eins?“ Den offenen Spott, den sie mit mir trieb, wollte ich einfach nicht wahmehmen, so klar und deutlich er auch war.

Auf der Toilette zog mich ein kleines bärtiges Männchen aus ihrer Gruppe zu einem Gespräch beiseite, fragte mich nach meinem Namen und ob wir gute Freunde werden könnten. Er-selbst schwor auf gute, tiefe Freundschaft aus reinem Herzen, und als ich fügig nickte und davon genügend beeindruckt schien, bat er mich um einen kleinen Geldbetrag. Leicht erbost über diese billige Falle, in die ich hereingetapst war, wollte ich nun die Opfergabe gleich münzen lassen und nun auch von ihm einen Freundschaftsdienst verlangen. Ich fragte ihn nach Mariannas Adresse und ob er für mich ein Zimmer wüßte. Er krauste die Stirn und sagte:

„Du, sie wohnt in unserem Viertel, in einer der verwinkelten Gäßchen. Sehr schwierig zu finden, wie ich es dir auch erklären würde. Aber was willst du von ihr? Sie ist noch Jungfrau.“

Ich wollte mich aber nicht so einfach abspeisen lassen. „Na und!? Das macht nichts“, sagte ich störrisch.

Er zuckte die Schultern: scheinbar war ich ganz unwissend, was die strengen Sitten der Romasippen betraf. Später pumpte er mich noch einmal an, denn für den guten Rat war eine extra Belohnung fällig.

Als ich wieder den Saal betrat, tanzte Marianna mit einer gedrungenen Gestalt, die sie bereits tüchtig herumwirbelte. Sie lachte dabei, und so kam sie nach meinem Bärentanz auf ihre Kosten. Ich setzte mich auf eine Bank, grinste wie ein Idiot zu der ausgelassenen Gesellschaft hinüber und wartete ratlos. Spätestens jetzt wurde mir bedrückend klar, was für einen lächerlichen Fremdkörper ich hier darstellte. Wohl nur aus Mitleid und Höflichkeit hatte man mich noch nicht ausgelacht und vor die Tür gejagt.

Nach einiger Zeit brach die Gruppe um Marianna herum auf. Ohne mich weiter zu beachten, verschwanden sie im Nu. Ich hatte das Gefühl, sie seien lieber gegangen, um mich nicht herausprügeln zu müssen.

Auch ich ging nach einer Weile, mein krampfhaftes Verharren war ja gegenstandslos geworden. In der kühlen Nachtluft glühte mein Gesicht wie nach einer schallenden Ohrfeige. Mariannas heiseres Lachen klang mir noch lange hämisch in den Ohren. Es dauerte eine gute Weile, bis sich meine seit langem ausgeschaltete Vernunft meldete und anfing, mit mir zu hadern. Ich Tölpel, worin hatte ich mich da wieder verstiegen?! Ich war einfach blind und wollte die verbotenen Früchte nicht erkennen. Warum fiel es mir manchmal so schwer, Vernunft walten zu lassen? Bereits das zweite Mal im Leben verguckte ich mich in eine Zigeunerin. Die bittere Ernüchterung hatte ich reichlich verdient! Diese Vorwürfe trösteten mich sogar und halfen mir, wieder festen Boden unter die Füße zu bekommen.

*

Es kam selten vor, daß ich mich in der Rennerei zwischen Vorlesungen, Seminaren und Liebesbedrängnis kurz entspannte und mich auf meine Wurzeln besann, die sehr weit von dieser Welt der rumänischen Metropole entfernt lagen.

An einem warmen Maitag lief ich den bunt bevölkerten „Bulevardul 6 Martie" hinunter, um eine Breaga (ein fermentiertes Erfrischungsgetränk) am Eingang zum Cişmigiu Park zu trinken. Unter dem blauen Himmel drängten sich viele Menschen in den blühenden Park, andere standen für ein kühlendes Getränk an. Beim halb leeren Glas hielt ich inne und schaute verdutzt, wie auf eine exotische Filmkulisse, um mich herum: Wo war ich denn gelandet? Ich, der Sproß einer K.-u.-k.-Familie.

Ich selbst wollte hierher, in die Ferne, weg aus den K.-u.-k.-Trümmern meiner Heimatstadt, weil ich meinte, hier könnte ich einfach nur studieren, was mich interessiert und müßte mich sonst um nichts anderes kümmern. So ging es natürlich nicht, die Umgebung griff immer tiefer in mein Innenleben ein. Und einfach hatte ich es nicht. Die rumänische Sprache bereitete mir schon in der Schule Schwierigkeiten. Sie war ganz anders als Ungarisch, ganz anders als Deutsch. Es war ein harter Brocken, der für mich nur sehr mühsam zu schlucken war. Ich mußte mich aber anstrengen, denn die Aufnahmeprüfung an der Uni verlief natürlich auf rumänisch.

Im Gegensatz zu der Sprache war mir die rumänische Folklore leicht und angenehm verständlich, und sie begann mich zunehmend zu faszinieren. Zuerst bewunderte ich die Virtuosität der schnellen Stücke wie Sirba und Hora und den dazu wild hingeschmetterten Tanz. Das Lauschen auf diese Musik empfand ich wie einen kräftigen Sog aus einer rätselhaften Urwelt. Mutter war entsetzt, als ich das Radio bei diesen Klängen aufdrehte. Als ich rumänische Liebeslieder und die wehklagende Doina in Bukarest kennenlernte, fand ich darin den quälenden Liebesschmerz und die Sehnsucht auf rumänisch „dor" vielleicht nicht am schönsten, wohl aber aus dem tiefsten Inneren kommend ausgedrückt, als hörte ich einer Muttersprache der Seele zu. Scheinbar hatte ich auch genügend Gründe in diese Musik der Sehnsucht hinein zu lauschen. Mir war es, als hörte ich Worte und Klänge aus einem Urtrieb des Lebens, die einen zuerst erschaudern ließen, um dann aus der Tiefe zu trösten. Später lernte ich auch andere schöne Folklore aus vielen Ländern kennen, die mich beeindruckte, aber die rumänische war die erste, die mir diese fremde, mystische Urkraft offenbarte.

All diese Begeisterung stand scheinbar in großer Diskrepanz zu den K.-u.-k.-Wurzeln, zu denen eher Wiener Walzer und Operettenmusik gehörten. Vater hatte angeblich Operettenlieder über meiner Wiege gesungen, derweil das Theater ihm, dem gelegentlichen Lustspielautor, seine Hauptleidenschaft war. So klang mir die Wiener und Budapester Musik aus der alten, großen und noch wohlhabenden Zeit der Familie sehr vertraut vor. Sie besaß eine heimelige Leichtigkeit, die meine Sorgen zerstreute und mich in Träumereien versetzte. Im scharfen Gegensatz dazu stand etwa ein rumänisches Lied der Maria Tanase, wobei jedes Wort mit dem dazugehörigen Klang meine Aufmerksamkeit magisch anzog, meine Sinne zutiefst berührte und mich gespannt aufhorchen ließ. Ähnliches empfand ich bei der Musik des vorderen und mittleren Orients, die mich zärtlich tragend, wiegend und tröstend, wie eine Botschaft aus uralten Zeiten, zu den ältesten Wurzeln meiner Gefühle führen wollte. Eine Reise in den Orient war nach meinen späteren Erfahrungen auch eine Reise in eine frühere Vergangenheit. Ihre Musik stand in krassem Gegensatz zu der Musik des Westens, eine Musik der jüngeren Vergangenheit, die mich vom Boden reißen, euphorisch in die Lüfte heben und befreien wollte bis ich irgendwann wieder hart auf dem Boden landen mußte.

Ich hatte schon den Wunsch, in die spröde Welt des walachischen Balkans einzudringen, um sie zu verstehen. Gelungen ist es mir aber nicht. Zu spürbar, zu offenkundig war mein Anderssein. So gut ich mich auch bemühte, mein Rumänisch in der Staatsbibliothek zu verbessern, erkannten die Leute an meinem Akzent, aber auch an meinen langsameren Reaktionen, sofort, daß ich hier ein Fremder war. Manche dachten, ich würde ein transsylvanisches Rumänisch sprechen. Jedenfalls hatte ich den Eindruck, hier würde ich immer der Fremde bleiben.

Einmal, als ich im vertrauten Kreis der Kommilitonen beim Wein in einer Kneipe saß eine Sitte, die sich in unserer Fachgruppe im letzten Semester etablierte redeten wir darüber, wer nach dem Studium gern in Bukarest bleiben würde. Ich sagte, ich hätte Bedenken hierzubleiben, weil mich hier die sprachliche Barriere zu einem ewigen Fremdling-Sein verdammen würde.

„Ach, mach dir deshalb keine Sorgen, dein fremder Akzent wird dir keine Nachteile bringen", entgegnete eine Studentin und die anderen stimmten ihr zu. Ich dachte, sie wollten mich nur nett trösten; sie waren aber ehrlich und hatten auch recht, wie ich es später erkennen mußte. Was es wirklich bedeutete, als Fremder angeschaut zu werden, habe ich kaum ein Jahr darauf als Flüchtling in Deutschland erfahren. Mit meiner Herkunft erregte ich im besten Fall noch Mitleid, sonst eher Verachtung; einfach weil ich vom Osten aus der vermeintlichen Armut und Rückständigkeit kam. Nach Bukarest kam ich aber vom westlichen Zipfel des Landes, und in Europa waren diejenigen, die vom Westen kamen, immer willkommener und geachteter als die vom Osten. Was meine K.-u.-k.-Herkunft betrifft, die fanden viele gar noch exotischer als die rumänische und hielten sie für einen Scherz.

Eines Abends kehrte ich müde ins Studentenheim zurück und stellte mich in die Schlange am Fahrstuhl. Ein hagerer, bärtiger Student rief laut zu uns herüber: „Wer das Memorandum noch nicht unterschrieben hat, hat noch die Möglichkeit dazu auf den hier ausliegenden Listen oder auf meinem Zimmer im zweiten Stockwerk!" Ich wurde neugierig und suchte ihn später in seinem Zimmer auf, um zu erfahren, worum es ging. Es handelte sich um ein Memorandum ans Zentralkomitee und an Ceausescu. Darin forderte man eine Verbesserung der Lebensbedingungen der Studenten: bessere Wohnverhältnisse, bessere Versorgung und etwas mehr Freiheiten in der Organisation des Studentenheimes. Nun gut, das alles konnte man sich wünschen, und übertrieben war es nicht. Ich unterschrieb es.

Das Ende der Memorandumsgeschichte folgte bald. Zwei Tage später erzählte eine Putzfrau im Fahrstuhl, die Securitate sei da gewesen, um ihn abzuholen. Da er nicht mitgehen wollte, sei er blutig geschlagen worden. Man habe dem „armen Kerl“ sogar einen Arm gebrochen.

Radu, ein altes Schlitzohr, kam in unser Zimmer zum üblichen Abendklatsch.

„Es war mir klar, daß es so kommen würde. Gut, daß ich das Memorandum nur unleserlich unterschrieben habe. Dein Name stand allerdings ganz oben auf dem Blatt und gut leserlich!“ sagte er zu mir, hämisch grinsend. Ich zuckte mit den Schultern.

Eine Sitzung des Kommunistischen Jugendverbands UTC wurde kurz darauf zusammenberufen, um eine „einstimmige Verurteilung dieses reaktionären Elementes“ zu inszenieren. Nun mußten wir vom UTC-Sekretär hören: „Dem Studenten ging es gar nicht um das von Hunderten unterschriebene Memorandum, er wollte nur unter diesem Vorwand subversives Material ins Ausland bringen, um unsere heroische Partei dort zu verleumden und das sozialistische System zu destabilisieren. Wir wollen nun gemeinsam jeglichem reaktionären Versuch aufs schärfste entgegentreten und ...“

Die Beiträge aus dem Publikum wurden jedoch für die eilig herbeigerufene Sitzung nicht abgesprochen. So meldete sich ein ehemals leitender, später aber abgesetzter und frustrierter Aktivist zu Wort:

„Soweit ich weiß, wollte er nur Mißstände im Studentenwohnheim öffentlich kritisieren. Ist das schon ein Verbrechen? Warum dürfen wir nicht frei die Mißstände thematisieren und sagen, was wir denken? Wir brauchen in unserem Land eine spirituelle Freiheit. Daruber müssen wir reden.“

Der UTC-Sekretär daraufhin leicht irritiert: „Ich glaube, sie sollten überlegen, was sie da sagen, außerdem ist das nicht unser Thema heute. Also, wenn keine weiteren Wortmeldungen da sind, will ich die Sitzung schließen.“

Viele Rufe aus dem Saal: „Nein, wir wollen jetzt bleiben! Wir wollen darüber diskutieren!“ Das erste Mal zeigte sich echtes Interesse an der sonst langweiligen Sitzung.

Der UTC-Sekretär: „Es tut mir leid, aber euch ist wohl nicht ganz klar, was ihr da redet, und wo das alles hinsteuern kann. Ich will euch weitere Unannehmlichkeiten ersparen und erkläre damit die Sitzung für geschlossen.“

In den nächsten Tagen flatterten einige brennende Zeitungsseiten von Scinteia, dem Presseorgan der Partei, aus den oberen Stockwerken des Studentenwohnheims. Dies wiederholte sich noch einmal zur Weihnachtszeit, als man sich an die von den Kommunisten verbotene, im Bewußtsein aber tief verankerte Colindul-Tradition des orthodoxen Weihnachtsfestes erinnern wollte. Ansonsten hatte sich das Gemurre gelegt.

Eines Abends aus der Kantine kommend fand ich an der Pforte des Studentenheims einen Zettel für mich: „Ich habe eine Comision für Sie und würde Sie gern übermorgen am Samstag hier um 17 Uhr treffen.“ Darunter eine unleserliche Unterschrift. Was sollte das heißen? fragte ich mich. Das rumänische Wort „Comision“ verstand ich in diesem Zusammenhang nicht. Vielleicht eine Nachricht für mich aus der Ferne. Aber wieso dann der „Genosse“ vor meinem Namen?

Zu der angegebenen Zeit erwartete mich ein gut gebauter Mann um die vierzig; mit gebräuntem Gesicht, dunklen Haaren, bläulich schimmerndem Regenmantel. Alles an ihm war sehr gepflegt. Er fragte nach meinem Namen und stellte sich selbst mit einem sehr gewöhnlichen rumänischen Namen vor. Nach ein paar Schritten auf der Straße lud er mich in eine Konditorei ein. Er war höflich, ich naiv lächelnd; so plätscherte unser Gespräch über Belanglosigkeiten des Bukarester Alltags dahin. Kuchen wurden aufgegessen, das Wasser dazu getrunken, und er sagte, er müsse nun weg, wir könnten uns aber in einer Woche treffen und dann würde er auf die bereits erwähnte „Comision“ zu sprechen kommen. Nach dem freundlichen Abschied ließ mich die förmlich nette, sonst banal abgelaufene Begegnung etwas verunsichert dastehen. Was sollte das, war er ein Journalist oder Autor und wollte etwas über das Leben der Studenten schreiben? Und weshalb so viel Taktgefühl? Wollte er erstmal einen Eindruck von mir gewinnen? Ich grübelte aber nicht viel nach, in meinem Kopf tobten viel stressigere Sachen, etwa das Vertiefen der Quantenmechanik oder die Suche nach einer Freundin, die den zeitweiligen Überschwang meines Herzens entlasten könnte.

Wir trafen uns in einer Woche vor derselben Konditorei. Wieder kehrten wir dort ein, aßen Kuchen und tranken Wasser, aber etwas hektischer als das letzte Mal. Dabei eröffnete der nette, gepflegte Herr mit der Selbstverständlichkeit eines Geschäftsmannes, er habe nun erfahren, was mit meiner Familie passiert war, er bedauere es, und sah dabei kurz forschend in meine Augen. Ich solle mir aber keine Sorgen machen, ich könne ruhig weiter studieren.

Meinem Bruder möge ich ausrichten – und das erste Mal blitzten seine Augen streng auf –, daß er sich richtig verhalten solle. Das war eine klare Warnung an meinen Bruder, der nach sechseinhalb Jahren Arbeitslager und Knast die relative Freiheit eines Bauarbeiters genoß und mit Anträgen eine Ausreise anstrebte. Um ihm eine große Aufregung zu ersparen – seine Nerven waren durch die Jahre im Gefängnis massiv angegriffen, gab ich die Warnbotschaft der Staatsmacht an ihn gar nicht weiter.

Er fragte mich dann, wieviel Freizeit ich neben dem Studium noch zur Verfügung hätte. Ich ahnte schon, worauf diese Frage hinauslaufen würde, und antwortete, ich triebe ein wenig Sport, sei in der Schwimm-Mannschaft der Universität, sonst bliebe mir kaum etwas Zeit übrig. Ich würde gern noch viel lesen, zum Beispiel Bücher von Makarenko, dem brillanten sowjetischen Pädagogen. In Wahrheit wäre es mir nie eingefallen, Makarenko zu lesen. Vasile, der Bücherwurm unseres Wohnheimzimmers, las ihn und schwärmte mir davon ganze Abende lang vor, so daß ich jetzt davon etwas weitergeben mußte. Der nette Herr hörte interessiert zu, der Name Makarenko sagte ihm wohl nichts, er mußte wahrscheinlich hinterher nachschlagen.

Das nächste Mal, nachdem wir beim Kuchenessen das Wetter der Hauptstadt abgehandelt hatten, bat mich der nette, gepflegte Herr – auf einmal mit einer ungewöhnlichen Sachlichkeit – ihn anschließend in sein Büro zu begleiten. Dort könnten wir über die Angelegenheit der „Comision“ sprechen. Sein Ton wurde ernster, er ließ heraushören, ich sei gut beraten ihm zu folgen, bevor ich dazu gezwungen werden sollte. Mir war klar, daß ich vor der Staatsmacht stand. Sie hatte mich bis jetzt mit Rücksicht behandelt, um mir keinen großen Schreck einzujagen. Nun mußte ich aber zeigen, daß ich auch nett war und die Spielregeln respektierte.

Sein Büro war ein spärlich eingerichtetes Zimmer im ersten Stock eines düsteren Mietshauses in der Nähe des Palastplatzes. Wir setzten uns und er legte los: „Es handelt sich um Ihre Korrespondenz mit G.N. aus der Bundesrepublik Deutschland. Erzählen Sie mir von ihm. Seit wann kennen Sie ihn, waren sie gute Freunde?“

Es ging also nicht um das Memorandum, das ich leserlich am Listenkopf unterschrieben hatte und von dem ich bald üble Folgen befürchtete. Eine kleine Erleichterung funkte mir durch den Kopf. Es ging um G. N., einen gleichaltrigen Jungen aus Arad, den wir damals Zumi nannten. Ich sah ihn manchmal im Freibad am Fluß, meistens vom benachbarten Rudervercin kommend, bei dem sein Vater Trainer war. Ich selbst ruderte bei dem anderen, benachbarten Konkurrenzverein. Richtig kennengelernt hatte ich ihn mit zwei anderen Schülern auf einem Ausflug, geleitet von einem Geographielehrer in den Westkarpaten.

Es war eine spannende Jugendexpedition in ein von Höhlen durchlöchertes Karstgebiet der Karpaten, von der wir noch jahrelang schwärmten. Im flotten Tempo durchstreiften wir das Gebiet und stiegen in alle möglichen Löcher hinein, die bisweilen ganz schön eng und somit verdammt abenteuerlich waren. Zumis körperliche Fülle erwies sich dabei als besonders nachteilig, weshalb er manche Hänselei erdulden mußte. Wir, die Schlanken, waren stolz darauf, zuallererst in das „Windloch“, in einen kühle Luft hauchenden Spalt, gekrochen zu sein. Nach der Überwindung des engen, schlammigen Eingangstunnnels und eines Viermeterschachtes erschloß sich uns ein wunderbarer Raum mit einem kleinen See, umgeben von noch nie berührten, ganz weichen, hellbraunen Tropfsteinen. Auf meinen Vorschlag hin nannten wir unsere Entdeckung „Juventushöhle“. Ich fühlte mich die ganze Zeit in Hochform, und das Finden etlicher unserer gesuchten Ziele ging auf das Konto meiner scharf spähenden Augen. Es war wohl einer der interessantesten Ausflüge meines Lebens, bei dem ich erlebte, was ein klares Team bedeutete, wenn alle vom gleichen Entdeckergeist beseelt waren.

Drei Jahre darauf wanderte Zumi mit seinen Eltern nach Deutschland aus. Es hieß, wie es so üblich war, Verwandte im Westen hätten für sie gezahlt. Unsere Mütter kannten sich noch von früher und sie ermutigten uns, die Söhne, an einander zu schreiben. Wir wechselten gerade zwei Briefe darüber, wie es uns ginge, was wir so machten, als Zumi erwähnte, daß er in einer konservativen Partei politisch aktiv wurde. Das klang wie ein jugendlicher Jux, ich fand es jedoch nicht so toll; er hätte wissen müssen, daß der Brief auch von anderen gelesen werden könnte. Und er wurde tatsächlich von der Zensur gelesen und hatte mir bis jetzt zwei honigsüße Kuchen und einen netten, gepflegten Herren auf den Hals beschert.

Mir war aber klar, daß ich noch nichts verbrochen hatte. Ein Briefwechsel mit einer Person im Westen war nicht verboten, und vom Abhauen in den Westen hatte ich nichts geschrieben. Ich erzählte also unbeschwert dem netten Herren der Staatsmacht, woher ich Zumi kannte, und sagte, daß wir nicht auf dieselbe Schule gegangen waren, und ich ihn dementsprechend nur flüchtig kannte. Am längsten sei ich mit ihm auf unserer Höhlenforschungsreise zusammen gewesen, worüber ich eine kurze enthusiastische Schilderung lieferte, als wollte ich ihn von der Schönheit einer Forschungsreise überzeugen. In Wirklichkeit tat es mir gut, mich an einem grauen Tag der Großstadt an die lebhaften Tage in den Westkarpaten zu erinnern.

Er lächelte über meine für ihn eigentlich belanglose Redseligkeit und sagte dann: „Nun gut, ich würde Sie dann bitten, das was Sie mir erzählt haben, in ein paar Sätzen für mich niederzuschreiben."

Das paßte mir nicht ganz so recht, wozu denn? Eine Verweigerung war aber nicht möglich, die hätte nämlich den Wahrheitsgehalt meiner Schilderungen in Zweifel gezogen. Ich schrieb ein paar rumänische Sätze auf ein liniertes Blatt, ungefähr so: „Ich kenne G.N. vom Ruderverein, wo sein Vater Trainer war. Manchmal sahen wir uns im Freibad, und wir waren zusammen auf einem Ausflug zu den Höhlen der Westkarpaten. Er wurde wegen seiner Korpulenz gehänselt." Der letzte Satz kam durch seine Ermutigung zustande, weil mir nichts mehr einfallen wollte und mir das Formulieren auf rumänisch nicht lag. Ich schaute ihn mit einem „Was-soll-der-Quatsch-Blick" an. Sollte ich mich über die ganze Höhlenexpedition ausbreiten und am Ende diesen Schmarrn noch unterschreiben?

„Ja gut, das reicht", sagte er nachsichtig. Eine Unterschrift verlangte er nicht. Zu unserem noch freundlichen Umgangston gehörte es, einander nicht unnötig zu verdrießen. Er bat mich dann, zunächst an G. N. nicht zu schreiben und mich in zwei Wochen wieder treffen zu dürfen. Wir verabschiedeten uns freundlich.

An einem der nächsten Tage ging ich zur Hauptpost. Ich mochte das imposante Gebäude mit den breiten Treppen vor der Kolonnadenfront, wie ein griechischer Tempel, ein Ort der Verbindung mit der Außenwelt, ein Ort für die Hoffnung und Sehnsucht. Ich setzte mich an einen Tisch und machte mich an einen Brief an G.N., mit einem harten, sehr blaß schreibenden Bleistift. Ich schrieb ihm in einem etwas verstellten, undeutlichen Gekritzel, er solle aufpassen, was er mir schreibe, vorerst am besten gar nicht schreiben, denn unsere Briefe würden von einem Dritten gelesen. Ich naiver Trottel dachte, daß der Brief bei dem möglichen Durchleuchten die Zensur als unleserlich oder unverständlich passieren würde. Ich wußte noch nicht, was ich erst später erfuhr, daß man die Briefe ganz einfach im Dampfbad öffnete.

Der nette Herr der Staatsmacht empfing mich bei der nächsten Verabredung mit einer finsteren Miene. Er ließ mich den Kuchen halb aufessen und dann eröffnete er mir: „Es war jemand beauftragt worden, Ihre Post nach Deutschland zu beobachten. Sie haben also doch geschrieben. Nun habe ich eine ganz andere Meinung von Ihnen." Er schaute enttäuscht mit dem verhaltenen Seufzer eines Betrogenen an mir vorbei und erwartete keine Bestätigung von mir.

Ich blickte ihn hilflos an, suchte vergebens nach einer netten Rechtfertigung, die unserem bisherigen Umgangston entsprechen könnte. Dann brach auf einmal mit Gewalt aus mir das ganze Unwohlsein hervor, das ich während dieser Begegnungen mit der so netten Staatsmacht unterdrückt hatte.

„Ja, ich habe ihm geschrieben, weil ich Ruhe haben will. Warum kann ich nicht in Ruhe gelassen werden? Man kann hier kaum noch atmen, man fühlt sich, als müßte man ersticken in diesem Land."

„Ersticken? Was meinen Sie damit?" Er sah mich irritiert an, etwa mit dem Vorwurf: „Ich war bis jetzt immer nett zu Dir, so wähle Deine Worte bitte mit mehr Sorgfalt."

„Ich meine, wie unsere Familie lebt. Mein Bruder ist seit dem Knast nervenkrank, meine Mutter kann nichts mehr essen."

„Warum kam sie nichts essen?"

„Alles kommt ihr gleich hoch. Das Schicksal der Familie hat ihr arg zugesetzt."

All das sprudelte wie eine emotionsbeladene Klage aus mir heraus. Ich hätte noch mehr gesagt, aber mein spät angelerntes Rumänisch versagte bei Gefühlsausbrüchen. Es war auch besser so, denn diese Sachen wollte er von mir offenbar nicht hören. Mit einer Miene von Unbehagen und

Ärger schaute er einige lange Sekunden vor sich hin und runzelte nachdenklich die Stirn. Dann stand der nette, gepflegte Herr auf und sagte mit einer nüchternen Sachlichkeit:

„Wir werden uns nicht mehr sehen." Er reichte mir nicht mehr die Hand, er nickte nur mißgelaunt und ging. Ich blieb für eine Weile wie erstarrt dasitzen, als hätte ich etwas sehr Schlimmes angestellt, und nun erwartete mich die Strafe.

Ach, es ist mir egal, sagte ich mir nachher auf der belebten Straße, ich pfeife auf den netten, gepflegten Herren, den ich soeben beleidigt habe, ich habe ja ohne ihn schon genügend Sorgen. Wenn es ihm paßt, kann er mich von allen lösen; que sera, sera. Eine Strafe kam aber nicht, und ich hatte die Aufregung schon in den nächsten Tagen vergessen.

Er hätte mich erledigen können, und es wäre gar nicht so spaßig gewesen, von der Uni zu fliegen und zum Beispiel eine Lehre in einer Fabrik anfangen zu müssen. Das wäre jedoch ein Stilbruch in seinem höflichen Umgangston gewesen, sogar ein noch schlimmerer Sittenbruch, denn ich war sein Gast, den er zum Kuchen einlud, und so schützte mich ein gewisses Gastrecht. Oder haben mir meine guten Leistungen an der Uni geholfen, von denen er wußte? Vielleicht war er ein überzeugter Spezialist in der Methode des sanften Umgangs; im großen Gegensatz zu den groben Methoden der Polizei, wo nach eigener Erfahrung Ohrfeigen, Prügel und Geldabknöpfen an der Tagesordnung waren. Er mußte sich überzeugen, daß so ein Beruf seine Tücken hat, und ich nun einmal kein netter, zuverlässiger Bürger in seinem Sinn war, der sich für eine „Comision" eignete. So ließ er mich am Ende, wie ich es von ihm wünschte, in Ruhe, ohne mir ein einziges Mal verbal gedroht zu haben. Es war ein sanftes, perfides Spiel mit einer latenten Drohung, das er schließlich verloren hatte, weil ein Ausbruch der unterdrückten Gefühle im Spiel nicht vorauszusehen war. In den lange unterdrückten Freiheitsgefühlen tickte eine ähnliche Zeitbombe, die unvorhersehbar unter dem Sessel des Diktators explodieren konnte, wie es die Geschichte des Landes zwanzig Jahre später bewies. Jedenfalls wird mein netter, gepflegter Herr, so dachte ich mir, nach dieser Erfahrung bei seinen nächsten Kunden nicht mehr so nett vorgehen.

Der Schutzengel der naiven Tölpel steuerte durch wilde Gewässer und schroffe Klippen meinen Kahn und rettete mich, unbeschadet passierte ich den Strudel. „Doof sollst du sein und Glück dabei haben", sagt eine sehr beliebte rumänische Redensart. Genau so ist es mir ergangen und ich bin mit heiler Haut davongekommen.

Es gab noch eine Begegnung mit den gefürchteten netten Herren. Ich war im letzten Studienjahr und wohnte nun als baldiger Absolvent privilegiert, das heißt, statt in einem Sechsbettzimmer in einem Zweibettzimmer am ruhigen Stadtrand. Es war an einem Sonntagvormittag, erfüllt von einer Winterruhe mit gedämpften Tönen über einer dicken Schneeschicht. Ich schaute aus dem Fenster auf das Gelände einer ehemaligen Fabrik. Am Rande der verschneiten Fläche stand ein schlanker Aprikosenbaum, den ich im Herbst in goldener Pracht, später mit Goldpracht auf dem Boden, und jetzt im Winter ganz kahl dastehen sah, mit der Goldpracht unter der dicken Schneedecke schlummernd.

Ich war also in den ruhigen winterlichen Eindrücken versunken, als jemand an meiner Tür klopfte. Auf mein „Herein!" flog die Tür auf und zwei gutgelaunte Männer traten schwungvoll in das Zimmer, als wären sie Abgesandte einer Karnevalsgesellschaft. Sie reichten mir die Hand und stellten sich fröhlich lächelnd mit „Securitatea" vor. Sie sprachen es mit einer Selbstverständlichkeit aus, wie den Namen eines bekannten Wohlfahrtsverbandes.

Ich grinste stutzig. Was waren das für Witzbolde? Als ihre Gesichter ernst wurden, bestätigte sich jedoch die Richtigkeit des Gesagten.

Wer ich war, wußten sie natürlich wieder nicht, wie der nette, gepflegte Herr, der erst später meiner Identität nachforschte. Er war bei unserer letzten Begegnung erbost weggerannt, und hatte mich bestimmt nicht an diese Kollegen weiterempfohlen, dazu waren sie eben zu locker und gutgelaunt. Wer ich war, das war ihnen wohl egal, denn sie interessierten sich gar nicht für mich, sondern für meinen Mitbewohner Juri, den Sowjetstudenten. So hatten sich die Zeiten geändert, nach dem Einmarsch der Sowjets in Prag im letzten Sommer. Eine Verbindung nach Westdeutschland stellte keine Gefahr mehr dar, eher der große Bruder vom Osten, der im Einmarschieren so geübt war.

Sie wollten also wissen, was Juri so machte. Davon wußte ich aber selber wenig. Er war ein kräftiger, etwas gedrungener Bursche mit blonden Haaren, blauen Augen und blendend weißen Zähnen. Abends um zehn herum trat er mit einem verlegenen Grinsen, ohne zu grüßen, ins Zimmer und ging gleich ins Bad, um sich zu duschen und die Zähne zu putzen. Aus dem Bad kam er in einem Slip, der gleichzeitig als Schlafanzug diente. Dann legte sich der abgehärtete Prachtkerl schweigsam ins Bett und drehte sich zufrieden schmunzelnd zur Wand.

Daß er Rumänisch lernte, war nicht erkennbar. Ein einziges Mal fragte er mich etwas halb auf russisch, halb auf rumänisch und redete mich dabei mit Nachnamen dutzend an. Auf meine nicht verstandene Antwort nickte er verwirrt und riskierte nie wieder, mich etwas zu fragen oder überhaupt mit mir zu reden.

So erzählte ich den lustigen Herren, daß es mir nicht bekannt sei, daß Juri hier im Wohnheim außer gründlicher Körperpflege und Schlafen noch etwas tun würde. Er sei noch nicht soweit, daß er rumänisch grüßen könnte, er sei aber genügsam und nach dem Duschen und Trockenreiben seiner schön ausgebildeten Muskeln lächle er wohlgefällig vor sich hin, als ein stolzer Repräsentant einer Supermacht.

Meine Zuhörer lächelten auch, bis ich zum stolzen Repräsentant einer Supermacht kam.

„Stolz etwa auf den siegreichen Einmarsch in die Tschechoslowakei, nicht wahr?“ sagte der eine.

„Tja, möglicherweise“, nickte ich bedauernd.

„Der Teufel soll sie mit ihren Panzern holen!“, sagte der andere und beide sahen mich Zustimmung erwartend an. Ich nickte erneut und hob die Augen mit einer Geste, die sagen wollte: „Schön wär’s, wenn der Teufel sie – denen wir unsere Enteignung und Vertreibung verdanken – holen würde. Ich habe bestimmt nichts dagegen.“

Der Sinneswandel mit der Lossagung vom großen Bruder hatte schon längst stattgefunden, trotzdem war es beeindruckend, ihn so direkt von diesen Herren der Staatsmacht zu hören.

Wollen sie sich in Angst vor der schrecklichen Supermacht mit ihrem einstigen Klassenfeind verbrüdern? Sollen wir am Ende noch Gleichgesinnte werden? Das kann noch lustig werden, sinnierte ich sarkastisch.

„Was treibt er denn an einem Sonntag?“ fragte der eine.

„Soweit ich weiß, treffen sich am Sonntag alle Sowjetstudenten in ihrer Botschaft“

„In der sowjetischen Botschaft?“ Da wurden sie hellhörig.

„Ja, da erhalten sie Unterricht in politischer Bildung“, erzählte ich, was ich von Sorin, einem Kommilitonen gehört hatte, der bis zum Einmarsch in Prag als großer Sowjetfreund viel in der sowjetischen Botschaft verkehrte.

„Da schau mal an", sagte der eine verwundert. Das war etwas Neues für sie.

Damit waren wir am Ende. Der eine rieb zufrieden die Hände, der andere trat ans Fenster und schaute zu dem kahlen Aprikosenbaum, der einsam im weiten Schneefeld zitterte wie das Land vor einem sowjetischen Winter.

Dann schüttelten sie mir eilig die Hand und verschwanden.

*

Im letzten Studienjahr becherte ich mit Kommilitonen meiner Fachgruppe in einer Kneipe „An der Chaussee". Als wir gingen, war es schon dunkle Nacht. Unter einer Straßenlaterne führten uns die zwei Possenreißer, Nae und Gheorghe, ihr Nachtprogramm vor. Sie holten die Kneipenbeute aus ihren Taschen und legten sie auf den Rasen. Messer, Löffel, Gabeln, Teller und Salzstreuer kamen zum Vorschein. Sie johlten und fingen an, wild um diese Beuteausstellung zu tanzen. Von uns unbemerkt standen auf einmal zwei Parkwächter da.

„Was ist hier los?" fragte der eine.

„Ach, das lag alles auf dem Boden, und wir haben sie aufgesammelt", sagte Gheorghe.

„Und was wollen Sie damit? Habt ihr das geklaut?"

„Nein, nein! Wir wollten jetzt nur schauen, ob alles da ist, bevor wir es zurückbringen", rechtfertigte sich Nae. Die beiden hatten Glück, daß die Parkwächter so jung und nachsichtig waren und dem Gefasel des viel älteren Gheorghe Gehör schenkten. Zusammen lieferten sie dann die Beute in der Kneipe wieder ab.

Wir nahmen den Bus in die Stadt zurück und bekamen erneut Ärger. Der Fahrer schimpfte auf uns, daß wir zu laut seien. In einem heftigen Wortwechsel mit dem Fahrer und der Schaffnerin wurde eine Studentin Nutte genannt. Das machte mich wütend, und ich sagte, wir würden keine Fahrkarten lösen, wenn man mit uns so sprach. Durch Alkohol enthemmt wollte ich so laut dröhnend reden, wie das nur Rumänen können. Dabei hörte ich selbst, wie falsch und lächerlich das klang. Dem Fahrer reichte es, er ließ noch einen Fahrgast aussteigen und fuhr dann die ganze Ladung mit uns auf den Zentralhof der Polizei. Dort ließ man alle frei bis auf mich, der als Hauptakteur des Radaus galt. So stand ich schon das dritte Mal als Student in der Hauptstadt vor einem massigen Polizisten, der von mir den Personalausweis verlangte.

Das letzte Mal nahm mir ein Polizist den Ausweis wegen meiner angeblich zu langen Haare ab, als ich bei der Schlange vor einer Kinokasse stand. Statt des ersehnten Filmvergnügens folgte ein erzwungener Friseurbesuch gegen die Rückgabe des Ausweises. So ging es in diesem Lande: kaum freute man sich auf etwas, bekam man gleich eins aufs Dach. Als könnte der sauere Grundton des Landes keinem ein bißchen Freude gönnen.

Nun weigerte ich mich stur meinen Personalausweis auszuhändigen, wegen der schlechten Erfahrungen, und weil ich den ganzen Ablauf für ungerecht hielt. Darauf packte mich der massige Polizist am Arm und wollte mich in eine dunkle Ecke zerren, um mich dort zu verprügeln. Ich riß mich los und rannte in einen Raum, wo ein höherer Beamter am Schreibtisch saß.

„Ist es hier die Prügelstation der Hauptstadt?" schrie ich wild. „Sie ist ja nicht weit von der Foltermacht der Securitate entfernt, hätte ich noch sagen können, denn das imposante klassizistische Gebäude des Innenministeriums lag in der unmittelbaren Nachbarschaft.

Der Mann blickte ruhig vom Schreibtisch auf und fragte, was da los sei.

„Der will seinen Ausweis nicht herausrücken", hörte ich den massigen Polizisten sagen, der hinter meinem Rücken erschien.

„Dann ist das ein klarer Fall, 100 Lei Geldstrafe", sagte der Beamte.

Damit war ich einverstanden, um mir weiteres zu ersparen. Der Massige schrieb mir sogar eine Quittung, verdrossen, daß die saftige Strafe nicht wie üblich in seine eigene Tasche wandern konnte. Ich hatte meine Freiheit wieder und diese Rarität von einer Quittung der Bukarester Polizei.

Wie oft muß ich noch bei der Polizei landen, weil ich meinen Mund nicht halten kann, fragte ich mich. Es war nicht aus irgendeinem heldenhaften Gehabe. Ich dachte einfach, ich hätte das Grundrecht, Gerechtigkeit zu fordern. So ließ ich meinem leicht reizbaren Gerechtigkeitssinn freien lauf, in der naiven Annahme, daß alle mir beipflichten und sogar meine Gegner davon beeindruckt sein würden.

*

Wie eines großen Baumes winziger Samen, der sehr lange in der Erde ruhte, steckte in mir ein ewiges, unauslöschliches Verlangen, aus dem Würgegriff eines ständig schleichenden Trübsinns auszubrechen. Dieses Verlangen, das ich nicht eindeutig begründen konnte, lag tief unten, von den Schichten der Alltagssorgen verschüttet. Es vermochte jedoch schnell ans Tageslicht zu brechen und ins Unermessliche zu wachsen. Eine ausgedehnte Feier oder eine ausgelassene Party konnten die Befreiung von seelischem Ballast versprechen, und damit eine unstillbare Sehnsucht aufkeimen lassen, aus dem trübseligen Nebel der Sorgen auszubrechen, die große Traurigkeit loszuwerden in das „Land des Lächelns" vorzustoßen. Leider fühlte sich die Umwelt von derartigen Versuchen des Auslebens und der Traumaverarbeitung irritiert, anstatt sie in ihrer Bedeutung hoch einzuschätzen. Das mußte ich sehr früh erfahren.

An einem nebligen Wintermorgen war ich noch im Bett, als Mutter, vom Markt kommend, ins Zimmer trat. In einer spontanen Eingebung sprang ich aus dem Bett, schnappte ein schwarzes Tuch vom Garderobenhaken und fing an im Zimmer herumzutanzen. Dabei schwenkte ich das Tuch mit weit ausholenden Armbewegungen und rief gespenstisch: „der Tod, der Tod, ich bin der Tod." Mutter war sehr entsetzt und schrie mich an, ich solle sofort aufhören. „Wieso, das ist doch nur ein Spiel", entgegnete ich enttäuscht, weil ich unterbrochen wurde. „Dein Vater ist im Gefängnis gestorben, und du spielst hier den Tod. Nein, das kann ich nicht ertragen." Später, als ich meinte, mich schon besser zu kennen, konnte ich in dieser Episode mein Bedürfnis an einer Trauerverarbeitung erkennen. Leider war Mutter nicht in der Lage, darauf einzugehen. Ihre Trauer war anders, sie ließ sich nicht auf meine Art überwinden.

Auch de Abschlußfeier der Universitätsjahre in Bukarest endete mit einem kläglichen Versuch des Ausbrechens. Gegen Ende der ziemlich steif und trocken ablaufenden Feier blieb ich mit zwei anderen Studenten, einem Rumänen und einem Schwaben zusammen. Wir zogen ausgelassen und laut durch die Räume. Ich sang dabei laut grölend englische Matrosenlieder, die ich von einem Tonband in der Unibibliothek kannte. Die beiden schauten mich mit glänzenden, erlebnishungrigen Augen an und stimmten in meinen rauhen Gesang ein. Es reichte aber nicht, um den seelischen Jammer des öden Bukarester Studentenlebens herauszubrüllen. Das wurde mir zur späten Stunde klar, als immer mehr Leute gingen und die Kellner mit dem Abräumen begannen. Der bevorstehende jähe Abbruch der endlich heiter gewordenen Stimmung versetzte uns in Angst und Schrecken. Denn wir sehnten uns nach Rausch und Vergessen, nach einer tobenden Feier, die allen Kummer wegfegen und den pechschwarzen Vogel der Vergangenheit, der uns im Nacken saß, in die Flucht jagen würde. So gingen wir von Tisch zu Tisch und tranken die noch nicht ganz geleerten Weinflaschen aus. Und das waren gar nicht so wenige. Besonders klug war es auch nicht, zumal es sich – wie ich es später erfahren sollte – um gepanschte Billigweine handelte. Die Folgen kamen jedenfalls schnell, mir wurde immer dunkler vor Augen. Wir erwischten noch einen Nachtbus und schleppten uns, einander stützend, ins Studentenheim.

Am nächsten Morgen erwachte ich in voller Abendgarderobe auf meinem Bett, furchtbar verkatert. Mir war sterbensübel, und nur mit viel Mühe und Not schaffte ich es bis zum Waschraum, wo ich unter der Dusche sitzend – zu stehen war ich nicht in der Lage – minutenlang lauwarmes Wasser über mich sprudeln ließ. Meine Zimmerkollegen erzählten mir, ich sei in der Nacht ins Zimmer gestolpert, wie ein Sack aufs Bett gefallen und sofort eingeschlafen. Später hatte ich mich noch übergeben, ohne aus dem Tiefschlaf zu erwachen.

Mich dürstete aber nach wie vor stark nach einer inneren Befreiung; ich erhoffte mir davon ein großes und großzügiges Herz, das die Welt so hinnehmen könnte, wie sie war, und dadurch auch mehr verzeihen könnte, als es sonst dazu imstande war.

Was sich durch Feiern und Alkoholkonsum nicht erzwingen ließ, kam manchmal spontan – wenn auch nur für kurze Dauer während des Schwimmens im Fluß oder während eines Kopfsprungs; schwerelos im Wasser oder in der Luft erlebte kurze Momente der seelischen Freiheit, so daß ich euphorisch aufjauchzte. Oft bekam ich eine wilde Lust, wieder und wieder ins Wasser zu springen. Ich genoß das Sausen durch die Luft und den Einschlag ins Wasser. Später habe ich es mir zur Gewohnheit gemacht, mich durch richtige Atemtechnik beim Schwimmen seelisch zu entlasten, das heißt mich „freizuschwimmen".

Als Gymnasiast suchte ich nach Befreiung vom inneren Ballast in meinen naturwissenschaftlichen Reflexionen, indem ich das Leben aus geologischen Perspektiven betrachtete. Ich sah mich in einer hauchdünnen Schale in der endlosen Entwicklung des unermeßlichen Raum- und Zeitgefüges. Ich unternahm wunderbare meditative Reisen durch das Universum, bis ich vor der Einsamkeit des sich selbst überlassenen irdischen Lebens im riesig großen Weltall erschauderte.

Das ist die letzte Traurigkeit eines allwissenden Naturforschers, der so gerne mindestens ein Bakterium von einer anderen Welt nachweisen möchte. Leider ist aber das Weltall so dimensioniert, daß der Kontakt zu anderen Lebenswelten zwar in der spielerischen und tröstenden Phantasie stattfinden kann, in Wirklichkeit aber definitiv ausgeschlossen bleibt.

Dieses Gefühl der Einsamkeit des irdischen Lebens im Weltall schärfte meine Sinne für das Geschehen auf der Erde und half mir – über den Dingen stehend – ein guter Beobachter zu sein.

Ich wünschte mir eine klare Vernunft, die Licht und Erlösung in die dunklen Ecken der Seele bringen sollte. Ich mußte aber erst die Scherben einer zerbrochenen Vernunft und Lebensbejahung wieder zusammenfügen, die ich nach dem Tod meines Vaters eingebüßt hatte. Mir blieb nichts anderes übrig, als Trost und Erbauung in den naturwissenschaftlichen Meditationen zu suchen und die klare Vernunft zu praktizieren, wovon ich mir allmähliche seelische Entlastung versprach. Mit den Jahren war mir die frühere Vorstellungskraft meines nach wissenschaftlicher Genauigkeit strebenden Denkens abhanden gekommen. Doch es blieb mir eine Hülle von der Idee der reinen Vernunft zurück. Darin haben auch die Güte Tante Hildas und die Weisheit meines Cousins, des Mathematikers, ihren festen Platz.

Die Flucht

Ich war ein armseliger Student in Bukarest, der ein Zimmer mit fünf anderen Kommilitonen in einem Massenwohnheim teilte, als Nicolo, der „reiche Onkel aus dem Westen“ plötzlich auftauchte. An der Pforte des Wohnheims fand ich einen Zettel von ihm, ich solle ihn im Hotel Continental aufsuchen.

Er war ein kleiner, kugelrunder Italiener, Mitte fünfzig, und als großer Fleischhändler hatte er manchmal in Bukarest zu tun. Seine Frau, Tante Meri, hatte uns ein Jahr zuvor auch mit ihrer hübschen Tochter überraschend in Arad besucht. Damit wurde eine längst eingeschlafene Verbindung wiederhergestellt. Sie war die Schulfreundin meiner Mutter gewesen und sie standen beide vor ihren großen Balletkarrieren, als ihre künftigen Ehemänner sie von der Bühne holten und heirateten.

Nicolos jähes Erscheinen schlug wie ein Blitz in meinen passiven Alltagstrott und brachte mein Innenleben, daß sich nur aus Träumereien ernährte, ganz durcheinander. Ich führte ein recht verschlafenes Leben zwischen Pflicht, wie Physikvorlesungen, Seminare und Übungen, und Entspannung, wie Psychologie- und Literaturlektüre in der Zentralen Staatsbibliothek. Ich träumte von der schönen, weiten Weit, die sich so unerreichbar für mich jenseits des Eisernen Vorhangs befand, von großen Abenteuern auf fernen Inseln, aber das einzige, was ich mir leisten konnte, war das geistige Abenteuer der Lektüren in der Zentralen Staatsbibliothek. Ich las von weit entlegen lebenden Völkern und tröstete mich mit dem Einblick in ihre Dichtung, die mir entfernte Welten eröffnete, auch wenn ich hier in der Walachei saß, wie der Gefangene einer Insel.

Bevor ich das Hotel betrat, kämmte ich mich noch einmal auf der Straße. Das hatte aber nicht gereicht. Der schwarzbekleidete Fleischkloß an der Rezeption maß mich mit einem verächtlichen Blick, der irgendwo an meinen Füßen hängen blieb. „Mit diesen dreckigen Schuhen kannst du hier nicht hochgehen!“ sagte er überheblich. Ich mußte also zuerst draußen vor dem Eingang den kaum sichtbaren Schmutzstreifen vom Schuhrand entfernen. Dann nickte er und zeigte mit einer barmherzigen Handbewegung Richtung Treppe.

Nicolo umarmte mich herzlich und stellte ein paar Fragen; was ich so mache, wie es mir ginge. Dann ließ er eine Schimpfkanonade los, auf die hiesige Rückständigkeit, auf die tief balkanischen Verhältnisse, wo es in den Läden nichts zu kaufen gäbe und auf den Straßen der Reisende im Schlamm versinke. Im Westen dagegen: glänzende Sauberkeit, prallvolle Läden und alles sei erhältlich, was man sich nur wünschen könne. Wenn mir auch all dies bekannt war, so fühlte ich mich wie geblendet, als ich es von einem Zeugen, von einem Kenner der Verhältnisse, hörte. Später dachte ich, es müßte ihm auf diesen Balkanreisen eigentlich ganz gut gegangen sein, denn er konnte doch dem Menschenwesen allgemein innewohnenden Schimpfbedürfnis reichlich Genüge tun, außerdem konnte er hier überall den reichen Onkel spielen, die Errungenschaften des Westens anpreisen, alles was seiner Eitelkeit schmeichelte, ihn aufbaute und sein Selbstbewußtsein stärkte. Bei anderen Menschen wäre ich nicht auf solche, eigentlich banale, Folgerungen gekommen, aber Nicolo besaß ein offenes Gemüt und redete unverblümt. Er war eben ein Süditaliener.

Am Ende sagte er noch: „Also, wenn du in Jugoslawien bist, ruf mich kurz in Triest an, ich werde dich schon abholen." Diese Worte hatten sich mir stark eingeprägt und bildeten den Strohhalm für die Zukunft.

Nun war Nicolo weg, und ich ging nicht mehr in die Zentrale Staatsbibliothek, um Literatur und Psychologie zu lesen, sondern um Serbokroatisch zu büffeln. Ich fand ein Lesebuch für die Volksschule mit köstlichen Texten wie „Mirko räumt in der Wohnung auf" oder „Milan und Sejdo, zwei gute Partisanen". Auf jeden Fall gelang es mir, den notwendigen Wortschatz für eine Reise durch Jugoslawien zusammenzustellen.

Im studentischen Kulturhaus erfuhr ich von einer im Sommer stattfindenden Rundreise nach Jugoslawien: Belgrad-Sarajewo-Dubrovnik-Belgrad. Das klang für mich sehr attraktiv, ich meldete mich gleich an. Es gab nur eine begrenzte Anzahl von Plätzen, aber probieren könne ich es doch, war mein Gedanke. Gleichzeitig beantragte ich einen Paß für Ungarn.

In meiner weiteren Planung dachte ich an die Beschaffung von jugoslawischen Dinaren, die ich während der Flucht bestimmt brauchen würde. In dieser Absicht ging ich auf den Palastplatz, wo die viele Touristenbusse parkten. Nach der Aufschrift erkannte ich bald einen Bus aus Jugoslawien. Viele Leute standen da wartend herum und mit ein paar eingeübten Sätzen gelang es mir ziemlich schnell, einen Hunderter zu wechseln. Daß ich dabei viel vorsichtiger hätte sein sollen, ging mir nicht durch

Kopf. Ich überlegte, eben noch weitere Hunderter zu wechseln, als der jugoslawische Busfahrer mich fragte, ob ich für seine Gruppe eine Stadtführung mit dem Bus machen könnte. Ich sollte erzählen, was während der Busfahrt zu sehen war und ein Dolmetscher würde es gleich ins Serbokroatische übersetzen. „Ja klar, das mach' ich", antwortete ich erfreut über den unerwarteten Nebenverdienst. Ich schien eine Glückssträhne erwischt zu haben und fühlte mich bereits mit einem Fuß in Jugoslawien. Ich leitete den Bus durch einige Einkaufsstraßen – wo es für Ausländer wohlgemerkt nichts zu kaufen gab – und improvisierte ein paar Räubergeschichten von den markantesten Gebäuden der Strecke. Die Leute klatschten mir mehrmals zu. Nach der erfolgreichen Stadtrundfahrt kamen wir wieder auf dem Palastplatz an und verabschiedeten uns sehr warmherzig voneinander.

Gut gelaunt stieg ich aus dem Bus und wurde gleich von einem Polizisten in jener klobig-häßlichen Winteruniform angesprochen, ich solle ihm folgen. Ich hatte noch das Lächeln der fröhlichen Stadtführung im Gesicht, während er mich außerhalb der Sichtweite der Touristen führte. Seinem Aussehen nach gehörte er zu diesem gnadenlosen Schlachtertypus, der hierzulande bei der Polizei so häufig anzutreffen war. Er nahm meinen Ausweis ab und erklärte mir, daß ich bei verbotenem Geldumtausch beobachtet wurde. Dann beschlagnahmte er meine frisch eingewechselten Dinare und suchte nach den übrigen Hundertern, die er bei meinem Umtauschvorgang gesehen zu haben meinte. Die wollte er auch beschlagnahmen, als Corpus delicti. Er fand sie aber nicht, obwohl er sie in der Hand hielt. Sie waren nämlich unter dem Schutzumschlag des von ihm aufgeklappten Ausweisbüchleins. Er blätterte hastig darin, schüttelte mein Portemonnaie, fand aber nichts, bis er es schließlich verärgert aufgab. Auf die einfache Idee, zwischen dem Deckel und Schutzumschlag nachzuschauen, hätte zuviel Phantasie von seinem fleischigen Kopf verlangt. Er steckte sich meine beschlagnahmten Dinare ein, ohne mir einen Beleg zu geben, so daß diese direkt in seine eigene Tasche wanderten. Danach schärfte er mir boshaft ein, daß ich bei einer Anzeige meines Vergehens an der Uni massive Probleme kriegen könnte, es sei denn, ich würde ihm in der nächsten Zeit andere Schwarztauscher verpfeifen. Dafür gab er mir eine Telefonnummer.

Das war der zweite widerliche Versuch, mich in einen Spitzelapparat einzubinden. Es schien eine Grundmethode dieses Staates zu sein, um die Menschen zu fügigen Rädchen im System zu machen. Auch ich war bestimmt verpfiffen worden, denn bei meinem Geldtausch war weit und breit kein Polizist zu sehen gewesen. Nun sollte ich wohl hier auf dem Palastplatz meinen Verpfeifer ablösen und auf Schwarztauscher lauern, um einem faulen Polizisten bequeme Einnahmen und Lorbeeren zu bescheren. Widerlich!

Ich war schon längst aus dem Lande, als ich von Gabor erfuhr, daß ich in die bunte Spalte der Tageszeitung „Informatia Bucurestiului" gekommen war. Da stand ich mit vollem Namen, noch als Student angegeben, der bei illegalem Geldtausch erwischt worden war. Das war noch ein Beispiel der unkoordinierten und schlampigen Arbeit der so gefürchteten Polizei und Securitate; eigentlich ein großer Segen, der mir und anderen noch rettende Schlupflöcher ermöglichte. Sie hatten meistens keine Ahnung, wer genau ich war, wo ich war und wohin ich wollte. Sowohl bei der Polizei als auch bei der Securitate hatte ich einen schlechten Ruf, ihre Mitarbeiter hatten noch offene Rechnungen mit mir, dennoch gelang es mir, ins Ausland zu reisen und zu entkommen. Es war eine Geschichte von lauter Zufällen, begünstigt von einer löchrigen Bürokratie.

*

Es kam ein schöner Frühling, der eine merkwürdige, fast befremdliche Leichtigkeit in sich trug. Ich wandelte durch seine Blütenpracht, zwischen Himmel und Erde schwebend. Das war mein letztes Studienjahr und viele Härteproben, Belastungen und schwierige Entscheidungen standen mir bevor. Trotzdem schaltete und waltete ich ruhig und instinktiv – wie von einer höheren Macht befohlen. Den mißlungenen Geldumtausch holte ich erfolgreich nach. Ausgerechnet jetzt lernte ich nacheinander zwei Mädels in meinem Alter kennen, mit denen ich am Wochenende ausgehen konnte. In den vorigen Jahren hatte ich vergebens alle Tanzveranstaltungen auf der Suche nach einer zu meinen Herzenswünschen passenden Frau abgeklappert. Jetzt waren sie da, ich aber, ermüdet von der Suche und ihren Launen, konnte sie nicht mehr ernstnehmen. Wir gingen zu Gemälde- und Fotoausstellungen, in die Operette oder einfach spazieren durch die Parkanlagen. Sie waren hübsch, entsprachen in etwa meinem

Geschmack, verliebt in sie war ich aber nicht. Von meiner Sehnsucht nach erotischen Erfahrungen wollten sie vorerst nichts hören. Da für eine platonische Liebe offensichtlich zu wenig geistige Attraktion vorhanden war, ging mir das ewige Nur-Händchen-Halten auf die Nerven. Was wollte ich noch von ihnen, warum vertrödelte ich so unnütz meine Zeit, fragte ich mich, und so machte ich bald Schluß mit ihnen. Auch später im Leben wurde mir die Erfahrung zuteil, daß zu einer partnerschaftlichen Bindung für mich unbedingt auch eine gute Portion geistige Anziehungskraft gehörte. Aber in diesem lebenswichtigen Frühling brauchte ich vielleicht überhaupt keine Bindung, ich empfand das Alleinsein als Freiheit, und die brauchte ich für die auf mich wartenden Entscheidungen.

Meine Sommerpläne benötigten Geld, und so erteilte ich weiterhin, wie auch im letzten Jahr, Nachhilfestunden, die ganz gut honoriert wurden. Ich hatte mit einer Ausnahme immer nur Mädchen zu unterrichten. Die Eltern schätzten mich so sehr, daß sie mich, auch wenn ihre Töchter sitzengeblieben waren, für die weitere Nachhilfe bestellten. In eine Schülerin, die inzwischen zu einer stattlichen jungen Frau mit allen Reizen geworden war, hatte ich mich leicht verliebt. Wenn wir mit den Hausaufgaben fertig waren, brachte ihre Mutter Milchkaffee und Butterbrote ins Zimmer, und wir plauderten noch eine Weile mit beflügelter Phantasie über Zukunftspläne. Liebe und Phantasie sind bekanntlich miteinander sehr verwandt, und so war es nicht verwunderlich, daß daraus eine platonische Beziehung entstand.

Eines Tages ging ich ins studentische Kulturheim, um mich nach der Reise nach Jugoslawien zu erkundigen. Der junge Bearbeiter unterhielt sich mit einem meiner Studienkollegen. Als ich mein Anliegen vortrug, stellte sich heraus, daß ich ganz unten auf der Liste stand. Durch das spontane Einwirken meines Kollegen wurde ich aber umgehend an den Anfang der Liste gesetzt, So war meine Mitfahrt auf einmal sicher.

Die letzten Prüfungen gingen schnell vorüber, glatt wie immer, ohne irgendwelche besonderen Erinnerungen. Es folgte die Stellenverteilung, und ich nahm eine Stelle im Hydrotechnischen Institut an. In den nächsten Tagen suchte ich meinen künftigen Arbeitsplatz auf. Dort wurde mir erklärt, daß ich an der Donaumündung in Sulina bei Messungen der Fluß- und-Meerwasser-Mischung eingesetzt werden sollte. Die letzten Tagen in Bukarest nutzte ich, um für den Herbst eine Bleibe in der Nähe des Hydrotechnischen Institutes zu finden, wenn ich meine Stelle antreten sollte. Ich schaltete und waltete automatisch in gewohntem Gang, als wollte ich gar nicht zur Kenntnis nehmen, daß sich mit der bevorstehenden Jugoslawienreise vor mir ein großes Tor zu einer anderen Welt öffnen würde. Die einmalige Chance zur Flucht sollte ich dann nicht ungenutzt vorübergehen lassen.

Ein Witz machte damals in der Stadt die Runde, ein jüdischer Witz, der mir gut gefiel, zumal er auch meine Einstellung wiedergab. Eine Betriebsversammlung wird zusammengerufen, um die jüdischen Arbeiter von ihrem Wunsch nach Ausreise abzubringen. Der Vorsitzende führt aus: „In Israel ist der Sommer unerträglich heiß. Man kommt fast um von der drückenden Hitze." Grün macht eine geringschätzige Handbewegung. Der Vorsitzende fährt fort: „Im Winter dagegen ist es sehr feucht und regnet tagelang."

Grün macht erneut eine geringschätzige Handbewegung. Irritiert fragt ihn der Vorsitzende: „Was ist mit Ihnen Genosse Grün? Wollen Sie was sagen?"

Grün: „Zuerst dachte ich, na ja, wenn es so heiß ist, dann nehme ich eben keinen Regenschirm mit. Wenn es aber im Winter viel regnet, dann nehme ich ihn doch mit." Der Vorsitzende fährt fort: „Es geht aber nicht nur um das extreme Klima allein, sie müssen an die schweren Arbeitsbedingungen denken, denen sie dort unterzogen werden." Grün tippt unruhig auf seine linke Brust. Der Vorsitzende verärgert: „Ich verstehe Sie nicht, Herr Grün! Was ist denn eigentlich mit Ihnen los? Warum so nervös?" Grün: „Nichts, Herr Vorsitzender. Ich wollte mich nur vergewissern, ob mein Ausreisepaß noch da ist."

Es folgten noch ein paar Wochen im Schwebezustand in meiner Heimatstadt Arad, das übliche Sommervergnügen im Freibad am Fluß. Es war aber nur ein Vergnügen für meine Haut, die sich nach wie vor unersättlich nach dem erfrischenden, kühlen Naß sehnte.Ich selber war bereits ziemlich abwesend, mit den Gedanken in der unklaren Ferne.

Eines Tages flatterte ein Bescheid von der Paßbehörde ins Haus: Mein Paßantrag für Ungarn sei abgelehnt worden, weil ich illegal Geld umgetauscht habe. Ich mußte lachen. Von meiner Jugoslawienreise hatten sie nichts erfahren – trotz aufgedeckten illegalen Geldumtausches mit jugoslawischen Dinaren. Dank Schlamperei in der Bürokratie gab es doch

Löcher im engen Gitternetz des Überwachungssystems, so daß einige Mäuse durchschlüpfen konnten.

Der Tag der Abreise kam, der Abreise ins Ungewisse. Mutter begleitete mich zum Bahnhof. Ich trug meinen hellbraunen Koffer mit der frisch gebügelten Wäsche und ein paar unerläßlichen Reiseutensilien. „Und paß auf", waren unter sichtbarem Herzklopfen und sorgenvollen Blicken ihre letzten Worte beim Abschied. Zwar hatten wir nicht darüber geredet, doch war ihr klar, was ich da vorhatte.

Der Zug brachte mich nach Temeschwar, wo ich mich der Gruppe von vierzehn Studenten und einem Leiter anschloß. Von dort aus nahmen wir den internationalen Zug nach Belgrad, und ich fuhr das erste Mal über die Landesgrenze nach Westen, die wir in der Nacht passierten. Am nächsten Morgen erwachten wir alle ziemlich früh, und im Abteil entzündete sich gleich eine rege, lustige Unterhaltung.

„Na, hast du alles dabei, was man hier gut verkaufen kann? Ein bißchen mehr Dinar als die zugeteilten 150 wirst du schon gebrauchen. Hast du Gerovital mitgebracht?" Das war ein rumänisches Pharmaerzeugnis gegen das Altern, in Jugoslawien angeblich sehr gefragt.

„Nein, ich habe gar nichts dabei", erwiderte der andere schelmisch zwinkernd und öffnete gleich eine Tasche, proppenvoll mit Gerovital-Fläschchen. Der Zug hielt in einer kleinen Station und einige Leute kamen zu unserem Fenster mit deutlichen Tausch- und Handelsabsichten. Ein Student bot einer Bäuerin sein Gerovital an, sie verstand aber nicht, was das war.

„Kennst du nicht Gerovital? Dann schau' mal her!" Der Student entblößte seinen üppig behaarten Oberkörper, rieb mit der Hand wohlig kreisend darüber und sagte:

„Siehst du, das alles wuchs von Gerovital. Du kannst es ausprobieren."

„Pfui, schäm dich!" schimpfte die Bäuerin. Wir alle lachten.

In Belgrad nahmen wir Quartier in einem alten, heruntergekommenen Hotel. Nach einer Stadtrundfahrt stand uns die Zeit frei zur Verfügung. Die Gruppe löste sich auf, und die Leute zerstreuten sich in die Einkaufszeilen der Stadt. Sie gingen ihren Einkäufen und Geschäften nach, ich aber mußte meine eigenen Pläne verfolgen. So hatte ich eine Adresse aufzusuchen, eine Bekannte der Chefin meiner Mutter, die mir eventuell wertvolle Ratschläge hinsichtlich meiner Fluchtpläne geben könnte. Sie war freundlich, konnte mir jedoch mit keinem besonderen Rat dienen.

Ich versuchte Nicolo in Triest anzurufen. In seinem Büro meldete sich ein Mann, der leider nur italienisch sprach. Ich ging zum Bahnhof und erkundigte mich nach den Zügen an die italienische Grenze. Es gab einen Nachtzug, der am frühen Morgen in meinem Zielort eintreffen würde. Dieser Ort durfte nicht direkt an der Grenze liegen, sonst würde ich mich verdächtig machen. Soweit war es aber noch nicht, daß ich mich auf diese riskante Reise begeben sollte, denn ich wollte erst die bequeme Art gemäß Nicolos Versprechungen ausprobieren. Hatte er nicht gesagt, daß er mich aus Jugoslawien abholen würde? Da auch ein weiterer Anruf nach Triest scheiterte, schrieb ich ihm eine Karte, daß er mich in ein paar Tagen in Dubrovnik im internationalen Jugendcamp abholen könne, wo unsere Gruppe übermorgen eintreffen würde. So einfach ist das, dachte ich, daß er mit seinem Alfa Romeo schnell dorthin saust – geringe 800 km – und mich abholt.

Weiter hatte ich in Belgrad nichts mehr zu tun, denn vor Einkäufen mußte ich meinen Geldbeutel schonen. Nach zwei Tagen fuhren wir mit der Bahn nach Sarajewo. Der Zug schlängelte sich durch eine trockene, hellgraue Berglandschaft. „Bosnien besteht fast nur aus Stein", bemerkte einer aus der Gruppe. Ich konnte die schöne Bahnfahrt leider nicht richtig genießen.

In Sarajewo empfing uns eine warme Luft, die ich von den Hochsommertagen in Arad kannte. Es gab viel zu besichtigen. Moscheen, Basar – ein leichter Hauch von Orient: all das wirkte beruhigend auf mich. Ich besann mich auf die Geschichte der Menschheit, der Zivilisationen, dann kehrte ich zurück zu meiner kleinen Geschichte von der Kindheit am Fluß bis in die Gegenwart. Diese Stadt hatte eine Art morbider Romantik, die mich in Erinnerungen dahintreiben ließ und in Träumereien über die Vergänglichkeit der Dinge versetzte. Auch in späteren Jahren, wenn mein Weg durch Sarajewo führte, habe ich es immer so empfunden.

Nach zwei Tagen Aufenthalt fuhren wir weiter nach Dubrownik. Vom Anblick der Adriaküste mit ihren dutzenden von Inseln und kleinen türkisblauen Buchten war ich so bezaubert, daß ich mich gleich in die Mittelmeerlandschaft verliebte.

Zu unserem Camp am Berghang führte eine Palmenallee mit mächtigen Bäumen. Die Luft war schwülheiß, unten glitzerte die dunkelblaue Adria: ich war restlos überwältigt. Die Stadt in ihrem venezianischen Stil war wie ein weißes Marmorjuwel aus 1001 Nacht. In den nächsten Stunden machte ich die Bekanntschaft des Mittelmeerwassers, und nachdem ich ausgiebig gebadet hatte, kehrten meine Gedanken zu den Fluchtplänen zurück. Auf einmal konnte ich mir kaum noch vorstellen, daß Nicolo eines Tages hier an der Campeinfahrt aufkreuzen würde. Vor uns hatten wir hier eine Woche Aufenthalt, bevor wir nach Belgrad zurückreisen sollten. Dieser Handlungsraum mußte genutzt werden. Also schrieb ich noch eine Karte an Nicolo und gab an, daß ich ihn nach Ablauf von drei Tagen an zwei darauf folgenden Tagen nachmittags zwischen 5 und 6 Uhr am Aquarium erwarten würde. Das Aquarium war eine wohlbekannte Sehenswürdigkeit der Stadt und deshalb leicht zu finden. Es lag direkt am Meer. Den Eingang bildete ein schöner alter, von weitem sichtbarer Wehrturm.

Wo es schön ist, verfliegen die Tage sehr schnell. Ein paar Ausflüge in die nähere Umgebung und schon waren die drei Tage um. Ich begab mich zu der angegebenen Zeit zum Aquarium. Es war noch sehr heiß. Das Aquarium hatte bereits geschlossen, und keine Menschenseele war weit und breit zu sehen. Ich konnte mir wieder nicht vorstellen, daß hier bald jemand auftauchen würde, wartete aber meine Stunde ab, bevor ich ging. Am nächsten Tag fand ich mich dort genauso ein. Ich war diesmal unruhiger und nervöser. Die Hitze reizte mich unangenehm. Es kam niemand.

Vor dem Einschlafen hörte ich noch Bruchstücke eines Gesprächs von zwei Leuten unserer Gruppe: „... weißt du, wen ich meine? Den, der bis jetzt nichts gekauft hat.“ Erst am nächsten Tag ging mir auf, daß nur ich damit gemeint gewesen sein konnte. Während die anderen einander ständig zeigten, was sie für neue Sachen gekauft hatten, fiel ich durch meine Sparsamkeit auf.

Auf der Rückreise nach Belgrad schaute ich nachdenklich und besorgt in die Ferne. Nun würde ich es mit meinen Plänen nicht so einfach haben, wie ich dachte. Ich würde eben allein den Weg über die Grenze finden müssen.

Für die zwei noch verbliebenen Tage nahmen wir in Belgrad in demselben Hotel Quartier wie auf der Hinreise. Die Gruppe schwärmte in die Stadt aus, auf Jagd nach den letzten Schnäppchen. Ich blieb allein auf dem Zimmer. Nach einer Weile packte ich – wie von einer höheren Macht getrieben – ein paar der notwendigsten Sachen in meine kleine Schultertasche und verließ das Hotel. Mit beklommenen Schritten steuerte ich auf den Bahnhof zu. Meinen schönen, großen Koffer ich war damals so stolz darauf – ließ ich im Hotelzimmer zurück, damit mein Verschwinden nicht sofort auffiele. Den Weg zum Bahnhof sowie das alte Gebäude kannte ich bereits. Der Anblick der kleinen, runden Uhr über dem Eingang wird mir für immer in Erinnerung bleiben. Mit zitternder Stimme löste ich die Fahrkarte nach Divaca, nahe der italienischen Grenze. Bis ganz dicht an die Grenze traute ich mich nicht mit der Bahn zu fahren. Ich hatte noch zwei Stunden bis zur Abfahrt, also ging ich ins Stadtzentrum, um nicht in der Nähe des Bahnhofs gesehen zu werden. Auf einmal tauchten zwei Jungen aus der Gruppe auf. Wir lächelten oder vielmehr grinsten einander an.

„Ich muß schnell noch zurück zu einem Laden", sagte ich, „da kriege ich hoffentlich die schönen Hemden, die ich die ganze Zeit gesucht habe."

„Na endlich kaufst du auch mal was", sagte der eine, und sie gingen ruhig weiter. Ich spürte beobachtende Augen im Rücken, und so ging ich zum Schein in einige Läden hinein und tat, als würde ich etwas suchen.

Es dämmerte schon, als ich den Zug bestieg. Ich verkroch mich in eine Ecke des Abteils und tat, als ob ich schliefe. Um keinen Preis wollte ich von jemandem angesprochen oder in ein Gespräch verwickelt werden. Da unsere Gruppe mit einem Sammelpaß kam, hatte ich keinen gültigen Paß und war mehr oder weniger vogelfrei. In Jugoslawien wimmelte es von Touristen aus dem Ostblock, die nur einen Wunsch hatten: nach Italien, nach Westen abzuhauen. Man wußte davon, und sie waren von vielen aus der Bevölkerung gar nicht so gern gesehen. Es galt also höchste Vorsicht bei Gesprächen.

Gegen Morgen schlummerte ich ein. Als ich erwachte, strahlte die Morgensonne über einer glitzernden, nach dem Regen wie grün lackierten Landschaft. Um mehr zu sehen, ging ich unvorsichtigerweise auf den Flur. Gleich wurde ich von einem kleinen, aufdringlichen Burschen angesprochen. „Ides li y vojsky?" fragte er. Ob ich zur Armee wolle, verstand ich ihn ziemlich klar und dummerweise antwortete ich noch wie dienstbeflissen: „Ne idem y vosky, idem y spilju." – nein, nicht zur Armee, ich ginge zu einer Höhle. Das fand er nicht ganz überzeugend und so begann er, daran herumzubohren: wo ich herkäme, was ich machen würde, usw. Für solche Fälle hatte ich mir vorgenommen, mich als Tourist aus Irland auszugeben. Der Gedanke war, daß hier wohl kaum jemand mein Irisch prüfen konnte, das eigentlich nur aus zwei Wörtern und deren Kombination bestand. Daß die Iren vorwiegend Englisch sprechen, wußte ich damals noch nicht. Das war nun auch kein Problem, mein Bursche wußte nämlich nicht einmal mit den Worten „Ireland“ oder „irisch“ etwas anzufangen. Auf englisch konnte er nur „okay“ sagen, und ich weigerte mich, weiter serbokroatisch zu reden oder zu verstehen. Schließlich lachten wir uns fröhlich an, klopften einander auf die Schulter und ich wurde ihn los.

Als ich aus dem Zug stieg, sah ich einen winzigen Bahnhof und ein paar Häuser mitten im frischen Morgengrün einer dicht bewaldeten Hügellandschaft. Es war ein Bilderbuchwetter mit einem herrlichen blauen Himmel. Die Luft war klar und angenehm, voller guter Verheißungen. Zum Bangewerden gab es einfach keinen Platz.

Ich erinnerte mich an irgendwelche Erzählungen und Ratschläge für eine vielleicht mehrtägige Flucht durch unbekanntes Gelände: „Brot und vor allem Zucker solltest du dabeihaben, damit du die Kälte der Nacht durchstehst.“ Ich erblickte nebenan einen kleinen Lebensmittelladen, den ich gleich betrat, um diesen Ratschlag zu befolgen. Die Verkäuferin schmunzelte, als sie mir das halbe Kilo Zucker in die Tüte füllte. Zuerst wollte ich sogar ein Kilo kaufen, doch dann wurde ich vom Nutzen dieses Ratschlags verunsichert. Tatsächlich sollte ich davon nicht ein Körnchen gebrauchen.

Nun war ich also gut vorbereitet, und es konnte endlich losgehen. Ich war guter Laune, als stünde bloß ein schöner, interessanter Ausflug vor mir. Zuerst schlug ich die Straße zum Grenzort Sezana ein. Ich hatte vor, die Straße nach einigen Kilometern nach rechts zu verlassen, um so durch Wald und Busch westwärts zu der Grenze zu kommen. Eine Karte von dem Gelände besaß ich nicht. Nach einer halben Stunde Marsch entlang der Autostraße stieß ich an einer Kreuzung auf ein junges französisches Paar, das vor seinem Auto Picknick machte. Sie waren in meinem Alter, ähnlich schlank wie ich, und so grüßten wir einander – aus einer gewissen Generationssolidarität heraus – ganz vertraulich. Eigentlich wollte ich an ihnen nur vorbeigehen, als sie mich aber so freundlich anlächelten, kam mir die Idee, noch einen Versuch auf der alten Schiene zu unternehmen. Ich erzählte ihnen kurz auf englisch von meinem Vorhaben und fragte sie, ob sie mich eventuell im Gepäckraum ihrer „Ente“ mitnehmen könnten. Nein, das ginge nicht, und sie zeigten mir den völlig zugestauten Gepäckraum. Dann fragte ich sie, ob sie eine Botschaft von mir nach Triest bringen könnten. Ja, das würden sie gern tun, sie führen ja durch Triest. Ich schrieb auf ein Blatt Papier ein paar Zeilen an Nicolo und zeichnete meinen Standort darauf ein, der durch die Straßenkreuzung und ihre Schilder gut auffindbar sein sollte. Innerhalb eines Straßenwinkels zeichnete ich einen Punkt ein, die Stelle im Wald, wo ich zwei Stunden lang warten würde. Ich gab ihnen neben der Adresse auch noch die Telefonnummer von Nicolo. Dann fuhren sie fort.

Nun nahm ich meine Wartestellung im Wald ein, indem ich mich im angegebenen Bereich auf einen Stein setzte. Um mich herum schöne, alte Tannen, darunter der moosbepolsterte Boden. Es roch frisch nach Wald. Der Sonnenschein tanzte im Laubdach, Vogelgezwitscher hallte durch die Luft. „Lieber Wald“, flüsterte ich vor mich hin, „willst du mich doch nicht an einem so schönen Tag verraten?!“ Als Antwort darauf drangen aus der Ferne besänftigende Klänge von Kuhschellen an meine Ohren, so daß ich beinahe aufgelacht hätte, wäre das Gebot der Stunde nicht so ernst gewesen. Gleichwohl dachte ich verärgert daran, daß ich bereits das dritte Mal auf Nicolo wartete, jedes Mal aufs Ungewisse, doch schließlich hatte ich es mir ja selber eingebrockt. An einem so herrlichen Tag stand mir der Sinn eher nach Abenteuer, sei es auch mit Risiko verbunden. Die abermals ertönenden Kuhschellen mahnten mich jedoch zur Geduld und deuteten mir an, daß ich hier noch warten solle.

Es war kaum eine Stunde vergangen, als ich Hupen und Rufe hörte. Ich sprang aus meinem Versteck auf und lief inmitten glänzender, sonniger Hoffnungsstrahlen, die durch die hohen Tannen schimmerten, zur Straße hinaus. Tatsächlich stand da eine große dunkelblaue Limousine und zwei kleine, gedrungene, gut gekleidete Gestalten liefen meinen Namen rufend am Waldrand entlang. Ich winkte ihnen zu, und wir eilten einander entgegen. Nicolo, der kleinere im schwarzen Anzug, umarmte mich:

„Janosch, wie geht es dir, was ist hier los? Ich habe deine Karten erhalten, aber was glaubst du, bis nach Dubrovnik sind es immerhin 800 km zu fahren, hin und zurück also einen ganzen Tag.“ Dann stellte er mir Fabrizio, seinen Angestellten, vor, einen gutmütigen Büromenschen.

„So, was machen wir nun?“ Nicolo schaute mich fragend an, nachdem die emotionale Zeremonie des Wiedersehens abgeschlossen war.

„Ich verstecke mich im Gepäckraum“, sagte ich.

„Bist du verrückt? Dann erwischen sie dich erst recht. Nein, wir lassen Fabrizio vor der Grenze zurück, und du kriegst seinen Paß für die Durchfahrt. Später hole ich ihn wieder ab.“

„Aber wenn sie in den Paß schauen, erwischen sie mich gleich“, entgegnete ich. Fabrizio sah nämlich total anders aus: stämmig, um die fünfzig herum und kaum noch Haare auf dem Kopf. Ich dagegen war schlank, 23 und hatte dichte Haare.

„Keine Angst, die schauen da nicht rein. Verlaß dich nur auf mich, ich weiß Bescheid!“

Mir wollte es einfach nicht einleuchten, daß sie im Kofferraum nachschauen, die Pässe aber nicht einmal aufschlagen würden. Ich konnte mich mit meinen Bedenken jedoch nicht durchsetzen. Wir ließen als Fabrizio vor der Grenze in einer Cafeteria zurück, und Nicolo legte die beiden Pässe auf das Armaturenbrett. An der Grenze erwartete uns eine lange Wagenkolonne. Ein bewaffneter Grenzbeamter kontrollierte vorne einzeln alle Pässe. Ach, du lieber Himmel, und jetzt sollte ich zwanzig Minuten lang warten, bis meine Schicksalssekunde schlagen würde, dachte ich, und mir wurde immer mulmiger zumute. Nicolos Rechnung schien mir nicht aufzugehen, er ließ aber keine Widerrede zu, ich mußte gehorchen. Nicolo wurde vom Warten zunehmend ungeduldig, außerdem begann er einzusehen, daß es so nicht klappen würde.

„Na dann machen wir es eben anders“, zischte er verärgert und scherte ruckartig aus der Kolonne heraus. Er trat tüchtig ins Gaspedal, überholte die Kolonne, und wie ein eiliger Diplomat winkte er dem überraschten Grenzposten mit den Pässen zu. Der gute Mann war von unserem plötzlichen Auftauchen hinter seinem Rücken etwas irritiert, aber unter dem Streß der zügigen Abfertigung nickte er uns zur Weiterfahrt, so sausten wir über die Grenze. Mein Herz klopfte noch eine Weile stark, ich spürte bis ins Mark, wie knapp alles gutgegangen war. Nach einigen Kilometern ließ mich Nicolo aussteigen und fuhr zurück, um Fabrizio abzuholen.

Es folgte ein sehr lebhafter, erlebnisreicher Monat September in dem osteuropäischen Völkergemisch des Flüchtlingslagers von Triest. Viele interessante Menschen habe ich dort kennengelernt. Dies war vielleicht die bewegendste Zeit meines Lebens.

Das „Campo di Profughi“ lag auf einem Berg hoch über der Stadt. Bald unternahm ich ausgedehnte Spaziergänge in die umliegenden, herbstlichen Wälder. Von vielen Punkten aus gab es herrliche Aussichten auf die Stadt, den Hafen und die Küste. So wurde ich angeregt, mir Aquarellfarben zu besorgen und die Landschaft zu malen. Die rotgrünen Pinienwälder und die eindrucksvollen Sonnenuntergänge waren meine Lieblingsthemen. Nicolo holte mich zeitweise ab, um mich für einen Abend im westlichen Glanz und Wohlstand zu verwöhnen. Bei üppigen Mahlzeiten mit seinen Bekannten, bei Spaghetti, Lasagne und Vino Rosso, erzählte er wieder und wieder die Geschichte meiner Flucht. Natürlich war er der einzige, klug handelnde Held im Mittelpunkt seiner Erzählung. Ich sei nur ein unbesonnener Bub gewesen, der nachts mit einer Taschenlampe über die Grenze wollte und dabei bestimmt erwischt worden wäre. Ich hatte doch gar keine Taschenlampe dabei, aber unter den tausend Eindrücken der neuen Welt verzieh ich ihm die so oft abgespulten Übertreibungen. Nur das so häufig gehörte Wort „lampadina“ (Taschenlampe) ging mir auf die Nerven.

Im Camp waren Flüchtlinge aus allen osteuropäischen Ländern, die Mehrheit aus Jugoslawien (Albaner), Ungarn und der Tschechoslowakei. Man konnte viele interessante Fluchtgeschichten hören. Manche Ungarn malten sie sehr blumig und witzig – manchmal bis ins Groteske überzogen – aus. Eine dieser Geschichten blieb mir gut in Erinnerung. Eine kleine Gruppe von Ungarn hatte eben die Grenze in einem unwegsamen Wald passiert, als sie zu einem verfallenen Haus mit einem Loch in der Wand kamen.

„Hört mal zu, Leute, hat uns nicht der Zoli aus Triest geschrieben, sie mußten an der Grenze durch ein Loch kriechen, und erst dann waren sie endlich drüben?“ sagte der eine.

„Ja, das stimmt.“

„Also Leute, sicher ist sicher, schnell alle durch das Loch! Du Dicker, du kommst als letzter dran! Wenn du nämlich da gleich stecken bleibst, können die anderen nicht mehr durch.“ Erbost preschte sich der Dicke vor und blieb tatsächlich stecken.

„Na bitte, ich hab’s ja gesagt. Also tschüß Dicker, wir gehen dann doch um das Haus herum.“

In dieser lustigen Gemeinschaft der gleichen Träume und Schicksale entstanden Freundschaften und Bindungen, von denen einige ein Leben lang halten sollten. Die Leute kamen aus den Ostblockländern und hatten so ein gemeinsames Kribbeln in den Füßen: Go West. Oft durchstreifte ich mit einer Gruppe von Ungarn die alte K.-u.-k.-Stadt, die farbenfrohen Märkte und das umliegende Land. Dabei kommentierten wir die für uns neue, frische Welt mit spritziger, einander übertreffender Witzigkeit. Wir alle warteten auf eine Weiterreise, auf die heiß begehrte Aufnahmeregelung des ersehnten Landes – Kanada, Australien und Südafrika standen hoch im Kurs – und waren uns gar nicht bewußt, wie schön wir es hier hatten. Meinerseits bemühte ich mich um eine Einreise nach Deutschland, nicht ahnend, welch ein öder, grauer Alltag mich dort zu Beginn erwarten sollte. Warum aber nach Deutschland?

Seit eh und je wurde mir von überall eingehämmert, daß ich – wenn sich irgendeinmal die Möglichkeit ergeben sollte unbedingt nach Deutschland müsse, und das wegen der deutschen Abstammung der Familie. Dort würde man mir am besten helfen, und ich wäre am freundlichsten aufgenommen – aus dem einzigen Grund: weil unsere Vorfahren vor zweihundert Jahren den damals so ärmlichen deutschen Gebieten den Rücken gekehrt hatten. Mein Ziel war also Deutschland.

Die Geschichte meiner Einreise nach Deutschland lief nach einem Muster ab, das mich im Leben stets begleiten sollte; immer wenn ich etwas durch mein zielgerichtetes Verhalten erwirken wollte, erwirkte ich damit etwas ganz anderes – oft das Gegenteil. So kam alles immer anders als erwartet.

Eines Tages riet mir Nicolo, das deutsche Konsulat in Triest aufzusuchen, um dort mein Anliegen vorzutragen. Ich solle mich sehr gepflegt, sauber und gut gekleidet dorthin begeben, legte er mir ans Herz, was ich auch befolgte. So stand ich bald vor einem sehr unsympathischen Beamten, der mich höchst mißtrausisch musterte. Was, ich solle deutscher Volkszugehöriger sein? Ein deutscher Name oder Märchen von deutscher Abstammung reichten alleine nicht. Es zähle die kulturelle Zugehörigkeit zu einer Volksgruppe. Alles müsse genau nachgeprüft werden, ich bekäme noch Bescheid. Nachdem er meine Personalien aufgenommen hatte, wurde ich schnell entlassen.

Draußen atmete ich nach der bedrückenden Unterhaltung erleichtert auf. Na gut, dann eben nicht, sagte ich mir, es gibt doch andere, viel schönere Länder, und ich freute mich über den schönen, warmen Nachmittag mit dem heiteren, bunten Volk auf dem Korso von Triest.

Mir blieben viele jugoslawische Dinare übrig, die ich nun in Landeswährung umtauschte. Am Markttag ging ich mit meinem ersten westlichen Geld in der Tasche durch das quirlige, bunte Treiben. An einem Bekleidungsstand kaufte ich preisreduziert Rock und Bluse für meine Muter und einen Pullover für meinen Bruder. Mit den Kleidungsstücken und anderen Kleinigkeiten stellte ich ein hübsches Paket zusammen, meinen ersten Gruß vom Westen, den Nicolo bald nach Rumänien mitnehmen konnte.

Nach einer Woche bekam ich Nachricht, ich solle mich nochmals auf dem deutschen Konsulat melden. Diesmal ging ich ungekämmt, locker in schäbiger Alltagskleidung. Mir war es egal, was mir diese Protzfigur – von denen ich später noch viele treffen sollte – sagen wollte. Und nun kam das Unerwartete. Mit meiner entspannten, gleichgültigen Haltung wirkte ich viel überzeugender, erweckte mehr Vertrauen, und auf einmal wurde derselbe, zuvor noch so steife Beamte freundlich und hilfsbereit. Er stellte mir einen provisorischen Paß für die Einreise nach Deutschland aus und fügte auch noch die Fahrkarten für die Reise mit der Bahn hinzu. Damit nahm mich der Westen auf.

Deutschland im Herbst

Immer wenn in den Medien „Der Deutsche Herbst 1977“ mit Baader-Meinhof und der Schleyer-Entführung auftaucht, denke ich an einen ganz anderen Herbst, an Oktober 1969 mit meinen ersten Eindrücken in Deutschland.

Sie fingen mit feuchten Wiesen, in Nebel gehüllten Wäldern und seelenlosen grauen Straßen an. Ich kam aus dem sonnigen Italien, aus dem Flüchtlingslager von Triest, wo ich vielleicht den heitersten Monat meines Lebens verbracht hatte. Die Welt stand noch ganz offen für mich da. Ich wartete mit vielen anderen Osteuropäern auf die Weiterreise in die neue Welt, bunte Zukunftspläne schmiedend in einem federleichten Schwebezustand. Es war der zarte Anfang, dem reichlich viel Zauber innewohnte.

Das Warten auf die Einreise in ein Aufnahmeland konnte aber auch sehr lange dauern, was manchem Flüchtling die Geduld auf eine Zerreißprobe stellte. So wurde ich als ein Glückspilz betrachtet, als das deutsche Konsulat nach nur einem Monat Wartezeit meine Einreise nach Deutschland genehmigte. So endete der sorglose Schwebezustand, als ich am 4. Oktober die bayrische Grenze bei Kieferfelden in Richtung Nürnberg passierte, ein Ereignis, das in meinen Registrierschein eingetragen wurde. Es war eine feuchte, kühle Nacht, in der ich umsteigen mußte, um das erste Mal auf deutschen Boden zu treten. Mit meinem spärlichen Gepäck stieg ich aus dem dampfenden, zischenden Zug, mitten in das heillose Gezeter eines jungen, beleibten bayrischen Schaffners.

„You must pay Strafe! Sonst must come police!“ schrie er einen kleinen, sehr runden, mit einem schwarzen Mantel bekleideten Schwarzen an, der eben ausgestiegen und in der schwarzen Nacht – abgesehen von seinem gutmütig glänzenden Gesicht und weißen Hemdkragen – kaum auszunehmen war.

„Dieser Mann hat in die Toilette geschossen“, schrie der Schaffner empört schnaubend zu den anwesenden Reisenden. Ich wäre bereit gewesen, seine Empörung zu teilen – schließlich war er der erste Vertreter meines Aufnahmelandes, von dem ich erstmal nur Gutes hoffte. Mir war aber nicht klar, worum es da ging. Sollte der Schwarze mit einer Pistole in die Toilettenschüssel gefeuert haben, so wäre das etwas höchst Kurioses, für den Schützen wegen der Rückprallgefahr auch ein gefährliches Unternehmen.

„It is not allowed in the Station, when the train stops", schrie er weiter den ruhig dastehenden, sauber angezogenen Schwarzen an, dem es sichtbar immer peinlicher wurde. „You must pay or come to police!"

So habe ich endlich kapiert, daß er die Toilette wohl auch nach dem Halt im Bahnhof noch benutzt hatte. Ich bin in meinem Leben viel mit dem Zug gereist, es blieb aber bei diesem einzigen Mal, daß ich die Zahlung dieser merkwürdigen Strafe miterlebte.

„Okay, I pay", sagte nämlich der genervte Schwarze, um dem wilden Geschrei des Schaffners eine Ende zu setzen.

Mit diesem ersten Erlebnis im Gepäck fuhr ich weiter durch die tiefschwarze Nacht in den Morgennebel von Nürnberg, zu der Aufnahmestelle für Aussiedler in Zinndorf. Ich fand eine für meine Begriffe häßliche Stadt vor, aus einer Mischung von frischen Buntsandsteinaufbau und sehr nüchternem Nachkriegsbau; denn Pastellrot mit Dunkelgrau ergab einen schmerzlichen Mißklang. Doch ich sollte die Woche in Nürnberg positiv verbuchen, weil ich laut Ausweis von einem einfachen Flüchtling zum Status eines vertriebenen Spätaussiedlers befördert wurde. Es war eine Woche unter stets bedecktem Himmel; nichtsdestotrotz lief ich voller rosiger Erwartungen auf den fremden, kühlen Straßen meiner Zukunft entgegen. Die beschied mir für die letzten Monate des Jahres 69 einen Aufenthalt in einem nüchternen Plattenbau des Übergangswohnheims für Aussiedler und Vertriebene in Langen bei Frankfurt. Dort bewohnte ich ganz allein ein großes Zimmer mit drei Etagenbetten, schwarzem PVC-Boden und einem Kohleofen. An einem Spätherbstnachmittag, nach den absolvierten Behördengängen, verließ ich gerade das Wohnheim, um einen Spaziergang durch die Felder zu unternehmen, als ich nach langer Zeit zum ersten Mal eine fahl scheinende Sonne gewahrte. Tatsächlich war ziemlich tief am Himmel über den grauen Reihenhäusern ein heller Fleck in den milchigen Wolken zu sehen. Vielleicht war sie ganz unscheinbar auch in Nürnberg da gewesen, ich hatte sie bloß nicht wahrgenommen.

Es tut mir leid, daß ich alles so grau male, es geht aber nicht anders, wenn alles um mich herum grau war und in meiner Einsamkeit noch grauer wirkte. Die Bahnhöfe, mein Übergangswohnheim, das Arbeitsamt, die Block- und Privathäuser in Langen und die Kaiserallee in Frankfurt, alles war grau. Die Farbe Rot kam nach dem Sandsteinrot von Nürnberg noch einmal vor. Bei meinen Spaziergängen über die Felder wunderte ich mich über die vielen roten Äpfel an und unter den Bäumen, die niemand haben wollte. Ich stopfte meine Taschen voll und schmückte mit ihnen mein finsteres Zimmer im Wohnheim.

Ein Jahr darauf lief ich durch einen seelenlosen Park in Durlach bei Karlsruhe. Ich hatte schon ein halbes Jahr bittere Berufserfahrung gekostet und ging an einem Sonntag mit unerschütterlichem Optimismus in den spätherbstlich ausgestorbenen Park meines Wohnortes spazieren. Unter strahlend blauem Himmel watete ich durch das knöchelhohe trockene Laub, das die Wege bedeckte und vergeblich auf die Stadtreinigung wartete. Ein hagerer, alter Herr erschien am Eingang und kam direkt auf mich zu, um uns das lächerliche Schweigen und eine gegenseitige verspannte Beobachtung zu ersparen. Aneinander wortlos vorbeizugehen wäre in dem kleinen, sehr übersichtlichen Park so gut wie unmöglich gewesen. Ich sah, daß er gut gekleidet war, vom alten Schlag, mit einem gepflegten, grauen Schnauzbart, als er mich unvermittelt ansprach. Ich hörte seine Geschichte an. Er war vor vierzig Jahren nach Amerika ausgewandert und nun mit seiner Frau in seinen Heimatort Durlach zurückgekehrt, um den Lebensabend unter alten Freunden und Bekannten zu verbringen. Er mußte aber feststellen, daß die meisten seiner damaligen Bekannten sowie die ehemaligen Helden des Sportvereins schon längst unter der Erde waren. Nun würde er lieber nach Amerika zurückfliegen, wo er doch mehr Leute dort kannte als hier, aber dummerweise hatte er alle seine Möbel per Schiff und Bahn hierher transportieren lassen, was ihn ein Vermögen gekostet hatte. „All the furniture“, seufzte er, indem er oft Amerikanisches in sein Deutsch mischte. Was solle er nun tun? Sein Geld sei für den Transport der Möbel draufgegangen und hier kannte er außer einem kranken Bekannten niemanden mehr. Der ergraute, aber noch ganz rüstige Mann jammerte in seiner ausweglosen Lage.

Das Bild eines alten Herren in einem ausgestorbenen, spätherbstlichen Park blieb mir tief in Erinnerung und war mein beliebtes Motiv, als ich es mit Aquarellmalerei versuchte. Als hätte ich irgendwie gespürt, daß auch mein Lebensweg in ein ähnliches Bild münden könnte, zeichnete und malte ich reihenweise herbstliche Alleen mit großen alten Bäumen, darunter leere Parkbänke und ein verlorenes Männchen, das gegen den Fluchtpunkt am grautrüben Horizont wandelte.

Dem nächsten Herbst begegnete ich in Heidelberg, wo die grauen Farben und meine Klagen darüber für eine Weile verschwanden. Der Herbst 77, der lange Zeit in den Medien tobte, ging an mir ziemlich vorbei. Das zeigte sich eindeutig, als irgendwann später der Deutsche Herbst ins Kino kam. Auch in das Gloria Kino, dem gegenüber ich ein Mansardenzimmer in der Heidelberger Altstadt bewohnte. Auf dem Plakat standen zwei Reiter auf schön glänzenden Pferden am Rande eines nüchternen, herbstlichen Waldes. Darüber am blauen Himmel der Titel: „Deutschland im Herbst" – ein Film von Volker Schlöndorf. Ich übersah dabei völlig, daß es sich um zwei berittene Polizisten handelte, die die Gegend nach Terroristen durchkämmten. Naiv dachte ich: Ach, wie schön, ein Film über den Herbst in Deutschland, den muß ich mir anschauen, vielleicht kann ich manche meiner Eindrücke wiedererkennen, so wie ich den Herbst zu meinem zarten Anfang in Deutschland erlebt habe: so feucht, neblig und grau wie ein melancholisches Gedicht von Longfellow. Ich ging in den Film und wurde sehr enttäuscht. Stets in nostalgischen Stimmungen verfangen wollte ich nicht wahrhaben, daß sich das Leben um mich herum auf ganz anderen Schienen, weit weg von meinen Vorstellungen, bewegte und mit der Verarbeitung von Herbsteindrücken eines Neubürgers nichts gemein hatte.

Heidelberger Sommer

Jahre großer Gefühlsschwankungen, der unruhigen Suche, Jahre mit viel Sonnenschein und Regen ziehen vorüber, wenn ich an Heidelberg denke. Die Zeit der Reifung des naiven Ostblockflüchtlings, die Zeit des Erwachsenwerdens im Westen und die ersten Jahre des Erwachsenseins: der heiße Sommer meines Lebens!

Ich sehe die bildhübschen Bögen der Alten Brücke über den glitzernden Neckar vor mir, den pittoresken Blick vom Philosophenweg, mit viel Rot vom Buntsandstein auf dem üppigen Sattgrün der Berge, eingetaucht in ein fast schon mediterranes Licht, viele lauschige, zum Verweilen einladende Plätze, wo ich nach meinen Alltagsmühen die Entspannung suchte. Vor mir zeichnen sich zahlreiche Wege und Pfade im Wald auf dem Heiligen Berg ab, den ich bei jeder Jahreszeit durchstreifte, die alten Kastanien an der Neckarpromenade, die Anfang Mai ihre rot leuchtenden Blüten trieben, die Neckarwiese mit den vielen Leuten, die dort Ball spielten oder faul herumlagen. Ich sehe mich in den engen, schummrigen Gäßchen der Altstadt spazieren, zwischen den kleinen Häusern mit den dunklen Eingängen, von denen knarrende Holztreppen zu romantischen, Abenteuer versprechenden Mansardenkammern führten, wo man sich je nach Einrichtung und Bewohner wie in einem Täubchen- oder aber Räubernest fühlte. Wenn ich allein war, las ich am liebsten Gedichte der Romantiker aus dem vergangenen Jahrhundert.

Das war Anfang der 70er Jahre mit den schönen und schmerzlichen Erfahrungen, die meine Reifung prägten. Es war die Zeit, als sich der wirtschaftliche Aufschwung dem Ende zuneigte, sich dafür aber ein großer geistiger Aufruhr ausbreitete, den ich damals nicht zu schätzen wußte. Auf dem Campus watete man in Flugblättern, die Sturmwelle von 68 tobte noch kräftig weiter. Es war „in", besonders wenn man klug und tiefschürfend scheinen wollte, über Menschen und Beziehungen in freudscher, über Wirtschaft und Politik in marxistischer Terminologie zu reden. Liebe, „verliebt sein" hieß „fixiert sein", wenn jemand auf irgendetwas, sei es Kritik, ein Ersuchen oder Liebeswerbung, nicht eingehen wollte, nannte man sein Verhalten „Abblocken", und die Probleme und Sorgen waren „Komplexe". Hatte man in einem Gespräch ausgiebig die Begriffe „Unterbewußtsein“, „Komplexe“ und „Projektion“ gebraucht, galt man als tiefsinniger Denker. Da ich Freud bereits in der Bukarester Staatsbibliothek gelesen hatte, bereitete mir dieser Jargon keine Probleme.

Probleme hatte ich eher, wenn linke marxistische Dogmatik geklopft wurde und ich auf Schritt und Tritt wütende antiimperialistische Ergüsse anhören mußte. Am Römer in Frankfurt wurde ich Zeuge einer lautstarken Studentendemonstration. „USA-SA-SS“ schrie es aus den Kehlen der etwa 60 Demonstranten. Mit „Ho-Ho-Ho-Chi-Minh-Takten“ erstürmten sie den Römerbrunnen. Ein bärtiger, mit Parka bekleideter Student hißte die rote Fahne und begann, mit dem Handlautsprecher seine marxistischen Forderungen an die imperialistischen Mächte zu richten. Es endete mit einem Aufruf zum Sturz des verhaßten Systems und dem Absingen alter Arbeiterlieder. Auf die Refrainzeile „Reih' dich ein in die Arbeiter-Einheitsfront, weil du auch ein Arbeiter bist!“ schüttelte ein Zuschauer sichtlich belustigt den Kopf: „Ihr seid doch gar keine Arbeiter! Die tragen keine Parkas und schreien nicht so wild herum.“

Ich wechselte mit dem Mann einen Blick und fand ebenso wie er das gebotene Brechtsche Theaterstück witzig bis grotesk. Offensichtlich übten die Studenten die Revolution nach rein marxistischer Dogmatik, mangels Volk, unter sich. In all dem Aufruhr sah ich lediglich ein überzogenes Aufbegehren der jungen Leute gegen die Generation der Eltern. Das Besondere war nur, daß man dazu die marxistische Theorie als Mittel einsetzte und dabei das Werk von Marx und Lenin stur, dogmatisch wie eine Heilige Schrift befolgen wollte. Und warum gerade den Marxismus? Weil man damit die ältere Generation samt großem Feind aus Übersee bestens ärgern konnte und weil der Marxismus im Hinblick auf das geteilte Deutschland am provokantesten war. So uferte die sonst übliche Auflehnung der jungen Generation in ein wildes Toben aus.

Nein, ich brachte der Studentenbewegung, dem Aufruhr gegen das „Establishment“, kein großes Verständnis entgegen, zumal sie für mich das Verstehen der westlichen Welt nur erschwerten. Den Kapitalismus hatte ich noch gar nicht zur Genüge kennengelernt, um ihn schon verwerfen zu können. Mehr Verständnis empfand ich für die Hippies mit ihrer unaufdringlichen Art, mit ihrem stillen Protest gegen die Konsumwelt und ihrem Interesse für östliche Kulturen. Nach den Aufregungen der letzten Jahre sehnte ich mich nach meiner alten Ruhe und Gelassenheit aus der

Schulzeit am Ufer der Marosch. Im entspannten Kreis, unter den bunten Hippies und jungen Rucksacktouristen, meinte ich sie wiederzufinden.

Da in Rumänien die Kirche und die ganze Kultur der alten Welt, die unsere Familie geprägt hatte, geächtet wurden, galt mein Interesse eher den Religionen und den vergessenen Kulturen als den politischen Parteien mit ihren in Populismus und Demagogie geübten Rednern. Frisch entkommen aus dem rumänischen National-Gulag hatte ich wenig Lust, mit den Studenten über Sinn und Unsinn der Lehren von Marx und Lenin zu disputieren, über ihre sozialpolitischen Texte zu fachsimpeln. Es reichte mir schon, wenn ich die allgemein bekannte, milde Distanzierung vom Marxismus hörte: „Theoretisch war die Idee des Sozialismus gut, ein schönes Ideal, es ist nur leider nie verwirklicht worden. Wir brauchten einen demokratischen Sozialismus usw." Dann wünschte ich schon alle Theoretiker zum Teufel, angesichts der Millionen von Opfern und der am eigenem Leib erlebten Folgen dieser „guten Idee". Nein, von Ideologie und verlogenen Organisationen, von leeren Debatten und marxistischer Wortdrescherei hatte ich bereits jenseits, im real existierenden Sozialismus Rumäniens mehr als genug abbekommen, so daß mir jede auch nur scheinbare Ähnlichkeit mit ihnen verdächtig vorkam. Viel angenehmer war es also bei den Hippies, die nicht wild herumfuchtelten und auch nicht organisiert waren. Überall, wo sie sich in kleinen Gruppen niederließen, breitete sich für mich eine Atmosphäre von Frieden, Ruhe und Toleranz aus. Und ich, der gejagte Hund aus dem Ostblock, empfand diese Atmosphäre als sehr wohltuend. Nach all den Jahren brauchte ich sie wie eine Heilkur.

Diese Leute sah ich am Neckarufer, an der alten Brücke, auf den Treppen der Heiliggeistkirche, in bestimmten Kneipen und Diskotheken. Ich brauchte mich einfach nur dazusetzen, es wurde ohne jegliche unangenehme Spannung oder Glotzerei wie es sonst in den Lokalen der Stadt der Fall war als selbstverständlich hingenommen. Man redete wenig und nur, wenn man Lust dazu verspürte. Meist schilderte man dann lebhaft eigene Eindrücke und sprach über Buddha, Jesus, Konfuzius, über das Gute und Bösee in uns und in der Welt. Manchmal wurde ein Joint herumgereicht. Den ersten nahm ich mit gemischten Gefühlen an: ein wenig Widerwillen gegenüber dem bereits benutzten und unbekannten Ding, andererseits wäre eine Ablehnung wie ein Mißklang in der friedlich ablaufenden Zeremonie gewesen. Am Neckarufer sah man Meditierende im Lotussitz, viele befaßten sich mit Yoga, Zen-Buddhismus und verschiedenen östlichen Religionen. Diese Leute waren auf der Suche nach inneren Werten: innerer Freiheit, selbstlosem Handeln und reinen Gefühlen. Dementsprechend waren auch die Gespräche mehr geistiger Natur, in einem ruhigen, toleranten Ambiente wie auf Renaissancegemälden, als stünde man auf dem Ölberg und würde der Predigt Jesu zuhören. Götter und Heilige wurden lebendig. In der Luft schwebte eine Sehnsucht nach etwas Höherem als dem Gebundensein am Alltäglichen, eine Sehnsucht nach der Sprengung der Ketten des irdischen Daseins mit seiner Haftung in der Selbstsucht. Die Stimmung war voller Spiritualität und man fühlte allgegenwärtig das starke Verlangen nach befreiender Selbstlosigkeit.

In der nachfolgenden Zeit, als das häufigste Gesprächstema der Suchergeneration die gesunde, schadstofffreie Ernährung war, das meistens in ein zigmal gehörtes und zigmal gedrucktes Geschwätz über Vitamine, Mineralien und Spurenelemente in Biokost entartete, dachte ich mit Nostalgie an die Hippiezeit, die nicht so materialistisch, sondern an Spiritualität, so schien es mir jedenfalls, viel reicher gewesen war. Nun hießen Gott und Religion in den alternativen Kreisen Bionahrung und Umweltschutz, in den übrigen schlicht Marktwirtschaft. Es wurde viel Sport getrieben, gejoggt, geturnt, viel für die körperliche Gesundheit und Fitness getan. So wichtig das auch sein mag, Geist und Seele kommen bei dieser modernen Nahrung viel zu kurz. Es macht nichts, denn für die seelische Gesundheit sind doch Psychiater und Selbsthilfegruppen zuständig. Und der Geist? Zum Teufel mit ihm! Er soll nicht mit einem himmlischen Gewissenskissen verwöhnt werden. Er ist da, um sich eine gute Position zu schaffen und Geld zu verdienen.

Damals las man Hesse, Kerouac, Camus und Castaneda, hörte gern Folk und Lieder von Bob Dylan, Joan Baez und Donovan. Abends versuchten sich manche bei psychedelischen Rhythmen, oft auch in der Diskothek, in einen Trancezustand hineinzusteigern. Durch die Hingabe an die Musik erhofften sie die alltägliche Haftung des Egos an der so lästigen Materie abzuschütteln und mindestens für eine kurze Dauer die innere Freiheit zu erlangen, um den nächsten Tag mit „Morning has broken, like the first morning ...“ frisch und frei beginnen zu können.

Ich ging damals sehr empfindsam durch die Natur; kleine Insekten,

Pflanzen, Bäume, Vögel sowie Himmelserscheinungen beeindruckten mich zutiefst. Jeden Tag beobachtete ich lange den Sonnenuntergang über dem Neckar. Dabei trugen mich meine Füße wie gebannt flußabwärts nach Westen, und ich wäre am liebsten mit den Möwen mitgeflogen, die zu dieser Zeit immer in Richtung der untergehenden Sonne, zur Rhein-Ebene hin verschwanden.

Im Frühling, als die Hänge über der Bergstraße in weißer Blüte schäumten, stand ich in der Dämmerung beim ersten Vogelsang auf und setzte mich wie einer höheren Eingebung folgend in meiner Küche zum Malen hin. Ich nahm meine Pastell- und Aquarellfarben und malte Stilleben mit weichen Konturen, in denen ich die zarte Stimmung des Tagesanbruchs einfangen wollte. Wie besessen malte ich zwei Stunden lang und legte mich dann noch einmal für eine Stunde schlafen. Abends las ich die Romantiker, die damals dieses Land um mich herum in anheimelnden Zeilen besungen hatten: „Alt-Heidelberg, du feine ...“ Natürlich lag es auch am schönen Fluß, daß ich mich wohl zu fühlen begann, mich in diese Stadt verliebte, und sie später trotz eingetretener widriger Umstände nur schweren Herzens verlassen konnte. Ich hatte hier mein verlorenes Arkadien aus den Kinderjahren wiedergefunden. Ungeachtet der bedenklichen Wasserqualität badete ich bis in den Spätherbst hinein im Neckar, umgeben von üppig bewaldeten Bergen, einer so schönen, paradiesischen Kulisse, daß ich mir sagte: In so einer Landschaft möchte ich leben und sterben. Oft war es mir, als würde ich mitten in einer bukolischen Landschaft eines bezaubernden Gemäldes schwimmen, um mich herum die himmlischen Heerscharen, Sirenen und Nixen.

Dennoch wurde mir die Hippie-Szene samt Hippie-Himmelreich mit der Zeit zu einseitig. Ich konnte nämlich, da man wenig und nur über bestimmte Sachen redete, keine persönlichen Kontakte knüpfen. Man verabredete sich nur auf „Vielleicht sehen wir uns noch ...“, das alles offen und frei ließ, nach dem Motto: Lassen wir uns vom göttlichen Zufall lenken und überraschen. Der dürftige Umgang mit den schwebenden langhaarigen Engeln hinterließ in mir das Gefühl einer unsicheren Leere. Solange ich unter ihnen war, empfand ich das als schön, etwa als reines Gewissen während einer ruhigen Unterhaltung. Im Alltag jedoch löste dieser Zustand bei mir zunehmend innere Konflikte aus, wofür die kleinsten Bagatellen als Anlaß dienen konnten. Dieses Leben in Anonymität mit einer blassen, kaum bewußten Identität wurde mir im Laufe der Zeit unerträglich. Mein schwaches, verdrängtes bürgerliches Bewußtsein meldete sich. Es trat immer klarer in Erscheinung, daß ich nicht den gleichen sozialen und familiären Hintergrund hatte wie diese Leute. Ich hatte hier keine typisch westliche, konsumorientierte Familie, von der ich mich hätte befreien können.

Ich wandte mich langsam von der friedlichen, für mich vielleicht doch zu stillen Hippie-Welt ab und fand die ersten persönlicheren Kontakte zu anderen Einwanderern und Flüchtlingen aus Osteuropa, mit denen ich in vielen Dingen ähnliche Ansichten teilen konnte. Außerdem hatten wir alle das gleiche Problem: das westliche System zu verstehen und den großen Wechsel zu verdauen.

Trotzdem war diese Zeit mit den Hippies eine schöne Zeit, ein leichtes, behutsames Schweben über der Erde. Den geistigen, meditativen Faden setzte ich weiterhin auf Spaziergängen im Wald oder in stillen Kirchen als läuterndes Zwiegespräch fort. Später, als ich unterwegs auf Reisen durch Asien oder Amerika auf Weltenbummler traf, wurde mir immer warm ums Herz, aber auch schwer von der alten Sehnsucht nach den Idealen des reinen Herzens, von denen einige Funken die vielen grauen Jahre bis heute überdauerten.

*

Ich lernte viele Ungarn kennen, die mittags in der Mensa im Marstallhof aßen. Wir machten es uns zur Gewohnheit, nach dem Mensaessen ein halbes Stündchen auf der Wiese zu plaudern. Unter ihnen war Bela, ein Psychologe aus Budapest, der sich besonders gut darauf verstand, Menschen von ganz unterschiedlicher Art zusammenzubringen. Nach einer Weile entschlossen wir uns, einen deutsch-ungarischen Kulturverein zu gründen. Zunächst trafen wir uns in der Hausbibliothek eines Professors für Ägyptologie, später im Klubraum eines Studentenheims. Bald hielten wir öffentliche Veranstaltungen, Lesungen mit Exilautoren, luden Exilkünstler ein und besuchten sie anschließend in ihrer Werkstatt. An Wochenenden fuhren wir in den grünen Odenwald und suchten die osteuropäischen Restaurants der Gegend auf. Bei Endre und Bela feierten wir tolle Parties, wo die Partnerlosen schnell zusammenfinden konnten und künftig dann gemeinsam auftauchten. Trotz des konservativen, altungarischen Charakters erlebte unser Verein eine kurze Blütezeit mit regem Kulturleben. Wir redeten viel über Kunst, Literatur und Politik, heilten uns mit dem Humor der Budapester Autoren aus den 20er Jahren und lasen so viel ungarische, Samisdat- und andere Literatur, wie es zu Hause in Ungarn keiner getan hätte. Mit unserem Verein schufen wir uns eine Insel, eine Art geistige Rettungsinsel, inmitten der Welt des materiellen Konsums, in der wir mit irgendeiner längst schon überflüssigen Massenware an unserer Karriere hätten basteln sollen. Auf dieser Insel war es reizend und schön. So lebten wir, durchgeistigt von anderen Welten, einige Jahre glücklich an der Wirklichkeit vorbei, bis wir durch lächerliche Querelen um die Organisation des Vereins und moralapostelhaft geführte Streitereien unsere Insel selbst versenkt hatten.

*

Es war Ende August und ich war eben von einer langen Asienreise nach Heidelberg zurückgekehrt. Über dem schmucken Talausgang zu der Oberrhein-Ebene hin spannte sich ein blauer, wolkenfreier Himmel. Ich wollte der Mittagshitze der Stadt entfliehen. So stiefelte ich gemächlich den Philosophenweg hinauf, um meine vertrauten Plätze aufzusuchen.

An einer Bank der Eichendorff-Anlage machte ich halt und versuchte, eine seelische Bilanz meiner Reise durch Persien und Anatolien zu ziehen. Um mich herum rauschten leise und angenehm die Linden und Akazien, meine alten Freunde. Dieser Ort wirkte immer wohltuend und besänftigend auf mein Gemüt, und von hier hatte ich in alle Richtungen der Welt viele Briefe geschrieben.

Ich war zufrieden mit meiner großen Sommerreise, die schön und erlebnisreich, wie eine Reise in die Kulturgeschichte der Menschheit, verlaufen war. Ich hatte Länder kennengelernt, in denen die Kulturen der Vergangenheit noch lebten. Vor meinen Augen wurde auf den Feldern gesät und geerntet, in offenen Werkstätten gewebt, geflochten und geschmiedet, in den Basaren gefeilscht, wie vor Hunderten von Jahren. Ich ließ in mir einige Erinnerungen an die heißen Tage aufsteigen. Ja, ich bin um einen großartigen Sommer reifer geworden, sagte ich mir und schloß damit meine innere Sammlung.

Ich brach auf und der Weg führte mich weiter, hoch über dem glitzernden Neckar und den zinnoberroten Dächern der Altstadt. Es war Mittag. Nicht nur die heiß strahlende Sonne, auch meine Lebenszeit, erreichte jetzt den Höchststand, den Mittag ihrer irdischen Laufbahn. Rings um mich herum füllte sich alles mit einer tiefsinnigen Bedeutung. Nicht zufallig ging ich in diesem Augenblick am Südhang des Heiligenberges entlang, wie dieser Berg seit Jahrhunderten hieß. Mit meiner erfahrungsreichen Reise ging ein großes Kapitel meines Lebens zu Ende. Unter mir die noch glühende Stadt im mitteleuropäischen Spätsommer. Ich mußte dorthin, hinunter in den Nachmittag, in meine zweite Lebenshälfte.

Um das Verweilen in meiner letzten Mittagssonne noch etwas herauszuzögern, nahm ich diesmal, nicht wie üblich, gleich den Schlangenweg zu der Alten Brücke hinunter, sondern setzte meinen Weg fort, an der Hölderlin-Anlage vorbei, so daß ich erst in die Hirschgasse hinunter kam. Der Asphalt glühte, es war sehr heiß, die Straße ausgestorben. In der Gaststätte „Zur Hirschgasse“ war keine Menschenseele zu sehen. Ich kam ans Neckarufer, ging über die Alte Brücke und kam in die kühleren engen Gassen der Altstadt. Langsam wurde mir klar, wohin meine Füße mich führten: in die Verpflegungsstation der alleinstehenden Univeteranen, in die Mensa.

Als ich den großräumigen Neubau am Universitätsplatz betrat, empfing mich dort das altvertraute, für den leeren Magen angenehm summende Milieu, in dem man vorwiegend das dumpfe Besteckgeklapper auf den Kunstofftabletts hörte. Es waren Semesterferien und so kamen nur wenige Leute. Von der sonst üblichen Schlange keine Spur. Ich nahm mein Rindsgulasch mit Spätzle und steuerte eine „gemütliche Ecke“ an. Ich fand sie am Fenster, mein Gulasch unter Naturbeleuchtung von links und mit weitem Blick auf die übrige Szene in dem riesigen Raum.

Nach ein Paar Bissen, die meinen Heißhunger stillten, nahm ich meine Umgebung allmählich klarer wahr. Die Leute saßen verstreut an den langen Tischen, irgendwie jeder in seiner „gemütlichen Ecke“. Dann schaute ich mir die in meiner Nähe sitzenden Gestalten genauer an. Ach du liebe Güte! Was für eine merkwürdige Ansammlung aus dem Gestrüpp der vergangenen Jahre!

Da sah ich den Veteran-Revoluzzer mit seinem von Haaren verdschungelten Marxgesicht. Die Revolutionstheorie beherrschte er perfekt. Redegewandt, mit vielen Originalzitaten aus Marx- und Leninbibeln, konnte er argumentieren. Auch den angemessenen Bauch für einen Parteikader osteuropäischen Schnittes hatte er bereits gehabt. Es fehlten ihm nur noch ein leerer Sessel und ein experimentierfreudiges Volk. Beide waren aber schwer zu finden, denn in seinem Bekanntenkreis wollte halt jeder ein Parteikader werden. Die modernen Fabrikarbeiter bei ihm noch „Lumpenproletarier" , die viel feiner bekleidet waren als er in seinen abgetragenen, muffigen Klamotten, hätten sein theoretisches Papiergeschwätz gar nicht angehört.

Es gelang ihm also doch nicht, die proletarische Revolution von seiner Studentenbude aus zu entzünden. Wie heftig er auch mit seinen zahlreichen Kommilitonen und Kommilitoninnen darüber debattiert hatte. Ja, es waren viele junge Frauen dabei, die dann vom Zeitgeist betäubt, den er so gut und beredt vekörperte, durch sein Matrazenlager liefen. Na ja, sie waren meist so irreparabel kleinbürgerlich, daß er sie schnell wieder aufgeben mußte. Und das, obwohl sie sich am Anfang in allen Fragen der Revolte so einig waren. Tja, das renitente Kleinbürgerliche kommt immer erst später zum Vorschein. Er mußte ja auch hartnäckig bei seinen Prinzipien bleiben. Nun badete er, der alte Hase, ein wenig wohlig-nostalgisch in den Erinnerungen, die bei jedem Besuch auf dem Campusgelände wachgerufen wurden. Seitdem war es hier still geworden, die damalige Aufregung, Agitation und Flugblätterflut verebbt. Er schaute nun mit milden, wohlwollenden Augen auf die jüngere Generation, der noch vieles bevorstand. Er hatte seinen Anteil am Studentenkampf geleistet und jetzt durfte er sich in Reminiszenzen sonnen, die seinem ermüdeten Selbstbewußtsein schmeichelten.

In einer anderen Ecke sah ich einen sauber gekleideten, schlanken jungen Mann. Er arbeitete offenbar irgendwo in einem Büro und hatte die chaotischen Studentenjahre samt Burschenschaft und Campusgewimmel längst hinter sich gebracht. Er hatte sich davon gesäubert, stieg in bequemere, edlere Etagen auf, und durch seine Beamtenlaufbahn war seine Zukunft gesichert. Es war jedoch lustig, ab und zu seiner beruflichen Kinderstube einen Besuch abzustatten und alles aus der sicherenEntfernung zu beobachten. Selbstgefällig schmunzelt er vor sich hin.

Ein drittes, bekanntes Gesicht, das ich entdeckte, war ein ehemaliger Studienabbrecher, der als Aussteiger die alternative Lebensweise übte. Irgendwann hatte er das trockene Studium der Sozialpädagogik geschmissen. Er empfand es wie lästige Klamotten an einem schwülen Tag und befreite sich davon. Nun huschte er hier schnell herein, um sich den Bauch vollzuhauen, denn mit seinem Biogemüse und seinen gelegentlichen Jobs verdiente er nicht gerade viel. Er aß hektisch und schaute mit vielen Sorgen beladen nur selten von seinem Tablett auf. Er mußte nämlich gleich weiter, auf dem Lande wartete sein Garten mit der Biosaat. An der Mensa hing er weiterhin wie an der Nabelschnur.

Diese drei verschiedenen Typen meiner Vergangenheit saßen weit auseinander, keiner wollte etwas vom anderen wissen. In diesen Räumen fühlte ich mich einst zu Hause. Heute war es mir aber unheimlich geworden. Fetzen der Vergangenheit schwirrten durch die Luft. Sackgassen, Rutschbahnen, abstruse Wege der anderen neben meinen vertrödelten Jahren. Schnell heraus hier, ins Freie! Ich brauchte es, einmal gut durchzuatmen.

*

Solange ich auf geistigen Inseln lebte, war es noch schön und gut in Heidelberg, und solange ich meine beruflichen Probleme als wissenschaftliche Hilfskraft im Physikalischen Institut aufschieben konnte. Es kam aber die Zeit, als ich das Jugendmilieu der Uni verlassen und mich mehr um meine berufliche Laufbahn kümmern mußte, auch um mich endlich bürgerlich bequem einrichten zu können. Dann war ich auf einmal gezwungen, mehr hinter die Fassaden der mich umgebenden allgemeinen Jovialität zu blicken. Überall in den akademischen Kreisen stieß ich auf eine merkwürdige, stickige Atmosphäre. Die Menschen schienen ihre akademischen Titel zu tragen, nur um damit gaffend und grinsend herum zu stehen. Selten hatten sie etwas zu sagen. Wenn ich sie zu verschiedenen Themen, sei es naturwissenschaftlicher, philosophischer oder politischer Art, nach ihrer Meinung fragte, oder gar im beruflichen Bereich ihren Rat suchte, hörte ich unter breitem Grinsen: „Hm, davon weiß ich wenig, so gut wie gar nichts. Fragen Sie lieber den Hern Soundso, er weiß wohl darüber mehr Bescheid." Und ich wurde an einen ihrer Kollegen verwiesen, der sich genauso graumaushaft um eine Stellungnahme drückte. Um nichts Falsches zu sagen, sagten sie lieber gar nichts. Menschen mit einem souveränen geistigen Kern begegnete ich kaum. Auch die Jungakademiker standen meistens verlegen herum, und wenn man sie ansprach, wollten sie auf eine plumpe Art nur beweisen, daß sie gar nicht so verlegen waren. Elektrisiert, daß sie auch einmal angesprochen wurden, kam das gleiche: „Hihihi, ich kann auch nichts dazu sagen." Wie lustig!

Nachdem ich eines Tages Heidelberg den Rücken gekehrt hatte, suchte ich an meinem neuen Wohnort gar nicht mehr den Kontakt zu diesen Kreisen. Ich trieb mich viele Jahre erfolglos auf Stellensuche herum, bis ich einsehen mußte, daß mein Platz im akademischen Proletariat bleiben und ich mich damit begnügen sollte. Das hieß, auf dem Papier zwar Akademiker, aber den Lebensverhältnissen nach ein armer Schlucker, der in niedrig bezahlten Jobs in der Nähe der Uni blieb und nach wie vor die Mensa aufsuchte.

Wenn ich hin und wieder Heidelberg besuche, trachtete ich gar nicht mehr danach, hinter die Kulissen zu schauen. Ich begnüge mich mit dem schönen Blick vom Philosophenweg, an die alten Romantiker denkend und am Neckar entlang spazierend, wo ich einst badete und mit langhaarigen Leuten herumsaß.

Der Spätaussiedler

Etwas verlegen wie immer betritt er seine Stammkneipe um die Ecke. Er, der arme Tropf, Mitte dreißig, der hierzulande überall bedauerte Fremde, eine nach Knoblauchgeruch anmutende Gestalt, mit Balkanstaub auf seinen Schuhen. Er, der Verspätete, in seiner Laufbahn weit Zurückgeworfene, mit einem Riesenhandikap am Buckel, eben der Spätaussiedler.

Von so einer Kneipe hat er damals oft geträumt. Er hat sie nur in Filmen gesehen, in den überfüllten Kinos mit ihrer schweren, verbrauchten Luft, oder als Reklame in westlichen Zeitschriften, die in jenen Jahren so schwer zu bekommen waren.

Er hat es aber schließlich geschafft, und nun sitzt er hier in einer westdeutschen Kneipe und nicht in einer nach Slibowitz oder Tzujka stinkenden Balkanbude, wo nur schäbig gekleidete Männer zu sehen gewesen waren. Verknitterte, geschundene Gestalten, die auf dem geteerten Fußboden zwischen den nassen, von umgekippten Flaschen und Gläsern triefenden Tischen herumgestanden hatten. Im Lichte einer von der Decke herabhängenden nackten Glühbirne hatten sie unter regem Händefuchteln laut und fast alle gleichzeitig geredet.

Hier, in seiner jetzigen Stammkneipe riecht es nicht nach Schnaps. Die Luft ist, bis auf den feinen Zigarettengeruch, steril, Tische und Theke sind trocken, die Einrichtung ist behaglich, sie strahlt Wärme aus. Es sitzen auch viele Frauen da, alle sind sauber und gut gekleidet. Viele hocken schweigend an der Theke, andere unterhalten sich leise miteinander. Sie gestikulieren nur sehr sparsam. Im Nebenraum wird getanzt. Einige Leute haben einen freundlichen, ermunternden Gruß oder wohlwollenden Blick für ihn übrig, wie zum Beispiel Bärbel mit ihrem gutmütigen Lächeln oder Karl-Heinz, der so standorttreu Abend für Abend die Theke stützt. Die meisten sind ihm gegenüber jedoch gleichgültig. Hier sucht er nun seinen Platz unter den Deutschen, unter den Glücklichen, die in einer bewohnbaren Heimat geboren wurden. Er, der behördlich geprüfte und nachgewiesene Deutschstämmige soll doch auch hierher gehören und nicht zu den übrigen, mißtrauisch beäugten Flüchtlingen und Gastarbeitern. Paradoxerweise fühlt er sich im Umgang mit diesen Slaven, Türken und Südeuropäern viel ungezwungener, und auch geschichtlich ist er mit ihnen enger verbunden als mit den in den Wohlstandsjahren der Nachkriegszeit aufgewachsenen Bundesdeutschen.

Er sitzt jetzt etwas gelöster vor seinem Bier. Die Spannung von vorhin, als er ängstlich hereintrat, ist überwunden. Das Betreten eines Lokals ist für ihn immer eine Härteprobe. Bevor er auf die Klinke drückt, muß er jedesmal tief Luft holen; so sehr bangt es ihn, wie sein dunkles Aussehen von den dort Sitzenden gemustert und taxiert werden würde. Erst wenn er die meistens gleichgültige Aufnahme bestanden hat, kann er sich wieder wohl fühlen und seinen Träumereien hingeben. Auch heute ist es nicht anders gewesen. Nun hat er das auch schon hinter sich gebracht, und kann sich umschauen in seiner netten, erträumten Kneipe, wo nichts mehr an den Balkan erinnert, außer ihm selbst. Er ist und bleibt ein Stück davon. Auch wenn er seine Kleider häufig wechselt und sich so wie alle anderen anzieht, schweben immer noch so fein es auch ist Balkanstaub und Schafsgeruch in der Luft um ihn herum. Mag er in einer Großstadt gewohnt und mit Schafen nichts zu tun gehabt haben, so ist er aber selber einer in der Herde, die als Übungsmaterial für den Sozialismus durch die verstaubten Straßen der Nachkriegsgeschichte getrieben wurde. Im Namen einer Ideologie der leeren Parolen. So hat er die Jahre als tägliches Stöhnen erlebt, und diese Last drückt noch heute auf seine Brust. Seine lädierte, getretene Menschenwürde erholt sich nun in einer Wohlstandskneipe bei leiser Tanzmusik und gemütlichem Thekengemurmel.

Dann heult plötzlich ein herzbewegender Schlager auf: „Wenn ich dich seh', funkeln wieder die Sterne ...“ Eine wohlige Wärme durchströmt ihn. Unter den schnulzigen Akkorden leuchten auf einmal alle Gegenstände in glitzernder Helligkeit um ihn herum wie in einem Delirium auf. Die Gläser auf den Regalen glänzen wie Bergkristalle, der blinkende Spielautomat sprüht tausend Farben. Für eine kurze Minute fühlt er sich mit den Menschen hier in der Kneipe eng verwandt. Besonders stark spürt er die Gegenwart einer Frau, die ihm am meisten bedeutet: Silke, eine Aushilfsbedienung. In seiner einsamen Welt von Träumen, Erinnerungen und sehr wenig Gegenwart ist sie die einzige Person, die ihn mit lebendiger Wärme anspricht. Sie hat ihn immer sehr freundlich bedient, und die wenigen netten Worte von ihr haben seine innere Steifheit rasch zu lösen und sein frostiges Herz zu erwärmen vermocht. Er hat immer öfter davon geträumt, einmal mit ihr zu tanzen, getraut hat er sich bisher jedoch nicht.

Man hatte ihn hier wohl eher für etwas schüchtern und zum Tanzen wohl zu tollpatschig gehalten.

Heute geht es ihm jedoch besonders gut und er kümmert sich nicht darum, wofür er gehalten wird. „Wofür ich gehalten werde, das bestimme ich durch meine Gegenwart“, erinnert er sich an die Worte eines halbblinden Bekannten, der es mit seiner Lebenseinstellung angeblich sehr weit gebracht hat. Damals fand er diesen Mann nur übertrieben eingebildet und sein Motto aberwitzig. An diesem Abend fühlt er, daß er jetzt selber nach diesem Satz handeln könnte. Seine Lernzeit in dieser Kneipe ist vorbei. Heute vermag er den Kopf zu heben, auf dem Barhocker gerade zu sitzen und entschlossen nach seinem Glas zu greifen. Er trinkt mit ernsten, präzisen Zügen und es entgeht ihm nichts, was um ihn herum abläuft. Alles ist von Interesse für ihn und von leuchtendem pulsierenden Leben erfüllt. Er lebt im Augenblick, auf einmal eingeklinkt in den Lauf der Dinge, in die Welt des Geschehens. Erlebt er jetzt einen Hauch der Ewigkeit, die Ewigkeit des wahrnehmenden Geistes? Ein wohliger Schauder durcheilt ihn. Dann richtet er sich noch mehr auf, so daß er seine Brustrippen knacken hört, steigt von seinem Barhocker herab und steuert mit festen Schritten auf Silke zu. Karl-Heinz mustert ihn mit seinem samtenen, ruhigen Blick. Er geht an Bärbel vorbei, der Frau mit dem gutmütigen Lächeln. Ja, sie zeigt manchmal Interesse für ihn, hat aber nicht den Halt, das strahlende Leben, wovon er träumt und was nur Silke besitzt. Er kommt nun zu Silke und riecht ihr mildes Parfüm.

„Ich würde gern mit Ihnen tanzen“, hört er seine eigene, etwas seltsam klingende Stimme in der disziplinierten Ruhe, die sein Herzklopfen in den Hintergrund drängt. „Ach, tanzen?“ zeigt sich Silke überrascht. „Ja, warum eigentlich nicht?“, und sie läßt sich zu der Tanzfläche im Nebenraum führen. Unterwegs kommt sein Herzklopfen heftig durch. Es läßt aber nach, als er seine rechte Hand um ihre Hüfte legt und den weichen Stoff ihrer Bluse fühlt. Sie fangen an, zu der langsamen Musik zu tanzen. Eine vertraute Atmosphäre ergreift Besitz von ihm. Die vielen früheren Gedanken und Träume von Silke schießen ihm durch den Kopf. Gern würde er davon einiges aussprechen. Ja, das ist die Gelegenheit, um das Angestaute loszuwerden. Er sucht nach schicken Formulierungen, die seine Gedanken und Gefühle in Form von netten Komplimenten wiedergeben könnten.

Silke bricht aber vor ihm das peinliche Schweigen. „Sie tanzen doch ganz gut. Das häte ich gar nicht gedacht“, sagt sie auf einmal, mitten in seine Grübeleien. Ihre Worte lösen rasch seine Spannungen. „Ach, ich wollte schon lange mit Ihnen tanzen, aber bei schönen Frauen werde ich gelähmt und verlegen“, sagt er und fühlt sich dabei wie in einem sanften Traum. „Machen Sie mir keine Komplimente, sonst werde ich selber verlegen“, entgegnet ihm Silke lächelnd. „Oh, ich hätte Ihnen so viel zu sagen, fast alles nur Komplimente“, setzt er mutig den Faden fort. Das darauf folgende Lachen von Silke wird von einem dumpfen Geräusch und Turbulenzen aus dem Barraum unterbrochen. Karl-Heinz ist rücklings vom Barhocker gefallen und mit dem Hinterkopf auf den harten Boden aufgeschlagen. „Moment mal“, sagt Silke, „ich muß nachschauen, was da los ist.“

Sie geht in den Barraum hinüber, wo einige Leute eben versuchen, den schweren Karl-Heinz hochzuheben. Der schaut benommen um sich herum, schüttelt den Kopf und fährt die Helfenden an: „Was ist los? Laßt mich!“ Sein Hinterkopf blutet. Rufe und Ratschläge tönen durch den Raum: „Ruft einen Krankenwagen! Oder einen Sanitäter! Seine Beine müssen hochgelagert werden.“

Der Spätaussiedler geht auch hinüber. Seine romantische Wolkenschlösser versinken beim Verlassen des Tanzraumes. Er fragt zaghaft einen herumstehenden Mann: „War er betrunken? Sonst trinkt er eigentlich nicht viel.“

Der stämmige Mann mustert ihn spöttisch: „Wo leben Sie denn junger Mann? Der ist doch ein Schweralkoholiker.“

„Ach so?“ stammelt er, mehr kann er nicht sagen bei dieser bedrückenden Erkenntnis.

„Ja, junger Mann, hier gibt es auch Alkoholiker, nicht nur bei Ihnen, da in Jugoslawien.“

Er murmelt noch etwas, will sein Herkunftsland korrigieren, doch läßt es dabei bewenden. Das ist nun mal so; für diese Leute ist er der Jugoslawe, der Pole oder der Türke. Bei seiner Erscheinung denken sie an irgendein osteuropäisches Land, das ihnen gerade einfällt; egal welches. Sonst ist sein Herkunftsland meist das einzige, wonach die Leute ihn fragen. Komisch, daß sie nicht einmal so viel von ihm merken können.

Bald kann er den immer stärker werdenden Lärm und dicken Rauch nicht mehr ertragen. Es wird ihm schwindlig. Er zahlt und verläßt schnell das Lokal, bevor er selber umkippt.

Auf dem Heimweg geht es ihm unter dem Sternenhimmel wieder besser. Die kühle Luft tut ihm gut. Sie ist sein tröstender, alter Freund und nicht so abweisend wie die fremden Häuser um ihn herum. Der Strudel von Gedanken und Gefühlen beginnt, sich in seinem Kopf zu entwirren. So manches ist an diesem Abend nicht nach seinem Geschmack gelaufen.

Dennoch, wie bitter es auch ist, er nimmt es zur Kenntnis, auf dem heimatsuchenden Weg eines Spätaussiedlers.

Besuch vom Westen

Nach acht Jahren Leben in Deutschland reise ich mit der Eisenbahn durch die endlose Ebene Ungarns nach Osten. Mein Ziel ist natürlich die westrumänische Stadt Arad. Ich habe viele Geschenke für Verwandte und Bekannte dabei, vielleicht zuviel Papageienfutter, das heißt zuviel Kaffee, so daß ich für den braven Zollbeamten wohlweislich auch ein Geschenk bereit halte. Die obligatorische Marlboro liegt schon auf der Bank, für jeden eine Packung, falls sie zu zweit kommen; aber zur Not ist auch Pal Mal vorrätig.

Ja, das Schmieren mit kleinen Geschenken und der Balkan gehören zusammen wie Schlüssel und Schloß, Huhn und Ei, Erde und Saat. Es ist Alltag und Sitte, der Situation entsprechend großzügig oder bescheiden, überheblich oder dezent, oder auch einfach gleichgültig zu schmieren. Es ermöglicht grünes Licht für ein Vorwärtskommen, für ein gesichertes Gelingen, für einen erfolgreichen Schlußpunkt in der Sache. Zuweilen ist es ein so offensichtliches Muß, daß man sich schämt, kein passendes Geschenk in der Tasche zu haben. Da steht vor dir der arme Verkäufer, Hotelangestellte, oder der Beamte in seinem abgetragenen Anzug. Er wäre gern bereit, dir weiterzuhelfen, oder er hat dir auch schon geholfen, und du hast nichts für ihn dabei. Für das Versäumnis, dich im richtigen Augenblick erkenntlich zu zeigen, gibt es dann keine Entschuldigung. In Sachen sozialer Intelligenz bist du durchgefallen. Du mußt also das Handwerk dieser Unsitte gut lernen und einigermaßen beherrschen, sonst kann es hierzulande schwierig werden, die Hürden des Alltags zu nehmen. Manchmal wird es dir auch ein bißchen Freude machen. Der Zustimmung signalisierende Blickkontakt, das subtile Lächeln beim Nicken, eventuell ein feines Augenzwinkem, die deine „kleine Aufmerksamkeit“ begleiten, wirken entspannend und schaffen zumal in ihrem nicht minder geschätzten, kontaktfördernden Aspekt ein wohlempfundenes Zusammengehörigkeitsgefühl.

Trotz meiner Schwäche und meinem Verständnis für die große Kategorie der kleinen Aufmerksamkeiten muß ich aber festhalten: ich sehe eine fast stufenlose Fortsetzung dieses Lasters, bis hin zur großformatigen Bestechung und Korruption, die diesen Ländern ernstzunehmende Probleme in ihrer wirtschaftlichen Entwicklung bereiten, und nicht zuletzt eine Ursache ihrer Rückständigkeit sind.

Kaum bin ich an der rumänisch-ungarischen Grenze meine ersten Schachteln Marlboro los, und schon nähert sich der Zug meiner Heimatstadt, die gleich nach der Grenz- und Zollstation Curtici kommt. Ich recke aufgeregt meinen Kopf aus dem Zug, als wir uns der Stadt am Fluß nähern und später in den Bahnhof mit seinem alten, verrußten Gelbklinkerbau einlaufen. Bereits aus der Ferne versuche ich einige vertraute Plätze oder einen Zipfel der dahinschlängelnden Marosch zu erwischen, was meinen Herzschlag gleich höher schnellen läßt.

Kaum habe ich bei meinem Cousin Quartier genommen, führen mich schon bald meine Schritte in die kleine Straße meiner Kinderjahre, in die Akazienstraße. Als ich sie von der Stadtmitte her kommend erreiche, habe ich den Eindruck, in einen Tunnel zu treten, so dicht sind die Baumkronen von beiden Seiten zusammengewachsen. Nostalgische Gefühle beschleichen mich, als ich unter dem grünen Zeltdach der mir so vertrauten Zierakazien entlanggehe. Das schummrige Licht weckt in mir ein Gefühl der Geborgenheit in einer Abendstimmung – Abend eines Lebensabschnittes kurz vor dem Untergang.

Ich erinnere mich an das zarte Mosaik von Licht und Schatten auf meiner Bettdecke, geworfen vom Laub der Akazie vor dem Fenster. Wurden die Äste vom Wind bewegt, huschte das Bild des leuchtenden Flickenteppichs auf den Fußboden und dann wieder auf die Bettdecke zurück. Zog eine Wolke vor der Sonne vorbei, erlosch das Bild eine Weile, um nachher noch kräftiger aufzuleuchten. Wenn ich krank das Bett hüten mußte, war dieses Wechselspiel für mich ein tröstendes Wunder.

Mein erstes Ziel ist das Haus von Gabor, meinem nächsten Freund aus der Kindheit. Dort angelangt bleibe ich am niedrigen Fenster mit den grauen, abgeblätterten Jalousien stehen. Wie oft hatte ich als Kind an dieser Stelle gestanden, im Sommer meistens barfuß! Nun klopfe ich wie damals vor fünfzehn Jahren. Ich höre bald die Stimme von Bertuschka, Gabors Mutter. „Ach, Janosch ist da!“ Ich erlebe wieder ihr damals so seltenes, ihr Gesicht erwärmendes Lächeln. Sie freut sich, mich wiederzusehen. Ich werde hereingebeten und kann bald auch Tante Hilda, Gabors Großmutter, umarmen.

Wir bleiben im kleinen Zimmer, das zu unserem ehmaligen „Wildwesten“ geht, dem vewilderten Garten, in dem unsere sommerlichen Indianerspiele stattfanden. Dieses Zimmer war damals ein sehr beliebter Siestaraum der vielen Streunerkatzen, die in diesem Haus eine gemütliche Herberge gefunden hatten. Hier war nämlich eine Aufnahmestation für alle streunenden und herrenlosen Katzen der Umgebung. Und sie hatten es gut bei Tante Hilda, die frische Innereien und Kuttel vom Markt für sie brachte. Jetzt sehe ich keine Katzen, aber mitten im Zimmer erblicke ich den alten Bogar, einen großen, schwarzen Mischlingshund. Damals war er ein sehr lebendiger Raufbold gewesen. Er ist nun abgemagert und steht auf sehr zittrigen Beinen. Als ich ihm den Kopf streichle, verbirgt er winselnd seine Schnauze in meinen Händen. Ich höre, wie er mir sein Leid klagt, das Leid der Gebrechlichkeit im hohen Alter. „Er hat dich erkannt“, sagt Bertuschka. Sein damals so dichtes, krauses Fell ist ganz licht geworden. Sein Leben neigt sich sichtbar dem Ende zu. Auch Tante Hilda ist schon weit über achtzig und hat mit zuviel Wasser im Körper zu kämpfen. Sie liest aber immer noch viel, wie damals beim Licht einer Petroleumlampe bis spät in die Nacht hinein.

Wir unterhalten uns und ich muß dies und jenes über mich und die große weite Welt erzählen. Die beiden hören mir sehr aufmerksam zu. Mein Vagabundenherz kann sich wieder unter den gütigen Augen von Tante Hilda erwärmen. Ihr warmer Blick hat mich immer ermutigt und beflügelt. „Du wirst dich schon überall zurechtfinden“, sagt sie. Diese letzte Begegnung mit ihr hat sich mir für den Rest meines Lebens eingeprägt. Ich spüre heute noch die Liebe und Güte, die sie mir auf den Weg gab.

Bevor ich gehe, will ich noch den Garten sehen. Bertuschka begleitet mich. Anstelle des Dschungels unserer Wildwestspiele gewahre ich einen frisch geebneten Sportplatz, in der Mitte Pfosten und Netz für Volleyball. Die angerenzende Uhrenfabrik hat ihr Gelände ausgeweitet und den halben Garten verschluckt. In den nächsten Jahren sollen der ganze Garten einverleibt und dort eine neue Betriebshalle errichtet werden. Das wird leicht möglich sein, denn Haus, Garten und Fabrik gehören alle dem Staat. Wir stehen an einem Maschendrahtzaum: jenseits schlagen ein paar Arbeiter den Ball nach Feierabend, dieseits sind wir, die Übriggebliebenen aus der alten Zeit, der Ahorn- und Zwetschgenbaum sowie unsere süßseligen Verstecke: der große Flieder- und Jasminbusch. Ich denke an die vielen Katzen, die damals diesen Garten bevölkerten. Die drolligen Bewegungen der kleinen und die bestechlich schmeichlerische Art der großen Katzen werden vor mir lebendig. Ihre Knochen liegen schon längst verstreut in der Gartenerde, viele unter dem Sportplatz der Uhrenfabrik.

In unserer Straße kann ich nur noch Frau Weber und Frau Dvorzsak sehen. Ihre groß gewordenen Kinder, Laszlo und Ferenc, sind andernorts beschäftigt. Die Familie Stern ist nach Temeschwar gezogen.

Mein zweiter Weg führt mich zum Fluß. Sein von den Uferweiden gezeichneter, schlängelnder Verlauf ist für mich ein Sinnbild geworden, das mich beständig durch das Leben begleitet. Wenn ich irgendwo in der Welt einen ähnlichen Flußverlauf sehe, wird mir warm ums Herz, und ich werde an das große Sommervergnügen am Heimatfluß erinnert. Ich laufe auf der Deichpromenade entlang und dann durch die anliegende Parkanlage mit ihren alten Kastanien. Durch diesen Park lief ich Tag für Tag im Sommer zum Freibad am Fluß und blieb unterwegs bei den Schachspielern stehen. Hier unter einem alten Baum hatte ich mein erstes Stelldichein. Auch jetzt ist es Sommer, und so wollen wir mit der Familie meines Cousins zu unserem beliebten Flußbad gehen. Bald muß ich schmerzliche Veränderungen zur Kenntnis nehmen. Die alte Holzkabinenanlage ist abgerissen worden, und als Ersatz hat man auf der anderen Seite des Flusses eine aus Beton gebaut. Die ganze Romantik der gut riechenden Holzverschläge ist dahin. Als wir aber mit den Kindern drei und vier Jahre alt auf die Sandbank gehen, kann ich die rauhen Eingriffe vergessen. Mein Herz wird beim Anblick der im Spiel aufgehenden Kinder rührend weich gestimmt. Ich sehe mich selber, wie ich vor 25 Jahren genauso in seichtem Wasser sitzend die Sandburgen gebaut habe. Nun ist die nächste Generation da, und noch ist es möglich hier, wohl aber nicht mehr sehr lange eine ähnliche Kindheit wie die meine zu durchleben.

Ich pilgere zu vielen, mir so vertrauten Häusern und Ecken der Stadt, an denen ich in meinen Träumen so oft herumgeschweift bin. Ich treffe den Vater eines Schulkollegen, den Bäcker Melics. Er fragt mich, ob ich „da draußen" nicht Heimweh hätte. Er sei auch lange Zeit im Ausland gewesen, ihm hätte aber immer etwas gefehlt. Ich sage ihm, daß ich unterbewußt, den Träumen gemäß, schon viel Heimweh hätte, aber hier zu leben würde mich zu sehr beengen. Andererseits sei ich meistens gespalten zwischen Abenteuerlust und dem Wunsch nach seßhafter Geborgenheit.

Mit dem Älterwerden falle das letztere immer mehr ins Gewicht, obwohl ich einen Ort, wo ich gerne mein Leben verbringen würde, noch nicht gefunden hätte. Der läge wohl auf einem anderen Planeten, einem anderen Stern und dort wäre ich vielleicht auch nur ein „astraler Vagabund“. Er lacht herzlich über meine geflügelten Ausführungen und wir wünschen uns alles Gute auf unserem weiteren Weg.

Ich bin gut aufgelegt, es ist schön nach so vielen Jahren wieder auf dem Korso, der Stadtpromenade, zu flanieren, zugleich aber von allen hiesigen Verhältnissen unabhängig zu sein. Wie in der Schaufensterwelt eines Traumes. Nun sehe ich Land und Leute aus der Perspektive eines Westeuropäers: dieses einfache, friedliche und geduldige Bauernvolk, das in der Geschichte von despotisch Regierenden gepeinigt, gebeutelt, erst nationalistisch, dann marxistisch aufgestachelt und zuletzt unsanft in industrielle Betriebe getrieben wurde.

Ich sehe die traurigen Folgen davon: vor allem den Zustand der vernachlässigten Landwirtschaft. Sie gab früher der breiten Bauernschaft Arbeit, dem Volk Brot, nun liegt sie am Boden. Doch dank des Hausgartens läßt es sich noch leben; das sorgfältig bestellte, wenige Land ist fruchtbar und die Wochenmärkte sind noch nicht leer. Politisch hält im Moment noch ein „leichtes Tauwetter“ an, man hört nur leise das Stöhnen im Würgegriff der fremden Ideologie.

Ich schaue in die Kirche herein. Vertraut warm leuchten die Seitenaltäre, einige alte Frauen nach ihren betupften Tüchern zu urteilen, offensichtlich vom Lande sind bei ihrem Abendgebet. Ich blicke zum Zementboden, wo ich als Kind noch so pflichtbewußt gekniet hatte. Wie so oft in anderen Kirchen will ich auch diesmal sehen, was die Augen von Antonius mir zu sagen haben. Er blickt mich mit vorwurfsvollem Blick an: „Warum mußtest du immer so ungeduldig sein, so unbändig in deinen Absichten und Hals über Kopf von hier ausreißen. Klar, du hattest es ja schwer bei uns, wir liebten dich jedoch.“

Ich zucke mit den Achseln, nichts kann jetzt meine gute Stimmung verderben. Nur kurz denke ich an die Traurigkeit und die Sorgen der Vergangenheit, ich fühle, wie zu einem kleinen Bällchen zusammenschrumpfen. Ich verlasse die Kirche gestärkt und seelisch berreichert.

Wieder draußen auf dem Korso treffe ich Ilona, eine ehemalige Klassenkameradin aus dem Gymnasium. Damals fand ich sie hübsch, jetzt hat sie eine reife Attraktivität. Wir unterhalten uns eine Weile, und am Ende sagt sie mit einem warmen Lächeln: „Und vergiß uns nicht, wenn du in der großen, weiten Welt herumbummelst!“ Als hätte ich eine Fortsetzung der Unterhaltung am Antonius-Altar erlebt.

Ich sitze auf einer Bank mit dem Rücken zum alten, verrußten Bahnhofsgebäude und denke an die vergangene Woche in Arad. Sie verlief sehr inhaltsreich für mich, mal tiefsinnig, mal rhapsodisch bewegt, jeder Tag wie aus einem harmonischen Guß.

Noch lange Zeit nachher traute ich mich nicht, wieder hierher zu fahren, um an dieser letzten schönen Erinnerung nicht zu rühren. Und es war richtig so, denn als ich nach zwölf Jahren wieder kam, war alles auf einmal vorbei.

Auf der Rückreise fahre ich mit dem Zug wieder durch die ungarische Ebene. Vor dem Fenster ziehen die Landschaften meiner Kindheit vorüber. Kleine Dörfer, die den Vororten von Arad ähneln. Niedrige Häuser mit kleinen Obst- und Gemüsegärten, Akazien- und Lindenalleen, ungepflasterte Straßen mit Kindern, die nach einem Ball jagen, und die alten Menschen, die vor dem Haus sitzen. Durch die Getreidefelder schlängelt sich der grünbesäumte Fluß. Die Uferweiden winken mir zu.

Ich denke an Tante Hilda und an ihre Gedichte. Ein schmales Büchlein, das ich einmal in die Hände bekam. Schade, daß ich davon nicht viel verstand. Im aufgeschlagenen Gedicht las ich über Engel, die um sie herumschwirrten, ihren Schlaf hüteten und ihr Glück und Zufriedenheit bescherten. Mit Engeln konnte ich trotz meiner katholischen Erziehung nicht viel anfangen. Dennoch verbinde ich etwas mit dem Wort „Engel“: das sind die gütig leuchtenden, braunen Augen von Tante Hilda. Vielleicht ist sie mein Schutzengel, der mich zur Geduld und Güte im Umgang mit mir und den anderen anhält.

Eine Episode hätte ich hier fast verschwiegen. Vielleicht war es Absicht, um mich vor erneutem Herzpochen zu schonen, denn bloß die Erinnerung daran läßt mich unter erhöhtem Pulsschlag erröten.

Ich schlendere eine enge Gasse entlang, die zur breiten Hauptstraße führt. Als ich an einem Friseursalon vorbeigehe, höre ich die heiteren, frischen Stimmen der Friseurinnen, die sich bei ihrer Arbeit auf ungarisch unterhalten. Eine Erinnerung blitzt mir durchs Gehirn. Ich kannte doch einst ein Mädchen, das für mich das teuerste Kleinod in meinem Herzen war und das nach der Grundschule in die Friseurlehre ging. Bis über beide Ohren war ich in sie verliebt. Mann, das wäre ein Ding, sie nach dreißig Jahren wiederzusehen und wieder zu hören.

Mir wird es schon beim bloßen Gedanken an sie ganz heiß, so daß ich hochspringe, als hätte mich eine Wespe gestochen. Ich überlege: Klar, ich könnte im Laden nach ihr fragen, das wäre noch einfach. Was werde ich aber sagen, wenn ich plötzlich vor ihr stehe. Ich kann ihr nicht erzählen, daß ich sie unbedingt sehen wollte, weil ich vor zwanzig Jahren total in sie verknallt war was sie wohl gar nicht gewußt hatte und sie mit dieser Spinnerei bei der Arbeit aufhalten. Ich muß einen vertretbaren Vorwand haben. Mir wird es wieder schwach ums Herz, wie damals, vor zwanzig Jahren in der Grundschule.

Ich werfe einen prüfenden Blick ins Schaufenster, kämme mich, richte meinen Hemdkragen und zupfe an meiner Jacke. Dann denke ich mir die Szene eines flotten Besuchs aus, die ich noch am besten spielen könnte. Ich werde der gutgelaunte Besucher aus dem Ausland sein: „Hello, ich bin hier aus Deutschland für ein paar Tage und suche nach alten Kameraden aus der Schulzeit. Als ich vor dem Friseurladen vorbeiging, kam mir die Idee nach dir zu fragen". So werde ich es sagen, heiter lächelnd, als würde ich mich selber über meinen Einfall amüsieren. So muß es wohl gehen, ohne mich bloßzustellen, daß ich nur eine versponnene, träge Seele bin, die die Dinge bloß nicht vergessen kann, und der allerlei Vergangenes im Kopf herumspukt.

In fieberhafter Aufregung streiche ich noch einmal über meine Haare, richte meine Jacke und betrete mit geschwellter Brust den Laden. Ich frage eine junge Friseurin, ob sie Maria S. kennt und vergesse dabei völlig, daß sie schon längst nicht mehr ihren Mädchennamen aus der Schulzeit trägt. Dies fällt mir erst nach vielen Monaten in Deutschland ein. Die Gefragte überlegt kurz: „Nein, leider nicht." Eine Kollegin von ihr kann mir auch nicht weiterhelfen. Damit habe ich meine flotte Besucher-aus-dem-Ausland-Pose ein bißchen eingeübt, so schnell werde ich es dann nicht aufgeben, sage ich mir und steuere zu einem der bekanntesten Friseurläden auf dem Korso. Sie hat es sicherlich schon sehr weit gebracht, dort wird man sie bestimmt kennen. Mein flotter Auftritt endet aber genauso erfolglos. Eine junge Frau meint, sie hätte den Namen vielleicht schon einmal gehört, wüßte aber nichts Genaueres.

Weiter will ich auch nicht mehr suchen, doch kurz vor der Abreise kommt mir noch eine Idee: im Telefonbuch nachschlagen. Das mache ich auch gleich und wieder suche ich nach ihrem Mädchennamen. Immerhin finde ich den Namen ihres Bruders, den ich gleich anrufe. Der sagt, er sei in großer Eile, da er zur Arbeit müsse. Ich könnte aber Marika in ihrer Boutique erreichen, die sie in Neu-Arad eröffnet hat. Sofort rufe ich dort an. Es meldet sich eine angenehme Frauenstimme mein Herz pocht , dann aber: Nein, es täte ihr leid, ihre Chefin sei heute nicht gekommen, den Grund wisse sie nicht.

Jetzt reicht es mir. Dreimal habe ich es versucht, dreimal die innere Anspannung überwunden, ich habe nicht gekniffen. So viel Aufregung, und dabei ist nichts passiert. Habe ich es nur aus Neugier gemacht? Nein, ich handelte unter dem Druck von alten, aber sehr lebhaften Bildern, die mich früher jahrelang gefangen hielten, und denen ich wie einem alten Freund treu geblieben bin. Mein Wunsch wurde leider vom Schicksal für sinnlos gehalten und folglich abgewiesen. Was kann ich dafür, wenn manche Erinnerungen in mir viel lebendiger werden können, als die Gegenwart?

Nach der Rückkehr nach Deutschland wurden die wachgerufenen Erinnerungen an Marika in Träumen fortgesetzt: Ich hocke mit Kuwi in einer alten, schummrigen Kneipe. Sein Gesicht ist lila, seine Augen sind trübe. „Warum ich so viel trinke und ein Saufbold geworden bin, wilst du wohl wissen, nicht wahr?“ sagt er weinselig zu mir. „Nur einmal habe bei der Abschlußfeier mit ihr getanzt und ihre weiche Hand gehalten. Später habe ich sie mit dem Kinderwagen gesehen. Nein, ich konnte sie mir einfach nicht aus dem Kopf schlagen. Dann wurde mir alles egal. Als ich vom Alkohol benebelt war, fühlte ich am Anfang ihre Nähe; später nichts mehr. Es war mir recht so.“

Ich befinde mich in einer Schulklasse. Um mich herum die ehemals braungestrichenen Bänke, nun blättert überall die Farbe ab. Während ich im Ranzen nach einem Kräuterbonbon suche, kommt mir ins Bewußtsein, daß ich in meiner Grundschule bin. Ich will mir alles noch einmal ansehen. Im Treppenhaus streiche ich mit der Hand über den Wandputz. Diese Wand habe ich bereits als Grundschüler gestreift. Ich fühle, daß Marika nach langer Unterbrechung wieder hier in der Nähe ist. Bald werde ich ihr begegnen. Von uralten Erinnerungen beflügelt sause ich in alter Frische die Treppen hinunter. Unten im Hof angelangt laden mich Iwan und Laszlo zu einem Spiel ein. Ich will aber mit Marika reden. Nach so vielen Jahren wird es mir leichter fallen.

Auf dem Schulhof der Grundschule in Arad feiern wir meine Hochzeit mit Marika. Um die langen, weißgedeckten Tischreihen herum das emsige Treiben der vielen Gäste. Marika ist sehr beschäftigt und beachtet mich nicht einmal. Dann bleibt sie vor mir stehen, schaut mich mit einem rätselhaften Lächeln an und sagt:

„Hast du kein anderes Hemd? Du siehst aus wie ein Spätaussiedler."

„Doch, ich habe noch ein besseres Hemd. Ich gehe gleich und ziehe mein Spätaussiedlerhemd aus."

*

In den täglichen Schlagzeilen kommt so gut wie nichts Positives aus Rumänien vor. Eher machen die negativen Schlagzeilen die Runde, über die schlimmen Zustände in Krankenhäusern, Kinder- und Behindertenheimen. Ich hatte das Glück, solchen Erfahrungen nicht teilhaftig zu werden. Hatte ich als Kind irgendein lästiges Zipperlein, zum Beispiel Ohrenschmerzen von zu vielen Kopfsprüngen und endlosem Tauchen im Fluß, brachte mich meine Mutter, die ja in der Poliklinik arbeitete, schnell und direkt zu dem entsprechenden Facharzt. Der begrüßte uns freundlich lächelnd und nahm mich sofort an die Reihe, um mir Infrarotstrahlen zu verordnen oder meinen Hals mit Methylenblau auszupinseln. Anschließend klopfte er mir noch ermunternd auf die Schulter. Seither hat sich manches geändert, doch Beziehungen und nette Geschenke können sich für eine schnelle Gesundung immer noch als sehr nützlich erweisen.

Anläßlich meiner Besuche aus dem Westen habe ich jedoch in Rumänien manche positive Erfahrugen gemacht, die ich in anderen Ländern wohl kaum für möglich gehalten hätte. Von der rührenden, fast grenzenlosen Gastfreundschaft, der Art und Weise, wie ich in den Westkarpaten von Bauern aufgenommen wurde, die mir sofort ihr saubersten Zimmer zur Verfügung gestellt hatten, habe ich bereits erzählt. Ein anderes superlativisches Erlebnis war die Erfahrung, per Anhalter zu fahren. Während eines Besuchs in den 70ern hatte ich Lust, einige mir noch unbekannte Landesteile zu bereisen. Flott, mit einem leichten Rucksack ausgestattet, brannte ich nach schnellem Fort- und Weiterkommen und hatte keine Lust, auf Züge und Busse zu warten. Ich versuchte es also per Anhalter und bald wunderte ich mich, wie gut es ging. Es ging nicht nur schnell, sondern es war auch sehr unterhaltsam und Kontakte fördernd. Es lag vielleicht auch an der guten Figur, die ich als junger Rucksacktourist in Jeans am Straßenrand abgegeben hatte. Jedenfalls wurde ich immer dreister und streckte einmal aus purem Jux meinen Daumen vor einem großen Reisebus aus, und siehe da, der Bus hielt. Die Vordertür öffnete sich und der Fahrer nickte mir freundlich zu, daß ich einsteigen und vorne bei ihm Platz nehmen solle, als wäre das hier ganz gewöhnlich. Es war eine lustige Reisegesellschaft aus Bukarest. Am Ende der Fahrt noch eine Überraschung: Der Busfahrer wollte die Schachtel Marlboro von mir gar nicht annehmen. Hatte er wohl auch aus Jux gehandelt?

Mir fällt ein, daß ich einmal während meiner Studentenzeit sogar einen Zug für mich angehalten hatte. Es war aber ein Schmalspurbahnzug in den Rodnaer Bergen. Der wurde morgens mit einer Lokomotive talaufwärts in die üppigen Beeren- und Pilzfelder gefahren und kam gegen Abend talabwärts wieder, diesmal ohne Lokomotive, die brauchte man woanders, jedoch mit einem Bremser und voll beladen mit Beeren- und Pilzsammlerinnen und ihren Körben. Ich kam ganz ermattet von einer Wanderung auf den Edelweiß-Almen über 2000 Meter, als mir der abwärtsfahrende Zug begegnete. Die offenen Wagen waren voller lustig schnatternder Frauen, die mit Waldbeeren prall gefüllte Körbe auf ihrem Schoß hatten. Ganz vorne stand der bremsende Mann; die Höcker seiner starken Wangenknochen glänzten in der niedrigen Abendsonne. Auf meine müde Handbewegung hin brachte er den Zug zum Stehen und sagte ruhig: „So, den nehmen wir auch noch mit."

Besuch nach zwanzig Jahren

In den letzten Jahren träume ich immer weniger von meiner Heimatstadt Arad. Schade, denn diese Träume waren für mich von einer ergreifenden Schönheit. Eine faszinierende Mystik umgibt die Traumbilder. Sie geben mir ungeahnten Schwung für den Tag, so daß ich nach ihnen richtig süchtig geworden bin. In diesen Träumen fühle ich zuerst nur, daß ich an einem gut bekannten Ort bin oder eine mir sehr vertraute Straße entlanglaufe, bis mir auf einmal bewußt wird, daß ich ja in Arad bin. Irre! sage ich mir und freue mich mächtig darüber, nach langer, langer Zeit wieder an diesem vertrauten Ort zu sein. Jetzt kann ich mir alles noch einmal ruhig angucken: den Flußbogen, die Prachtbauten der Hauptstraße oder geheimnisvolle Häuser in entlegenen Gassen.

Mein letzter Besuch in Arad vor zwölf Jahren war für mich so erfüllend gewesen, daß ich die Stadt so lange wie möglich in ungetrübter Erinnerung behalten wollte. Nun habe ich erneut den starken Wunsch, den Ort meiner Träume in Wirklichkeit zu sehen.

Es ist Ceausescus letztes Jahr, als ich wieder nach Arad komme. Mit den eingreifenden Veränderungen, mit den willkürlichen Bevölkerungsverschiebungen und Energiesparmaßnahmen, muß ich bereits bei meiner Ankunft am unbeleuchteten Bahnhof Bekantschaft machen. Es ist spät am Abend und mir kommt es vor, als hätte der Zug in einem abgelegenen Weiler gehalten. Auf dem ganzen Bahnhof brennen nur zwei einsame, weit voneinander entfernte Lichter.

Schwarze Massen bewegen sich träge in der zähflüssigen Finsternis. Gott, wie soll ich hier den Ausgang finden? Es geht aber, indem ich mich dem Menschenstrom überlasse. Vieleicht nützt mir hierfür meine vor Jahrzehnten eingeprägte Sozialismuserfahrung. Die Straßenbahnhaltestelle ist durch eine formlose, dunkle Masse zu erkennen. Nach einer halben Stunde Wartezeit in der schwarzen Nacht taucht ein heller, wankender Punkt auf und bewegt sich auf uns zu: die Straßenbahn kommt. Sie wird so voll, daß ich auf meinem Platz kaum noch atmen kann. Ich höre ein hierzulande ungewohntes Rumänisch und fühle mich wie unter gehetzten, gejagten Waldmenschen. Abgesehen von den wenigen, sehr spärlich brennenden Laternen ist auch die Stadtmitte in Dunkelheit getaucht. In den Nebenstraßen sehe ich Menschen mit Taschenlampen in der Hand, den Weg suchend. Sonst müssen sie sich an den Mauern entlang tasten. Zum Glück liegt mein Hotel nicht weit von der Haltestelle auf der Hauptstraße entfernt. Hier im stadtbesten Hotel brennen, zwar sehr schwach, etliche Lichter zu Ehren der devisenbringenden ausländischen Gäste, die für ihr Zimmer einen hohen Luxuspreis berappen müssen. Dafür können sie die abgenutzten weinroten Läufer, das nostalgisch veraltete Mobiliar und das Pfeifen der Wasserhähne genießen. Vom Warmwasser im Bad fehlt jede Spur auch nach mehrmaligen Anrufen und Versprechungen. Das staatliche „Fernsehen" hat sein Programm bereits um 21 Uhr beendet.

Die Stadt bietet am nächsten Tag ein noch schrecklicheres Bild. Die ehemals stolzen Prachtbauten auf dem Boulevard stehen traurig verfallen da, vom Ruß immer dunkler geworden, wie tote Musealstücke. Die klassizistische Reihe ist stellenweise von primitiven Plattenbauten unterbrochen, die häßliche landkartenähnliche Regenflecken auf dem Putz aufweisen. Auf den Straßen wälzen sich Massen von ländlichem Volk, das ich den östlichen Landesteilen zuordne. Die Geschäfte sind so gut wie leer. Wo es etwas gibt, bilden sich gleich große Schlangen, bisweilen belagerungsartige Zustände. Ich betrete einen früher so beliebten Treffpunkt, ein schönes Café im Jugendstil. Der große Raum wirkt sehr leer, nur ab und zu verirrt sich ein Gast hierhin. Es gibt eine einzige Sorte von Kuchen, zu trinken nur Leitungswasser. Die draußen wallenden Massen interessieren sich wenig für dieses Angebot. Das dreiköpfige Personal hat viel Muße, sie unterhalten sich in einer Ecke. Ich setze mich an einen bunten Holzpfeiler. Der ist hübsch geschnitzt, mit kleinen Spiegeln versehen die alten, goldenen Zeiten lassen grüßen. Langsam kommt eine junge Bedienung zu mir und fragt gleichgültig nach meinem Wunsch.

„Na, was könnte ich denn schon wünschen? Sie haben ja nur eine einzige Ware!" sage ich lachend. Sie zuckt die Schultern, dazu lächeln kann sie nicht:

„Sie möchten also ein Stück Kuchen."

Wieder auf der Straße wird mir vom regen Treiben bald schwindlig und ich flüchte in die Kirche. In der Halbfinsternis flackern ein paar Kerzen, die wenigen Besucher sind in der großen Halle verstreut. Das Gemälde mit Erzengel Michael und dem Drachen ist so stark nachgedunkelt, daß es kaum noch zu erkennen ist. Der ganze Innenraum, ähnlich der Welt vor der Kirche, ist viel dunkler geworden. Ich gehe zum Antonius-Altar. Er schaut teilnahmslos über mich hinweg ins Leere. Seine Fürsorge hat aufgehört; das gilt mir und der grauen Stadt da draußen. Wir sind nun uns selbst überlassen.

Als ich am späten Nachmittag klopfenden Herzens die Akazienstraße erreiche, blendet mich plötzlich die über dem anderen Straßenende untergehende Sonne. An der Stelle, wo ich das letzte Mal unter ein lauschiges, grünes Zeltdach trat, steht jetzt kein einziger Baum mehr, der die Sonnenstrahlen aufhalten könnte. Unsere alten Zierakazien sind restlos geschlagen worden. Von unseren ehemaligen Nachbarfamilien finde ich keine mehr. Unsere guten Bekannten, meine Freunde sind entweder ausgewandert oder verstorben. In den Häusem der Straße, in denen damals Ungarn, Deutsche und Juden lebten, wohnen jetzt nur Rumänen. Die Straße meiner Kinderjahre, ebenso wie die ganze Stadt, sind für mich zu einer Fälschung geworden. Vor einer Kulisse der alten Häuser verlaufen fremde Straßen mit fremden Menschenmassen. Die Welt meiner Kindheit und Jugend ist nur noch spurenweise auszumachen.

In der Hotelhalle stehen einige Leute gelangweilt vor einem laufenden Femseher herum. Unter hochstilisierten Lobreden werden die potemkinsche Errungenschaften des Sozialismus gezeigt, wie vor 25 Jahren, nur jetzt wirkt alles erschreckend schäbig und steinzeitlich. Zwei Namen werden auffallend häufig, etwa alle fünf Minuten, wiederholt: „unser glänzender Conducator (Führer) Nicolae Ceausescu und seine Frau Elena Ceausescu, große Gelehrte von Weltrang". Dabei ließ die große Gelehrte ihre so brisanten Arbeiten in Chemie von anderen schreiben, sie hatte kein Abitur, angeblich war sie sogar Analphabetin.

Zur Abwechslung werden Abschnitte vom alljährlichen Folklorefestival „Cintarea Rominiei" (Gesang Rumäniens) eingeblendet, wo sich wiederum der Conducator und seine Frau, die große Gelehrte, als Verkörperung des glorreichen Sozialismus selbst feierten.

Am nächsten Morgen führt mein Weg in den Stadtpark. Die Schachspielecke gibt es noch. Alle Tische und Stühle sind besetzt. Ich sehe eine von der Bekleidung her alle in gräulichbraunem, abgetragenem Anzug ziemlich homogene Masse von Menschen, alle im Rentenalter. Ich höre nur Rumänisch. Wo sind die damaligen großen Meister Mosey , Greber,

Herskowitsch und das lustige Sprachgewirr, das hier geherrscht hatte? Statt gefesselt zu kiebitzen, stehe ich nun unbeteiligt, etwas befremdet herum. Auf einer Bank nebenan sitzt ein kleiner alter Mann und grüßt einen Vorbeigehenden. Das erste nicht-rumänische Wort dringt heute an meine Ohren. Ich mustere ihn mit neugierigem Blick. Eine dünne Gestalt, mageres Gesicht mit einem bescheidenen Ausdruck. Seine braunen Halbschuhe tragen das gleiche Lochmuster wie damals die Schuhe meines Vaters. Ich gehe zu ihm und spreche ihn auf ungarisch an. Als ich auf die heutigen Verhältnisse komme, brechen aus ihm Leid und Bitterkeit hervor:

„Die Bevölkerung der Sadt ist entsetzlich aufgebläht worden. Man hat große Plattenbausiedlungen gebaut, um dort Zuwanderer aus der Moldau und der Walachei einzuquartieren. Sie sollen in den neu errichteten Kombinaten arbeiten, die uneffektiv sind und nur Dreck in die Luft schleudern. Viele Menschen sind schon davon krank geworden. Die Bevölkerungzahl hat sich fast verdoppelt." Manches sagt er vorsichtig flüsternd. Wir schreiben finstere Zeiten, sogar die Bäume im Park haben Ohren.

Ich rufe einen Schulkameraden an, um mit ihm nachher in seiner tristen Wohnung Bekanntes, Belangloses und Bedrückendes auszutauschen. Nach dem Abschied gehen mir manche seiner Worte durch den Kopf: Ich solle unseren Klassenlehrer Amigo, den guten, kleinen, buckligen Mann aufsuchen, er würde sich bestimmt sehr freuen. Ein unverhofft auftauchender klappriger Bus bringt mich an den Stadtrand, wo er wohnt. Hustend und keuchend poltert der Bus durch die endlosen, staubigen Straßen des Perneava-Viertels, damals Umschlagplatz unserer fieberhaften Geschäfte mit den alten Western-Romanen. In einem der niedrigen Häuser wohnt mein alter Klassenlehrer mit seiner Cousine. Ich läute, er selbst öffnet die Tür und erkennt mich schnell:

„Ja, ich erinnere mich, ich habe euch ja zu Hause besucht." Nach den Staubwolken der Busfahrt steigt in mir das Bild einer anderen Staubwolke auf. Als er in unserem, für seinen Besuch besonders sauber aufgeräumten Wohnzimmer vor dem prallvollen Bücherschrank stand, erblickte er im oberen Fach das große „Webster's Dictionary". Neugierig wuchtete er das fünf Kilo schwere Nachschlagewerk herunter und sein Kopf verschwand gleich in einer dicken Staubwolke, so daß wir alle husten mußten. Damit hatte er die wohl einzige unsaubere Ecke der Wohnung aufgedeckt. Mutter rannte entsetzt los, um einen Staublappen zu holen.

Nun werde ich hereingebeten und wir setzten uns in ein nicht gerade üppig eingerichtetes Wohnzimmer. „Ema“, ruft mein Klassenlehrer seine Cousine, „ich habe einen Ehrengast und wir wollen was Erfrischendes trinken!“ Ema erscheint im Türrahmen. „Wir haben nichts da, der Kühlschrank ist kaputt, du weißt doch.“

„Tja, das sind schreckliche Zustände hier, nichts kriegt man in der Stadt. Du kennst das schon, doch so schlimm war es noch nie.“ Er sagt es eher lächelnd mit einer Handbewegung: Es lohnt gar nicht mehr, sich darüber aufzuregen.

„Aber warte mal“, überlegt er einen Augenblick, „neulich hat mich der Cerwenka besucht. Er ist jetzt Landwirt bei der Podgoria-Genossenschaft und hat mir eine Flasche Rotwein mitgebracht. Sie sollte eigentlich für den Silvesterabend bestimmt sein, aber bis dahin kommt er vielleicht noch einmal.“ Amigos gutes Herz schimmert während meines ganzen Besuchs durch. Ich erinnere mich an sein Verhalten während der Klassenarbeiten: Er versteckte sich hinter einem aufgeschlagenen Buch und ging selten, nur der Form halber durch die Bankreihen, wo es nur so raschelte vom heimlichen Blättern und Hantieren mit den Spickzetteln.

Während wir den schweren Rotwein von Podgoria trinken, erzähle ich ihm von meinen Jahren im Westen und er mir von seinen Jahren im Krieg. Er stammte aus Tschernowitz, aus der verschwundenen Welt der Bukowina, einer Welt, die mit ihren Menschen und ihrer Kultur auch versunken ist wie die kleine Welt meiner Kindheit in der Akazienstraße. Kurz nach Kriegsbeginn flüchtete er als Jude vor den drohenden Deportationen nach Arad. Hier im rumänischen Teil des Banats und Siebenbürgens waren die Juden wie auf einer Insel noch relativ verschont geblieben; die grausamen Progrome fanden bereits früher in ferneren Landesteilen, in Bukarest und in der Moldau, statt. Die Juden, so auch Amigo, wurden an der Westgrenze entlang zum Arbeitsdienst eingezogen, um Tankfallen für die rumänische „Kleine-Maginot-Linie“ zu graben. Nach dem Krieg konnte und wollte er nicht mehr nach Tschernowitz zurück, denn er hatte ja niemanden mehr dort. So blieb er in Arad und wurde Lehrer für Deutsch und Englisch auf dem Gymnasium.

„Vor fünf Jahren bin ich in den wohlverdienten Ruhestand getreten, und nun habe ich das Vergnügen, meinen Lebensabend im dunklen Land eines irrsinnigen Diktators zu verbringen", schließt er seine Rede sarkastisch lächelnd.

Mein letzter Weg führt mich zum Fluß. Von den einstigen Sandbänken keine Spur mehr. Man hatte sie zum Bau der neuen Blockviertel aufgebraucht. Auf den Steinen liegt ein hellbrauner Algenbelag, ich putze einige Kieselsteine und nehme sie in die Hand. Diese Steine haben damals gelebt, sie konnten funkeln, zaubern, sie begleiteten meine Träume. Jetzt scheinen sie mir leblos und tot zu sein. Was suche ich noch hier? Die Welt meiner jungen Jahre, eine vom Leben pulsierende Welt, erfüllt von meiner frischen Lern- und Wißbegierde, die gibt es nur noch in meiner Erinnerung, ähnlich wie Tschernowitz in der Erinnerung von Amigo. In meinen Träumen ist das Bild dieser Stadt viel leuchtender und schöner, über den alten Häusern weht ein Hauch zauberhafter Mystik. Hier am Ort sind sie nur düster.

Ich kehre enttäuscht und ernüchtert nach Deutschland zurück und träume lange Zeit nicht mehr von der versunkenen Welt meiner Kindheit und Jugend. „Ach, du und dein Heimweh!" sagen zu mir die Leute. Wie kann ich aber Heimweh nach einer Welt haben, die es in der Form nirgends außerhalb meiner Seele gibt und die ich nie ganz verlassen habe? Wenn ich Heimweh habe, dann habe ich Heimweh nach mir selbst, nach meinem alten selbstbewußten Ich, das nach einem kräftigen Sommer im September auf das kräuselnde, kühle Wasser schaute und sich dabei trotz Traurigkeit über das Vergangene wohl fühlte.

Es braucht lange Monate trüber Nachtwanderungen, bis die Bilder von Arad in meinen Träumen wieder in alter Klarheit erscheinen. Und dann sind sie da, wie nach einem erfrischenden Sommerregen. In einer milden Morgenluft laufe ich die Holzbrücke zum Pontonschwimmbecken auf dem Fluß hinunter und spüre die angenehme Wärme der glatten Planken unter meinen Füßen. Das lehmfarbene Wasser klatscht gegen die Holzstufen der Treppe. Ich bin wieder an dem vertrauten Ort, der am tiefsten in meinem Inneren sitzt, wo einst ein junges Herz schlug, in der Stadt der ersten Liebe und zahllosen Träume.

Nachtwanderungen

Ich stehe verwundert im großen Zimmer der Wohnung in der Akazienstraße. Es ist schön aufgeräumt, alles glänzt sauber. Sonnenstrahlen überfluten den Raum. Der helle Widerschein des blank gescheuerten Fußbodens blendet mich. Die Spuren von Mutters Händen sind überall erkennbar. Mein Blick fällt auf das sorgfältig gemachte Bett, auf den Überwurf mit Spitzen Mutters mehrmonatige Handarbeit. Die Bilder an der Wand, die Möbel, alle Gegenstände funkeln verschwenderisch, aber sie stehen ganz entrückt, nur für sich allein da; in einem leblosen, verlassenen Raum. Mein Gedanke: Mutter hat ein letztes Mal aufgeräumt und dann ist sie weggegangen für immer.

Eine beklemmende Einsamkeit beschleicht mich. Die Stille ist unerträglich. Es ist wie die Stille nach einer lebhaften Vorstellung, die plötzlich abbricht. Der Nachhall der Vorstellung zittert noch in der Luft in den tanzenden Sonnenstrahlen, die das Zimmer ausfüllen. Mutter ist weg, verschwunden. Ihre letzte Arbeit glänzt noch atemverschlagend um mich herum, aber die Wärme ist aus dem Zimmer gewichen. Wie nach einem Filmriß breitet sich über den Gegenständen der Wohnung eine starre, schauerliche Stille aus in ihr ein erfrorener Schrei: In diesem Haus lebt niemand mehr.

Ich drehe mich um, zum Bücherschrank. Die kleinen Kristallgläser der mosaikartig verglasten Tür streuen das einfallende Licht in alle Richtungen. Hinter den kleinen Fenstern sehe ich die Reihen der roten, grünen und goldenen Einbände, die Bücher, die Vater während seines Lebens gesammelt und gern gelesen hat. Ich will die Tür aufmachen, um ein Buch aus der goldgebundenen Reihe zu nehmen. Die Tür ist aber verschlossen, wie angeschweißt, der Bücherschrank läßt sich nicht öffnen. Der Dantekopf vom obersten Fach ist verschwunden.

Rings um mich herum herrscht eine bedrückende Reglosigkeit. Ich habe den Eindruck, von altvertrauten Gegenständen wie Mutters Handarbeiten, den antiken Möbeln und den eingesperrten Büchern umgeben zu sein, die still vor sich hin weinen. In der angespannten Stille steigt in mir eine unheimliche Vermutung auf. Ich gehe zu Gabor hinüber und stehe fragend vor ihm. Er sagt:

„Weiß du es nicht? Es gab ein großes Verbrechen. Man hat die Bücher heimlich ausgetauscht. Die goldenen Einbände hinter der Glastür sind nur noch Atrappen. Man hat ihren Geist gefälscht und überhaupt den Geist. Verstehst du?“

Gabor verschwindet, wie in der Luft aufgelöst, aber Tante Hilda sitzt noch im Zimmer. Ich erzähle ihr, wie es mir ging, als ich vor Mutters Handarbeit und nachher vor dem alten Bücherschrank stand, und frage sie, ob Dinge weinen können. Sie sagt:

„Ja, Dinge können weinen. Besonders, wenn du selbst dazu nicht fähig bist. Denn du kannst seit dem Verlust deines Vaters nicht mehr weinen. Dann werden an deiner Stelle eben die Dinge weinen, die den Menschen gehörten, die du verloren hast. Schau mal Janosch, dein einziger Trost war das Schwimmen in der Marosch, im Schoß der freien Natur. Du wirst aber noch weinen lernen und die Schönheit hinter den Tränen entdecken. Dann wirst du auch die übertriebene Fürsorge von Antonius um das kleine Kind, auf das viel Kampf und Leid warten, verstehen. Das Leben ist so zerbrechlich.“

Ich fahre nach oben, in einem Fahrstuhl, den ich nicht anhalten kann. Der Fahrstuhl ist alt und klapprig. Die Wände zittern. Erschrocken merke ich, daß die Wände auf einmal weg sind, und ich bereits hoch über dem Haus hinaussause, auf dem übriggebliebenen Fahrstuhlboden, der bedenklich wackelt. Ein Sturz in den Abgrund scheint unvermeidbar.

Dieser Traum wiederholt sich. Ich steige erneut auf den Urolu-Berg. Es ist sehr heiß. Die Steine glühen. Nur schwer komme ich voran und gerate bald ins Schwitzen. Trotzdem werde ich es ihnen zeigen, daß ich hier etwas finden kann! Gabor wird staunen und alle, die da unten geblieben sind. Schweiß strömt mir über den Körper. Ich fühle mich wie ein überthitzter Kessel.

Ja, auf der Westseite hätte ich schon damals suchen müssen. An dieser Stelle ist bestimmt etwas zu finden. Die Steine brennen und schneiden in meine Fußsohlen. Erst jetzt merke ich, daß ich barfuß laufe, hier, wo alles heiß und scharfkantig ist.

Ich sehe auf einmal, daß unter meinen Füßen glühendes Gestein hervorquillt. Da ist es ja, was ich gesucht habe. Es ist Gold! Flüssiges Gold! Allerdings sehr heiß! Ich kann es nicht mitnehmen. Nicht einen Tropfen. Es verbrennt mich schon, ohne daß ich es berühre. Ich fühle mich unwohl.

Es war eine Sünde, auf diesen Berg zu kommen. Ich habe es doch gespürt. Man darf nicht aus reiner Habgier die Berge aufkratzen und in ihrem Bauch wühlen. Nur weg von diesem verfluchten Ort! Mein gütiger Gott, wie komme ich bloß herunter? So viele Kratzer und Brandwunden das mich auch noch kosten mag, ich will aber heraus aus dieser Hölle. Da, in der Ferne glitzert der silberne Streifen der Marosch. Sie muß ich erreichen. Da ist es am schönsten. Ich werde mich in ihre weichen Wellen stürzen!

Die Menschen stehen am Ufer der Marosch und starren entsetzt auf das Wasser. Der einst mit Leben erfüllte Fluß ist zu einer seichten, schlammigen Brühe geworden. Mitten im Flußbett watet ein Ungeheuer ein furchterregendes Untier, wie ein Riesennashorn. Keiner traut sich mehr ins Wasser zu gehen. Es ist eine bedrückende Stimmung.

Ich sitze mit meinem Cousin in einer alten, düsteren Bibliothek und sage ihm, daß es mir sehr schlecht geht und ich mich nur von Verfall, Untergang und Tod umgeben fühle. Er kraust nachdenklich seine Stirn. Dann geht er zu einem Regal, holt von oben einen schwarzen Buchband herunter und schlägt ihn auf.

„Hier steht es“, sagt er gütig lächelnd und liest mir laut vor: „Wie es dir geht, wird von den wohl- und feindlichgesinnten Geistern in deinem Seelenreich entschieden. Denn der Geist ist kein Alleinherrscher dort. Du befindest nicht allein über dein Wohlergehen. Deine Seele ist von den Geistern bevölkert, die das Wesen erschaffen haben, das du bist.“

Mein Cousin schlägt das Buch zu und schaut mich nachdenklich an. „Verstehst du? Wenn du also die Erinnerung der guten Geister in deiner Seele pflegst und lebendig hältst, wirst du nicht von Sterben und Tod umgeben. So bestimmen sie, wie es dir gehen soll. Diese Erkenntnis soll dir helfen, deine Wünsche nicht allzu ernst zu nehmen und unabhängig von ihnen zu leben. Denn deine geistigen Gönner wissen besser, wie weit ihre Erfüllung für dich erheblich ist. Sonst könnte ein hartnäckiger Wunsch zu deinem Verderben führen.“

Ich bin wieder in einem Fahrstuhl. Ein Schreck fährt mir in die Glieder. Geht es erneut in schwindelerregende Höhe? Dann die Erleichterung: ich fahre nach unten. Nach kurzer Zeit lande ich im Erdgeschoß. Ich steige aus. Vor mir erstreckt sich eine grüne Wiese. Ringsherum eine sanfte Hügellandschaft. An der Kreuzung der Pfade wartet Gabor auf mich. Er trägt einen Rucksack und sagt: „Na komm endlich, wir wollen auf eine große Landtour. Du wirst sehen, daß du mir schon bald verzeihen wirst."

Es ist Nacht. Ich bin in der Küche unserer Wohnung in der Akazienstraße, die ich schon seit langem allein bewohne. Beunruhigt von Stimmen und Geräuschen von draußen steige ich aus dem Bett. Ich gehe zu der Wohnungtür und stelle entsetzt fest, daß sie nicht abgeschlossen ist. Es schauert mich beim Gedanken, daß irgendjemand, eine herumirrende Nachtgestalt, hätte hereinkommen können. Ich schaue auf das alte Kastenschloß. Darin steckt noch dieser uralte Schlüssel mit dem großen Flügelgriff. Ach du liebe Zeit, daß es ihn noch gibt?! Der könnte genauso alt sein wie das Spülbecken aus der K-.u.-k.-Zeit mit der Inschrift: „Freie königliche Stadt Arad".

Ich muß nun abschließen, ich bin ja allein im Haus. Dann kann ich endlich schlafen gehen.

Ich schwimme im Maroschbogen, an der Stelle oberhalb des Freibades, am sogenannten Backfischstrand vorbei. Die Uferlandschaft ist verschneit, rund um mich herum eine herrliche winterliche Ruhe. Erstaunt stelle ich fest, daß die großen Bäume, die das Ufer der Rudervereine säumen, in prachtvoller, weißer Blüte stehen. Ich atme die frische Winterluft ein und fühle mich wohl im lauen Wasser, mitten in einer majestätischen, weißen Winterlandschaft.

Der Freund am Abend

Über dich will ich nun schreiben, mein stiller Freund, der du seit meinem zweiten Glas Bier unsichtbar vor mir sitzt und wie so oft meine einsamen Stunden begleitest. Ich suchte die Ruhe und Einkehr zu dieser abendlichen Stunde, und so wollte ich am Marktschreierwettbewerb an der Theke nicht teilnehmen. In dem großen Raum fand ich eine gemütliche Ecke, wo ich allein und verloren saß, bis du nach und nach vor mir erschienen bist. Der leere Raum um mich herum füllte sich allmählich mit deinem Wesen. Wir kennen uns seit uralten Zeiten. Als Kind sind wir noch zusammen im Fluß geschwommen. Danach gingen unsere Wege auseinander.

Die Schleppe der vielen Erinnerungen, dieses stetig schwellende Bündel der Jahre, kann ich jetzt von meinen Schultern nehmen und hier vor dir ausbreiten. Wie du diese kleine Welt wieder mit vertrauter Wärme füllst, kommt langsam eine Unterhaltung zwischen uns auf, und das Leben beginnt sich in meinem innersten Kern zu regen. Du hast noch viel Güte von Tante Hilda in deinem Herzen, und so kann ich dich gut verstehen. Und ich nähere mich dem Alter unseres Vaters, wie wir ihn kannten, ich trage immer mehr seine Gebärden, und so kannst du mich gut verstehen. In der würdevollen Atmosphäre kommt mein von der Alltagslast malträtiertes Selbstbewußtsein zu sich. Es reckt sich und atmet weiter, tief und ruhig.

Aber auch tagsüber bist du manchmal gegenwärtig und lockst mit den Stimmen einer innig vertrauten Umwelt, der ich nur in meinen Träumen begegnen kann. Frohmütig steige ich dann irgendwo in der großen Welt in das funkelnde Naß eines Gewässers und schon streicheln mich die kühlen, weichen Wellen der Marosch. Ebenso, wenn die Kohlmeise im Frühjahr ihr heiteres Ti-ti-tä vor meinem Fenster ruft, weht mir ein Hauch von Frische aus Tante Hildas Garten herüber. Und wenn mich eine Frau sanft lächelnd anschaut, leuchten mir Marikas Augen aus der Ferne entgegen.

Vor vielen Jahren war es; ein kühler, kristallklarer Himmel spannte sich über der kleinen, nordischen Stadt. Rot glühte noch die Spur der untergegangenen Sonne. Die Straßen waren leer und immer strenger zeichneten sich die Konturen der hohen Backsteinhäuser gegen den Abendhimmel ab. Mein Blick glitt an den Fassaden entlang. Ich beobachtete forschend die Verzierungen der Friese und Balkone und kam mir vor, als würde ich mich mit meiner längst verschwundenen Kindheit auseinandersetzen. Ja, bestimmte imposante Gebäude zogen mich magisch an, und unter dem puren Anblick empfand ich, daß etwas tief in mir angesprochen und neugeordnet wurde. Ich war den ganzen Tag auf der Straße, und so wollte ich irgendwo einkehren, um mich aufzuwärmen und über den Tag nachzudenken. Ich hielt Ausschau nach einem geeigneten Lokal, wo die Behaglichkeit des Abends nach dem letzten erloschenen Sonnenschein im Gastzimmer noch zu spüren wäre. Auf einmal stand ich vor einem großen düsteren Gebäude mit einem Kneipeneingang genau an der Ecke. Einige Treppenstufen führten in die Gaststube hinauf, deren gelbe Mosaikfenster in die zwei sich kreuzenden Straßen guckten.

Das wärmende Nachglühen des eben erloschenen Tages war im Raum tatsächlich noch zu spüren. Während ich mir Käsebrot und ein Glas Tee zu Gemüte führte, kamen mir meine Bewegungen tief bedeutungsvoll, wie eine vertraute, uralte Zeremonie, vor. Nach einem von vielen Eindrücken gefüllten, ermüdenden Tag war nun die Zeit gekommen, mich mit Menschenwürde mir selbst zu widmen. Die Zeit der Einkehr und Läuterung.

Es kommt oft vor, daß ich scheinbar allein dasitze, es reicht aber die kleinste Bewegung, wie ich zum Beispiel die Zeitung aus der Tasche ziehe, und schon bevölkert sich vor meinen Augen der Raum mit den lebendigen Bildern alter Bekannter und mit vertrauten Stimmen. Der alte Englischlehrer, mit dem sich Vater über Shakespeare unterhielt, zieht eben mit der gleichen Bewegung die Zeitung aus der Tasche seines verschlissenen Mantels.

Als der heiße Tee mich aufzuwärmen begann, zog ich etwas aus der Tasche. Es war ein Brief aus einer sehr entrückten Welt. Ein Brief von dir, mein alter Freund, dessen Züge sich damals vor mir nicht so deutlich wie heute abzeichneten. So saß ich sehr einsam da, als mir dieses Stück Erde in die Hand fiel, das du mir nachgeschickt hattest, mit einem schmächtigen Zweig, der hier in der Fremde neue Knospen treiben sollte. Und der trieb manchmal wirklich aus, blieb aber weiter schmächtig. Nichtsdestotrotz begleitet er mich durch die Jahre und zusammen mit anderen Zweigen, die du mir aus anderen Ländern schicktest, reicht es für ein wenn auch etwas dürftiges Nachtlager einer Wanderseele.

Wie ich zusehends altere, sitzt du immer öfter vor mir, an den langen Abenden, wenn es mir so schwer fällt, mich zur Ruhe zu begeben. Ein freundliches Lächeln der Wirtin oder der Gäste bringt Farbe in diese stille Stunde. Mit den Jahren gibt es jedoch auch ein inneres Lächeln, als ein Geschenk des Alters. Ich wechsele ein Lächeln mit meinem alten Freund, dessen Züge ich immer klarer sehe. Am Anfang habe ich deine greisenhafte Gestalt nicht besonders gemocht: deine dahin gebrummten, weisen Ratschläge und wie du allen verzeihst, die mich geohrfeigt, getreten und verraten haben. Du hast deinerseits mein ungeduldiges, sprunghaftes Wesen nicht sehr geschätzt. Nun verstehe ich aber mehr und mehr die gütige, nachsichtige Seite des stillen Freundes, der auch meine Fehltritte verzeihen kann und mir leise einfache und vernünftige Ratschläge gibt. Er ist der Freund des müden Wanderers, der den vertrautesten Flecken Erde verlassen mußte, und nun schleppt er sein Bündel Heimat kreuz und quer durch viele Städte und Länder der irdischen Landkarte.

Du hast mich aber, lieber Freund, auf eine andere Landkarte hingewiesen, auf meine seelische Landkarte. Für mich ist sie von größerer Bedeutung, denn sie ist der Schlüssel zu den labyrinthhaften Wegen des Herzens. Du hast mir auch beigebracht, in dieser Karte zu lesen, und so fing ich an, mich immer besser zu verstehen.

Meiner seelischen Landkarte entsprechen seelische Landschaften, die ich Nacht für Nacht durchwandere. Das ist eine andere Welt. Auch dort gibt es große Städte, Flüsse und bewaldete Bergzüge. Staaten mit ihren Grenzen gibt es allerdings nicht. Diese Landschaften sind von den Hauptpersonen meines Lebens bevölkert, von Mutter, Tante Hilda, Marika und vielen anderen Menschen, deren Begegnung mir im Leben von Bedeutung war. Sie können sich dort frei bewegen und jederzeit überall auftauchen. Alle Orte, an denen ich gewesen bin, sind auf der seelischen Landkarte eingezeichnet. Im Mittelpunkt liegt die Akazienstraße mit dem Haus Nr. 16. Dort komme ich jeden Abend an, wo ich mich auch in der großen Welt befinde.

In diesem Haus, mein Freund, gibt es ein uraltes Zimmer, das uns verbindet. Ein großer Bücherschrank mit verglasten Türen steht an der Wand: im oberen Fach eine Reihe vergoldeter Lexikonbände, darüber der schwarze Dantekopf. Er schaut belustigt auf die köstliche Komödie meines Lebens, auf meine unentwegte Suche nach der lieben Frau, die mir nicht beschieden werden sollte.

Es gab vielleicht Zeiten, als ich die Zusammenhänge in meinem Schicksal mit mehr Scharfsinn erkennen konnte. Heute kann ich nicht mehr alles so lückenlos genau begründen. Ich brauche es auch nicht, denn ich kann damit gut leben. Ich habe nicht mehr so viel Scharfsinn, ich habe jedoch mehr Weisheit als damals, und das macht mir vieles leichter.

Ja, ich habe einen langen Lebensweg hinter mir: von der Ostseite des Uroiu-Berges in Morgenröte über den in der Mittagssonne stehenden Heiligenberg bis zu der sanften Westseite des Uroiu-Berges in goldener Abendsonne. Am Ende des Weges fand ich mich selbst, das heißt dich, mein alter Freund, der alles immer noch frisch mit abenteuerlustigen Kindesaugen wahrnimmt. Tagsüber trennen sich unsere Wege, gegen Abend sehen wir uns aber wieder. Nach den langen Jahren der Trennung gewöhnen wir uns erneut aneinander und beginnen uns zu ähneln. Ich halte deine Hand wie Antonius das Jesuskind bereits viel sicherer und fester, die Hand eines kleinen Kindes, das vor der großen Welt so verloren dastand und einen langen Irrweg vor sich hatte. Von nun an bleiben wir zusammen. Ins Licht der flackernden Kerzen vor dem Antonius-Altar mischt sich Zuversicht, anstelle der zaghaften Hoffnung. Der einstmals strenge, tadelnde Blick des Heiligen weicht einer wohlwollenden Zustimmung.

Vor dem nachglühenden Himmel der Abenddämmerung lächelt mir Marika entgegen. In ihren Augen finde ich meine verlorene Schwester und somit den frohen Mut und das herzliche Lachen in der Familie wieder. Vielleicht begleitet sie mich zum uralten Freibad am Fluß und wir könnten auf „große Flußtour“ gehen. Diese Bilder, mein lieber Freund, so lächerlich sie auch erscheinen mögen, entspringen unserem gemeinsamen Herzen. Nachts sind sie greifbar nahe. Denn wir schlafen wieder zusammen, Hand in Hand, im alten gotischen Bett, fern in Rumänien.

Heimwärts

Ein herrlicher Sommertag im alten Strandbad! Der Fluß flimmert verlockend herüber. Das Wasser ruft. Gabors sonnengebräuntes Gesicht taucht vor mir auf. Seine Augen strahlen wieder, seitdem ich ihm alles verziehen habe.

„Hallo John, wir wollen auf große Flußtour! Wir treffen uns unten am Pontonbecken. Iwan und Tommy kommen auch mit."

„Gut, ich komme gleich. Ich muß noch meinen Autoschlauch holen."

Ich renne in die kühle Reihe der Holzkabinen. Mein Cousin steht an der Treppe zu unserem Kabinengang und läßt seinen Schlüssel an der Schlaufe um seinen Zeigefinger kreisen. Wie so oft blickt er mich ruhig und gelassen an:

„Hallo Sir, nur nicht so hastig! Man kann doch nichts versäumen."

„Du, ich träumte, man hätte die Holzkabinen abgerissen", entgegne ich.

„Tja, Träume sind nicht immer „nice", manche sind beängstigend", und dann verfällt er in sein gewöhnliches Sinnieren: „Aber etwas Wahres wird schon dran sein. So wie das Leben sind auch die Gegenstände der Vergänglichkeit verhaftet. Die Zeit ihres Zerfalls nähert sich unaufhaltsam und wird eines Tages mit Sicherheit erreicht."

„Irre, daß ich noch hier bin und alles in vollem Leben sehen und fühlen kann!" sage ich und streichele über das warme Geländer des Treppenaufganges.

In der Kabine ist es schummrig, es riecht nach Holz. Unsere Gucklöcher ziehen meinen Blick an. Huschte nicht eben da drüben ein nackter Körper vorüber? Nein, jetzt habe ich keine Zeit, sonst zerspringt mir das Bild dieses strahlenden Tages und ich wache noch woanders auf. Mensch, die warten auf dich, damit du endlich was Tolles erleben kannst! Ich greife den Autoschlauch und laufe am Ufer entlang. Mutter winkt mir vom grünen Rasen der Uferböschung zu:

„Hallo, Janosch!" Ach, sie ist doch noch da, und ich dachte, es gäbe sie nicht mehr. Schnaufend stehe ich vor ihr.

„Wo warst du denn so lange weg, mein kleiner Sohn?"

„Ich war in Dubrovnik, in Triest und dann in Deutschland."

„Hast du es gut dort gehabt?"

„Ich lebte lange in einer Stadt mit Fachwerkhäusern und roten Türmen. Dort arbeitete ich in einem Institut. Wir spielten meistens „Antrag und Ämter“, ich war der Spätaussiedler.“

„Ach du liebe Güte, was soll das alles heißen?“

„Mutter, ich muß weiter. Gabor wartet. Ich brauche mal wieder das Wasser. Es wirkt so befreiend. Wir wollen auf große Flußtour, und ich will mir diesmal einen hübschen Weidenkranz binden.“

„Einen Weidenkranz?“

„Ich träumte, ich hätte die Ruten einer Uferweide zu einem Kranz gebunden. Alte Flußveteranen trugen diesen Kopfschmuck, wenn sie von der großen Flußtour an den Badestrand zurückkehrten. Nach meiner großen Tour durch die Welt möchte ich nun auch einen grünen Weidenkranz haben.“

„Paß aber bitte auf, und bleib nicht solange weg!“